Wolfgang A. Erharter

Kreativität gibt es nicht

Für Helmut

Wolfgang A. Erharter

Kreativität gibt es nicht

Wie Sie geniale Ideen erarbeiten

REDLINE | VERLAG

Bibliografische Information der Deutschen Nationalbibliothek:

Die Deutsche Nationalbibliothek verzeichnet diese Publikation in der Deutschen Nationalbibliografie; detaillierte bibliografische Daten sind im Internet über http://d-nb.de abrufbar.

Für Fragen und Anregungen:

erharter@redline-verlag.de

1. Auflage 2012

© 2012 by Redline Verlag, ein Imprint der Münchner Verlagsgruppe GmbH,
Nymphenburger Straße 86
D-80636 München
Tel.: 089 651285-0
Fax: 089 652096

Redaktion: Ulrike Kroneck, Melle-Buer
Satz: Manfred Zech, HJR Landsberg am lech
Druck: CPI – Ebner & Spiegel, Ulm
Printed in Germany

ISBN Print 978-3-86881-332-6
ISBN E-Book (PDF) 978-3-86414-234-5

Weitere Informationen zum Verlag finden Sie unter

www.redline-verlag.de

Beachten Sie auch unsere weiteren Verlage unter
www.muenchner-verlagsgruppe.de

Inhalt

Vorwort.. 7

1. Kreativität gibt es nicht 11
Der Irrtum 11
Kreativität oder Produktivität?............................ 13
Der Beginn allen Übels … 15
… und seine Folgen... 16
Zehn verschiedene »Kreativitäten« 17
Verschwendete Ressourcen.................................. 26
Worum es in Wirklichkeit geht........................... 26

2. Was Kreativität wirklich ist............................ 31
Die Wette 31
Es geht um Schaffen 33
Schaffen bedeutet ausdrücken............................. 35
Schaffen bedeutet zum Staunen bringen............. 40
Schaffen bedeutet Stimmigkeit erzeugen............ 44
Schaffen ist das Ausdrücken erstaunlicher Stimmigkeit 51

3. Keine Frage der Selbstverwirklichung 57
Schaffen macht Sinn.. 57
Schaffen ist nicht nur Entfaltung 58
Verantwortung für die Sinnfindung 61
Es zählt nicht das, was wir wollen 63
Einer Sache dienen 65
Schöpferische Verantwortung............................... 66

4. Die sechs Auseinandersetzungen 69
Die Auseinandersetzung mit sich selbst.............. 70
Die Auseinandersetzung mit Vorbildern.............. 87
Die Auseinandersetzung mit anderen Experten... 90

Die Auseinandersetzung mit den Empfängern 93
Die Auseinandersetzung mit Ihrem Partner............................. 96
Die Auseinandersetzung mit der Materie 102

6. Die Grundfragen des Schaffens **115**
Spiel versus Ernst 117
Weg versus Ziel.. 119
Grenzen versus Freiheit 121
Wissen versus Nichtwissen 124
Wollen versus Nichtwollen 126
Eigenes versus Fremdes 130
Hinzufügen versus Weglassen 132

7. Die Modi des Schaffens.. **135**
Sättigungspunkte.. 138
Der erste Schaffensmodus: Zulassen 140
Der zweite Schaffensmodus: Sich einlassen 147
Der dritte Schaffensmodus: Weglassen 155
Der vierte Schaffensmodus: Loslassen 162

8. Unkreatives Problemlösen **171**
Problemlösungen mit den vier Modi des Schaffens................. 172

9. Die Organisation des Schaffens................................... **177**
Schöpferische Zusammenarbeit 177
Die kreative Organisation gibt es nicht 179
Netzwerke und Hierarchien... 180
Die Organisation des Schaffens 183
Die vier Deals schöpferischer Zusammenarbeit..................... 190
Die schöpferische Organisation.. 194

Danksagung **201**
Über den Autor **203**
Stichwortverzeichnis **205**

Vorwort

Heutzutage ein Buch über Kreativität zu schreiben ist sicherlich nicht besonders kreativ. Die Themenweide ist dermaßen abgegrast, dass sie wohl keine Kuh mehr anlockt. Wozu also ein weiteres Buch wie dieses hier?

Vielleicht liegt der Grund seiner Entstehung schlicht in der Tatsache, dass ich mich selbst nie für besonders kreativ gehalten habe. Ich wäre daher wohl auch kaum auf die Idee gekommen, ein Buch über dieses Thema zu schreiben, hätten mir nicht immer wieder unterschiedliche Leute zugeschrieben, ich sei kreativ. Schöpferische Prozesse waren bis dahin selbstverständlich für mich, aber plötzlich begann ich, mich mehr und mehr für die Frage zu interessieren, was es denn mit Kreativität wirklich auf sich habe. Bald schon jedoch wich mein anfängliches Interesse einem gewissen Überdruss. Ich erinnere mich noch an eine Podiumsveranstaltung, bei der ich mich nur mit Mühe zurückhalten konnte, weil der freundliche britische Gelehrte mir gegenüber meinte, Kreativitätstechniken seien der Schlüssel zum schöpferischen Erfolg. Wissenschaftliche Bücher zum Thema Kreativität wiederum fand ich zwar interessant, aber eben nur für akademische Zwecke – kein schöpferischer Mensch würde je so ein Buch lesen, das wurde mir rasch klar.

Ich kann daher nicht genau sagen, wann ich zum ersten Mal den Gedanken zu diesem Buch hatte. Über die Jahre verdichteten sich meine Gedanken, Ideen und Erfahrungen. Und irgendwann lag der Grundgedanke dieses Buches klar vor mir: Diese sogenannte Kreativität, über die alle Welt zu reden scheint, hat so gut wie gar nichts mit dem zu tun, wie sich schöpferische Arbeit wirklich gestaltet, wie sie sich von innen her anfühlt. Diejenigen, die darüber sprechen, tun dies entweder zu akademisch oder sie reden oftmals schlicht Unsinn. Diejenigen wiederum, die darüber reden sollten, können meist nichts Sinnvolles dazu sagen: Als ich begann, Freunden aus kreativen Berufen gegenüber meine Buchidee zu erwähnen, boten diese mir an, sich zu dem Thema Kreativität Gedanken zu machen – schließlich sei genau das ja ihr Metier. Nach einigen Wochen erhielt ich regelmäßig ebenso kurze wie zerknirschte Mails: Sie wüssten nicht recht, wie sie es ausdrücken und wo sie überhaupt beginnen sollten. Mich wunderte das überhaupt nicht. Welcher Fisch weiß schon, wie er schwimmt? Er ist sich ja nicht einmal bewusst, dass er im Wasser lebt.

Genau diese Lücke will ich mit dem vorliegenden Buch schließen: Erstens und vor allem einmal soll es Klarheit in den allgemeinen Kreativitäts-Wirrwarr bringen. Es soll dabei vor allem denjenigen klar machen, was Kreativität wirklich ist, die sich nicht für kreativ halten. Vielleicht erkennen sie dann sogar, dass ihre Arbeit derjenigen von »Kreativen« gar nicht so unähnlich ist. Zweitens ist dieses Buch ein Praxisbuch, das schöpferisch tätigen Menschen konkrete Hilfestellungen dafür geben soll, wie sie ihr Schaffen produktiver und leichter gestalten können – und zwar unabhängig von ihrem Metier. Es zeigt dabei auch auf, dass die meisten schöpferischen Menschen bei allen Unterschieden in ihrer Persönlichkeit und ihrer Tätigkeit durchaus gleich gelagerte Herausforderungen zu bewältigen haben. Und schließlich soll die hier vorgestellte »Logik des Schaffens« einen vom Metier unabhängigen Denkrahmen und ein gemeinsames Vokabular für alle schöpferischen Menschen zur Verfügung stellen. Damit wird es hoffentlich all denjenigen das Leben erleichtern, die mit schöpferischen Prozessen und Menschen zu tun haben oder in irgendeiner Form Kreativität fördern wollen – sei es in anderen oder in sich selbst.

Gerade diesen letzten Punkt erachte ich heute für umso notwendiger, als Wissen und Bildung alleine in einer hoch entwickelten Gesellschaft längst nicht mehr genügen. Vielmehr kommt es zunehmend darauf an, dieses Wissen produktiv zu machen und Eigenständiges zu schaffen. Das betrifft alle qualifizierten Menschen, egal ob sie nun »kreativ« sind oder nicht.

Wenn Sie sich mit diesem Buch auf Ihren schöpferischen Weg begeben, werden Sie wahrscheinlich irgendwann bemerken, dass Sie keinen Gedanken mehr an Kreativität verschwenden. Es wird Ihnen schlicht bedeutungslos vorkommen. Was Sie sich jedoch sicher fragen – und hoffentlich beantworten – werden, ist etwas viel Konkreteres und vor allem Entscheidenderes: nämlich die Frage nach Ihrer schöpferischen Produktivität.

Auf meiner Website www.erharter.info finden Sie ergänzende Materialien zu diesem Buch. Ich freue mich auch über Ihre Anregungen und Fragen per Mail an wolfgang@erharter.info und wünsche Ihnen viel Inspiration beim Lesen!

Wolfgang Erharter   Wien, im Mai 2012

1. Kreativität gibt es nicht

Warum Kreativität ein sinnleerer Begriff ist und worum es eigentlich beim Thema Kreativität heute geht.

Der Irrtum

Der Saal war bis auf den letzten Platz gefüllt. Die Stimmung hatte sich an diesem ersten Kongresstag bereits vor der Mittagspause gelöst und die Redner hatten das Publikum immer wieder zu regen Diskussionen animiert.

Gerade wurde das Saalmikrofon einer Frau übergeben, die sich als Personalleiterin einer Bank vorstellte. »Wir brauchen mehr Kreativität in Unternehmen!«, befand sie. Einige pflichteten ihr hörbar bei. Als Nächstes meldete sich ein älterer Herr, Vorstand eines Industriebetriebs. Er erklärte: »Es geht uns einfach zu gut, das ist das Problem!« Das Publikum raunte zustimmend. Ein Mann aus der Kreativwirtschaft steigerte den Geräuschpegel im Saal mit dem Aufruf: »Weg mit den ganzen engen Strukturen, her mit Visionären!« Schließlich forderte eine jüngere Eventmanagerin: »Wir brauchen einfach mehr Spontaneität!«, und sorgte damit für tosenden Applaus im Saal.

Bevor ich das Podium betrat, hatte ich eigentlich einen völlig anderen Vortrag geplant gehabt. Mein Beitrag zu diesem Kongress mit dem Titel »Innovation. Kreativität. Zukunft« hätte davon handeln sollen, wie Organisationen ihre Veränderungsfähigkeit, ihre »Changeability«, erhalten und stärken können. Doch die entstandene Dynamik des Kongresses veranlasste mich, meine Pläne zu ändern. Vielleicht hätte ich es nicht tun sollen.

Ich betrat also das Podium und begann, mit der Hand auf eine leere PowerPoint-Folie in meinem Tablet-PC zu schreiben: *Ich glaube nicht an Kreativität.* Sofort war es still im Saal. Ich schrieb in einer neuen Zeile: *Ich glaube an die Produktivität.* Die Stille wurde etwas bedrohlich. Ich beendete meine gleichermaßen wortkarge wie provokante Einleitung, indem ich den Urheber dieses Zitates darunter schrieb: *Peter F. Drucker, Management-Vordenker.*

»Meine sehr geehrten Damen und Herren«, begann ich, »ich hoffe, Sie haben Verständnis, wenn ich von meinem geplanten Vortrag abschweife, aber ich habe den Eindruck, dass Sie gerne noch beim Thema Kreativität und Innovation bleiben möchten. Und …«, ich hielt kurz inne, »…ich habe den Eindruck, dass Sie sich in vielerlei Hinsicht irren.« Endlich war die Stille gebrochen, die Geräusche der Teilnehmer ließen allerdings nicht auf ein Abklingen der Spannung schließen. Es wurde geflüstert, geraschelt, gehüstelt. »Sie irren sich, weil es Kreativität gar nicht gibt«, fuhr ich fort. »Denn Kreativität existiert nur in den Köpfen derer, die sie in anderen sehen oder in anderen fördern wollen.« Ich ließ meinen Blick durch den Saal schweifen. »Ich weiß nicht, wie das bei Ihnen ist, aber mir ist noch kein einziger kreativer Mensch über den Weg gelaufen, ob Künstlerin, Wissenschaftler, Unternehmerin oder Denker, der sich selbst als kreativ bezeichnen würde. Höchstens wenn er bereits seinen Schaffenszenit hinter sich hat.« Und ich schrieb einen weiteren Satz von Peter Drucker auf: *Produktivität besteht im Wesentlichen darin, das zu tun, wofür man geschaffen wurde, und alles andere sein zu lassen.*

Die Organisatorin des Kongresses hatte sich offensichtlich gerade dazu entschlossen, mich doch nicht vom Podium entfernen zu lassen. Ich konnte mich daher daranmachen, die Wogen zu glätten und die Hintergründe meiner Provokation zu erläutern. Und so erzählte ich von dem Buch, mit dem die ganze Sache begonnen hatte. Ich hatte es in einem Antiquariat entdeckt. Das Buch, eine Originalausgabe aus dem Jahr 1929, war offensichtlich noch von niemandem gelesen worden. Seine Seiten waren nämlich an den Außenrändern nicht geschnitten, sodass ich jede einzelne vor dem Umblättern mit einem

Brieföffner auftrennen musste. Das gab der ganzen Lektüre einen geheimnisvollen und entdeckerischen Anstrich.

Das Werk trug den Titel *Die Psychologie der produktiven Persönlichkeit*. Sein Autor, ein deutscher Psychologe namens Paul Plaut, untersuchte darin die Arbeitsweisen schöpferischer Menschen, um herauszufinden, inwieweit es darin Parallelen gibt. Dies war für mich aus mehreren Gründen beachtenswert: Erstens war es wohl eine der ersten Untersuchungen ihrer Art, zweitens hatten die befragten Menschen –Wissenschaftler und Künstler – ein äußerst ähnliches Verständnis ihrer schöpferischen Arbeit und drittens kam in dem gesamten Buch das Wort Kreativität kein einziges Mal vor. Vielmehr war immer von Produktivität die Rede.

Kreativität oder Produktivität?

Das gab mir zu denken. Auch während meiner gesamten künstlerischen Ausbildung – ich studierte klassische Violine und Jazzbass – wurde weder über Kreativität geredet noch betrachteten sich meine Kollegen oder ich selbst mich als in irgendeiner Form kreativ. Allerdings war uns beim Arbeiten zu jeder Zeit klar, ob wir gerade produktiv waren oder nicht. Auch meine Geigenprofessorin empfahl immer, »produktiv« zu üben und nicht etwa »kreativ«. Warum ist heute jedoch immer von Kreativität und so gut wie nie von Produktivität die Rede, wenn es um das Erschaffen von Neuem geht?

Ich recherchierte ein wenig. Zu Beginn des 20. Jahrhunderts befasste man sich intensiv mit den Themen Intelligenz und Genialität, aus denen in der Folge das Thema Kreativität hervorgehen sollte. Der erste Intelligenztest wurde beispielsweise 1905 in Frankreich entwickelt und der deutsche Nobelpreisträger Wilhelm Ostwald schrieb 1909 ein Buch über »Große Männer«. In beiden Fällen standen die persönlichen Eigenschaften besonderer Menschen im Zentrum des Interesses. Über schöpferische Produktivität schrieb außer Plaut noch Max Wertheimer, der Begründer der Gestalttheorie. Sein Buch mit dem Titel *Produktives Denken* erschien allerdings erst später, im Jahre 1943. Kurz danach wiederum hatte ein gewisser Alex Osborn, damals Leiter einer amerikanischen Werbeagentur, das »Brainstorming« als Besprechungstechnik zur effektiveren Problemlösung entwickelt. Er veröffentlichte sein Buch dazu, *Applied Imagination*, allerdings erst 1954 und legte damit den Grundstein für das, was in der Folge als erste Kreativitätstechnik bekannt werden sollte. Nach dem zweiten Weltkrieg schließlich war so gut wie ausschließlich von *Kreativität* die Rede. Das wahrscheinlich bekannteste populärwissenschaftliche Werk dazu war und ist ein 1997 erschienenes Buch von Mihaly Csikszentmihalyi (der Name wird »Tschik-ssentmichalji« ausgesprochen) mit dem schlichten Titel *Kreativität*. Der Autor, ein amerikanischer Psychologe, machte im Prinzip nichts anderes als sein deutscher Kollege ein gutes halbes Jahrhundert zuvor: Er untersuchte die, wie er es nennt, »große Kreativität«, indem er Geistesgrößen zu diesem Thema befragte, allerdings mit einem großen Unterschied zu Plaut: Es geht ihm nicht um schöpferische Produktivität, sondern um – wie er es nennt – die »große Kreativität« von Nobelpreisträgern, weltbekannten Künstler und bedeutenden Vordenkern.

Beim Lesen dieses Buches, genau genommen des Vorwortes, schloss sich der Kreis, der sich mit Paul Plaut geöffnet hatte. Darin lässt Csikszentmihalyi nämlich seine Leser wissen, wer alles seine Einladung ausgeschlagen hatte, an der Studie teilzunehmen, die in dem Buch veröffentlicht wurde. Und so ist das eingangs genannte Zitat erhalten geblieben, das in Gänze so lautet:

> »Ich fürchte, lieber Professor, dass ich Sie enttäuschen muss. Ich kann Ihre Frage nicht beantworten. Man sagt mir, dass ich kreativ sei, aber ich habe keine Ahnung, was das bedeutet. Ich arbeite einfach unverdrossen vor mich hin. Ich glaube nicht an die Kreativität, wohl aber an die Produktivität, die … darin besteht, nicht die Arbeit anderer zu unterstützen, sondern seine gesamte Zeit darauf zu verwenden, die Arbeit zu tun und gut zu tun, für die der liebe Gott einen geschaffen hat.«[1]

Hier war sie also wieder, die Produktivität. Als wäre sie nach Jahrzehnten wieder aufgetaucht in einer gleichsam höflichen wie direk-

---

[1] Quelle: »Kreativität: Wie Sie das Unmögliche schaffen und Ihre Grenzen überwinden«, 7. Auflage 2007

ten Absage. Der Verfasser, Peter F. Drucker, Erfinder des modernen Managements, gehörte nicht nur zu den einflussreichsten, sondern auch zu den produktivsten Denkern des 20. Jahrhunderts, schrieb er doch die meisten seiner Bücher zwischen seinem sechzigsten und fünfundneunzigsten Lebensjahr. So gut wie jedes davon nahm bedeutende gesellschaftliche Entwicklungen vorweg. Grund genug, um zu einer Studie über Kreativität eingeladen zu werden. Seine Ablehnung war jedoch typisch für Drucker, hatte er sich doch zeitlebens besonders gegen zwei Dinge gewandt: gegen Modetrends und gegen das, was, wie er sagt, »jeder weiß«, was also die Allgemeinheit zu wissen glaubt.

Warum aber war die gute alte Produktivität durch die offensichtlich modernere Kreativität ersetzt worden, von der heute jeder weiß, dass sie unermesslich bedeutsam für den Fortbestand unserer Gesellschaft, ja der gesamten Menschheit ist?

Der Beginn allen Übels …

Das Übel mit der Kreativität – und auch der Innovation, ihrem wirtschaftlichen Vetter – begann durch zwei Begebenheiten, die sich in den USA der 1950er-Jahre ereigneten und noch immer maßgeblich zur heutigen Verwirrung beitragen.

Die erste Begebenheit war die bereits erwähnte Erfindung des Brainstormings, der ersten sogenannten Kreativitätstechnik, die in Wahrheit nichts anderes als eine Ideenfindungstechnik war und ist. Die – ursprünglich durchaus militärisch gemeinte – Metapher des »Gehirnstürmens« ist seither zu einem Synonym für jede Art der Ideenfindung in Gruppen geworden. Das Problem dabei: Diese Art der Ideensuche ist für schöpferische Prozesse so gut wie irrelevant. Denn einerseits ist die dem Brainstorming zugrunde liegende Annahme falsch, dass mehr gute Ideen übrig bleiben, je mehr Ideen überhaupt formuliert werden, andererseits geht es so gut wie nie um einzelne Ideen, sondern immer um die Ausarbeitung komplexer Ideen-Gewebe. Mit anderen Worten: Für einen Schaffensprozess braucht es nicht nur eine zündende »Große Idee«, sondern vielmehr einen permanenten Fluss von Ideen aller Größenordnungen, die zu einem Ergebnis verdichtet werden – egal, ob dieses Ergebnis ein Bild, eine Formel oder ein Dreisternemenü ist. Jeder professionell Schaffende weiß das und kein einziger verwendet Kreativitätstechniken. Was sie sehr wohl einsetzen, sind bewusste oder unbewusste Arbeitsmethoden, um möglichst produktiv zu sein.

Die zweite und bedeutsamere Begebenheit, die zur Verwirrung um die Kreativität beigetragen hat, war der sogenannte Sputnik-Schock. Er ereilte die USA 1957, als die damalige Sowjetunion den ersten Satelliten ins All schoss und damit zwei Dinge zu bewiesen schien: ihre Gefährlichkeit und ihre Kreativität. Denn wie konnte ein System mit dermaßen unterlegenen Ressourcen eine derartig überlegene technische Leistung vollbringen? Der Sputnik-Schock hatte zwei gravierende Folgen in Bezug auf Innovation und Kreativität: erstens die Gründung der *Advanced Research Projects Agency*, kurz ARPA, die für den Vorgänger des Internets verantwortlich zeichnete, und zweitens den Investitionsschub der USA in alle Maßnahmen zur Steigerung der nationalen Kreativität in Form von Forschungs-, Ausbildungs- und Förderprojekten. Nicht dass es nicht schon zuvor Untersuchungen zum Thema Kreativität gegeben hätte, aber mit dem Sputnik-Schock emanzipierte sich das Thema endgültig vom ursprünglichen Forschungsgegenstand »Intelligenz«, es wurde zum nationalen Anliegen und trat seinen konzeptionellen Siegeszug um die Welt an. Auch heute kommen noch bei Weitem die meisten Forschungspublikationen aus der US-amerikanischen Psychologielandschaft. Sie bringen auch interessante Erkenntnisse, die allerdings für schöpferisch tätige Wissensarbeiter – die sogenannte *Kreative Klasse* – so gut wie keinerlei praktische Bedeutung haben.

... und seine Folgen

Das wahre Übel jedoch – und dafür können weder die sowjetischen Techniker noch die amerikanischen Psychologen etwas – besteht

darin, dass das gesamte Thema in den letzten Jahrzehnten dermaßen popularisiert wurde, dass sich alle, die sich berufen fühlen, einen
Kommentar, einen Ratschlag oder eine Forderung in Bezug auf Kreativität oder Innovation zum Besten geben. Und die Schar der Beru-
fenen ist groß, sie reicht von Beratern und Pädagogen über Künstler und Wissenschaftler bis zu Managern, Kammerfunktionären und
Politikern.

Es vergeht zurzeit keine Woche und kein Tag, ohne dass nicht irgendeine Tageszeitung, ein Magazin oder ein TV-Kanal in irgendeiner Form über Kreativität berichtet, Experten interviewt oder einen
Kommentar veröffentlicht. Dabei geht die Diskussion größtenteils
am Thema vorbei. Denn erstens wird von gänzlich verschiedenarti-
gen »Kreativitäten« gesprochen und zweitens wird zumeist ein völlig verzerrtes Bild von kreativen Prozessen und Ergebnissen dargestellt.

Zehn verschiedene »Kreativitäten«

Lassen Sie uns kurz anschauen, so setzte ich meinen Vortrag fort,
wofür der Begriff »Kreativität« zurzeit alles verwendet wird:

1. Kreativität als Persönlichkeitsmerkmal
Zum ersten wird Kreativität oft als Charaktereigenschaft eines Einzelnen, eines Teams, einer Organisation oder einer ganzen Region
verstanden. Diese Eigenschaft wird von den meisten grundsätzlich
als etwas Positives, Erstrebenswertes und Förderungswürdiges angesehen. Die meisten von uns würden schließlich auch einen da Vinci,
einen Einstein oder einen Steve Jobs als Genie bezeichnen.

Es gab immer wieder Versuche, einheitliche Persönlichkeitsmerk-
male großer Geister oder genialer Innovatoren zu bestimmen. Ähnliches wurde häufg bei der Identifikation von Merkmalen bedeuten-
der Führungspersönlichkeiten versucht. Die Ergebnisse ähneln sich
im Inhalt wie im Ausmaß ihrer Irreführung: Von Visionären, Regel-
brechern, Erfinder-Genies, Charismatikern, Starrköpfen, Nonkon-

formisten ist da wie dort, beschreibend oder bewundernd, die Rede. Irreführend ist es deshalb, weil die Realität schaffender – wie auch führender – Menschen zumeist nichts mit diesen Zuschreibungen, sondern weit mehr mit konzentrierter und konsequenter Arbeit an erkannten Stärken zu tun hat. Medial lässt sich natürlich ein zum Superhelden stilisierter Mensch weit besser darstellen, umso mehr, als er dem naiven Imperativ unserer Zeit entspricht, jeder müsse »seine eigenen Träume erfüllen«. Solche übermenschlichen Zerrbilder haben natürlich einen Vorteil: Wer an sie glaubt, muss natürlich weniger Eigenverantwortung für sein eigenes sinnerfülltes Arbeitsleben annehmen.

2. Kreativität als Fähigkeit

Eine zweite Bedeutung des Wortes Kreativität ist mit der erstgenannten verwandt. Statt auf besondere Persönlichkeiten bezieht sie sich auf besondere Fähigkeiten. Gleich ist jedoch, dass diese meist anderen Menschen zugeschrieben werden. Hier geht es also weniger darum, wie jemand zu sein scheint, sondern was er oder sie alles kann. Diese Fähigkeiten erlangen unsere Bewunderung, wenn sie in irgendeiner Form nützlich sind, oder erregen unsere Belustigung, wenn dies nicht der Fall ist. Quizshow-Kandidaten, die jedes gehörte Wort beliebiger Länge sofort rückwärts aufsagen können, Zuckerpyramiden für das Guinness Buch der Rekorde oder Erfindermessen sind wunderbare Beispiele von derartigen »kreativen« Fähigkeiten.

Aber auch nützlichere kreative Begabungen unterscheiden sich grundsätzlich durch nichts von alltäglichen Stärken wie zum Beispiel Kontaktfreude oder Zahlengefühl – außer in ihrer Exotik. Selten wird dabei jedoch auch die disziplinierte Arbeit gesehen, die es zur Entfaltung dieser Fähigkeiten braucht. Edisons Ausspruch, Kreativität bedeute ein Prozent Inspiration und neunundneunzig Prozent Transpiration, ist zwar allseits bekannt, meistens wird jedoch lieber mystifizierend über das eine Prozent kreatives Talent geredet als über die maßgeblichen neunundneunzig Prozent schweißtreibender Arbeit.

3. Kreativität als ungewohntes Verhalten

Als Nächstes bezieht sich der Begriff Kreativität auf ungewohntes Verhalten. Das birgt ein gewisses Dilemma in sich. Denn einerseits sollen wir der populären Aufforderung Folge leisten, »out of the box« zu denken und zu handeln, sprich: gewohnte Muster bewusst unterbrechen. Tun wir dies aber wirklich und schlagen zum Beispiel vor, beim nächsten Meeting in der Badehose zu erscheinen, wird das im besten Fall Verwunderung auslösen. Dieses Beispiel mag überzogen erscheinen, aber es verdeutlicht, dass die Aufforderung, »einmal ein bisschen kreativ zu sein«, in eine Zwickmühle führt: Tue ich es nicht, bin ich es nicht, tue ich es, bin ich es erst recht nicht.

Das Problem liegt in einer schlichten Umkehr von Ursache und Wirkung: Menschen in »kreativen« Berufen zeigen oft in Auftreten oder Lebensweise Verhaltenscodes, die in »normalen« Branchen unüblich sind. Äußerlichkeiten wie auffällige Frisuren oder Kleidungsstücke, eine bestimmte Computermarke oder schräge Berufsbezeichnungen werden oft als Hinweis auf Kreativität gedeutet, obwohl sie lediglich Ausdruck einer bestimmten Branchenkultur sind. Für schöpferische Prozesse sind sie vollkommen unwesentlich. Kein Mensch wird kreativer, nur weil er plötzlich eine bunte Krawatte trägt.

4. Kreativität als Problemlösungstechnik

Eine gänzlich unterschiedliche Bedeutung von »Kreativität« – sie wird weitläufig von Kreativitäts-»Experten« verwendet – ist die des kreativen Problemlösens. Unter diesem Titel wird versucht, Problemlösungswege und -techniken möglichst exakt zu beschreiben und somit erlernbar zu machen. Zu den komplexeren Problemlösungsverfahren gehören die sogenannte *Synektik* oder etwa *TRIZ*, die »Theorie zur Lösung erfinderischer Probleme«, und im weiteren Sinn natürlich sämtliche Kreativitätstechniken. Sie alle haben zum Zweck, »kreative Sprünge« und »laterales Denken« zu ermöglichen, um zu neuartigen Lösungen oder – im Falle von TRIZ – zu Erfindungen zu gelangen.

Das Problem dabei ist: Wirklich schöpferische Menschen arbeiten zumeist völlig anders. Sie verwenden keine Kreativitätstechniken, außer vielleicht als mentale Gehhilfen. Ihre kreativen Prozesse laufen im Kern größtenteils unbewusst ab und nur wenige können sie genau beschreiben. Der Moment des »kreativen Sprungs« ist dabei zwar bedeutsam, weil er wie die Pointe eines Witzes wirkt: lustvoll, erleichternd und auflösend. Allerdings lässt sich ein derartiges Aha-Erlebnis kaum durch Techniken steuern. Vielmehr ähnelt es einem Satori-Moment in der Zen-Praxis: Es wird lange und hart darauf hingearbeitet und der Erleuchtungsmoment entsteht oft erst, wenn man das Streben danach aufgegeben hat.

Ein weiteres Problem des »kreativen Problemlösens« ist, dass schöpferisches Tun nur zu einem geringen Teil mit dem Lösen, sondern weit öfter mit dem Erkennen, Ausdrücken oder sogar Erschaffen von Problemen zu tun hat: Schöpferiche Menschen nehmen buchstäblich Dinge wahr, die für andere nicht sichtbar sind. Sie erschaffen somit Probleme und ziehen sich gerade dadurch oft das Unverständnis ihrer Umgebung zu. So gehen Kreativitätstechniken in weiten Teilen am Kern der Sache vorbei und führen zur gänzlich irrigen Annahme, Kreativität bestünde im Anwenden von Techniken oder sei zumindest durch diese Techniken förderbar.

5. Kreativität als Originalität

Häufig bezieht sich Kreativität auch auf die Originalität schöpferischer Leistungen, egal ob das Kunstwerke, Erfindungen, Produkte, Theorien oder Darbietungen sind. Originalität wird dabei mit Unverwechselbarkeit und Einzigartigkeit gleichgesetzt. Was dabei jedoch gern übersehen wird, ist, dass dieser Einzigartigkeit so gut wie immer ein langer Prozess mühsamen Ringens vorangeht. Er ist von Erfolgen und Scheitern begleitet und führt trotzdem dazu, dass das Ergebnis besonders elegant oder leicht wirkt – darin besteht ja gerade auch die schöpferische Leistung.

Keine schöpferische Leistung ist je entstanden, indem jemand etwas Originelles oder Kreatives erschaffen wollte. Das, was von außen gern als originell angesehen wird, ist für schöpferische Menschen zumeist etwas völlig anderes, nämlich das Naheliegende. Natürlich mag es sein, dass jemand in seinem Ehrgeiz »etwas Großes« schaffen möchte, aber das ist dann für seine Arbeit mindestens so oft hinderlich wie förderlich.

6. Kreativität als kindliche Fantasie

Diese Bedeutung des Begriffs »Kreativität« ist nicht weniger missverständlich und irreführend als die vorangegangenen. Er wird meistens mit Kindern oder auch mit der Vorstellung eines »inneren Kindes« in Verbindung gebracht und meint zumeist Fantasie, Einfallsreichtum oder auch Intuition. Wenn wir von kindlicher Kreativität sprechen, meinen und bewundern wir meistens ihre Freiheit von Vorannahmen oder festen Begriffen und infolgedessen ihr »natürliches« Vermögen, fantasievolle Kombinationen zu bilden. Zudem überrascht uns immer wieder ihr »magisches Denken«, das heißt die Tatsache, dass ihr Realitätssinn noch nicht ganz ausgeprägt ist und sie imaginäre Inhalte nicht scharf von unserer Wirklichkeit trennen.

Kinder sind aber genau *nicht* kreativ in dem Sinne, wie wir Erwachsenen es sind, wenn wir schöpferisch tätig werden. Selbst wenn das Wort identisch ist, die Sache selbst könnte nicht unterschiedlicher sein. All die kindliche Spontaneität, Fantasie und »Kreativität« ist kaum mit professionellem Schaffen verwandt. Sicherlich sind Kinder spontan, solange sie nicht zur Passivität erzogen werden. Allerdings sind sie es auch, wenn sie ihre Lust an einer Sache verlieren, sobald der kurzfristige Lustgewinn geschmälert wird. Erwachsene Spontaneität kommt auf völlig adere Weise zustande als bei Kindern: Jazzmusiker beispielsweise müssen jahrelang ihr Instrument üben, um die erworbene Technik während ihres spontanen Solos wieder zu vergessen. Abgesehen davon wollen Kinder oft bis zum Überdruss ihres Umfelds einfach nur mehr desselben: im Spiel, beim Essen, beim Vorlesen oder Ansehen einer Geschichte, um nur einige Beispiele zu nennen. Derartige kindliche Verhaltensweisen machen erwachsenes Schaffen also unmöglich.

Auch das Bild des »inneren Kindes« hat nichts mit der echten kindlichen Wirklichkeit zu tun. Denn das, was wir unter Kindheit verstehen, gibt es erst seit sehr kurzer Zeit in dieser Form. Früher waren Kinder schlicht kleine Erwachsene. Sie mussten sich den Großen ausnahmslos unterordnen und ihre Spontaneität und Fantasie wurde ihnen so schnell wie möglich abgewöhnt. Das ist heute anders, aber Kinder erleben sich selbst trotzdem nicht als spontan, fantasievoll und einfallsreich. So sehen sie aus der Erwachsenenperspektive vielleicht aus. Sie selbst erfahren einfach die Welt auf ihre Weise.

Es gibt jedoch zwei Dinge, die Kinder und schöpferische Menschen sehr wohl verbinden: Staunen und Spielen – für die einen wie für die anderen ist nämlich beides wesentlich, um Erkenntnis zu gewinnen.

7. *Kreativität als Notlösung*

Eine weitere Gruppe der »Kreativitäten« beschreibt aus der Not geborene, oft ungewollt dauerhafte Provisorien. Zum erwähnten Sputnik-Schock kursiert folgende Anekdote, die diese Kategorie veranschaulicht:

> Als die NASA begann, Astronauten in den Weltraum zu senden, fand sie heraus, dass Füllfedern in der Schwerelosigkeit nicht funktionieren, da Tinte ohne Anziehungskraft nicht fließt. Um dieses Problem zu lösen, engagierte man eine renommierte Beratungsfirma. Viele Jahre und einige Millionen Dollar später hatte diese die Lösung erarbeitet: eine Feder, die in der Schwerelosigkeit, unter Wasser, auf praktisch jeder Oberfläche – sogar Kristall – und bei einer Temperatur von weit unter null bis über 300 Grad funktionierte.
>
> Die Russen nahmen einen Bleistift.

Was uns hier schmunzeln lässt, ist einerseits natürlich die Pointe, dass eine einfache und naheliegende Lösung von höchst qualifizierten Spezialisten nicht gesehen wird, andererseits der David-gegen-Goliath-Effekt: Eine aus der Not geborene Behelfslösung eines weniger entwickelten Landes führt zu einem gleichwertigen Ergebnis wie eine technische Meisterleistung einer führenden Nation.

Vielen Behelfslösungen wird von außen gern Kreativität zugeschrieben. Hätten wir allerdings die Russen in unserer Anekdote befragt, sie hätten sich höchstwahrscheinlich überhaupt nicht als kreativ bezeichnet. Vermutlich hätten sie ihre ressourcenmäßige Unterlegenheit gegenüber den Amerikanern beklagt. Aus der Perspektive Dritter jedoch wirkt ihre Lösung schlau und kreativ.

8. *Kreativität als Gestaltung*

Kreativität wird oft mit gestaltenden Tätigkeiten in Verbindung gebracht, sei es bei alltäglichen Verschönerungen in den eigenen vier Wänden, in der professionellen Gestaltung von Innenräumen, Frisuren, Bühnen oder Gärten oder in der wirkungsvollen Inszenierung von Werbe-, Marken- oder Unternehmensbotschaften. Mit dieser bunten Auflistung macht man sich normalerweise keine Freunde in den »kreativen Berufen«, denn kaum eine Architektin erachtet ihre Arbeit als gestalterisch gleichwertig wie die ihres Friseurs, kein Kreativdirektor oder Bühnenbildner will seine Leistung mit einer Schaufenstergestaltung in einer Reihe sehen. Der Unterschied liegt jedoch nicht in der Art der Tätigkeit, sondern in ihrer unterschiedlichen Komplexität. Der Schaffensprozess selbst ist in seinem Wesen gleich, er gestaltet sich nur bei höherer Komplexität weitaus aufwendiger und vielschichtiger.

Solange daher der Schaffensprozess professionell abläuft, ist es auch unwesentlich, ob jemand »nur« in seiner Freizeit schöpferisch tätig ist oder mit seiner schöpferischen Leistung seinen Lebensunterhalt verdient. Sokrates war gelernter Steinmetz, ist uns aber sicher nicht durch seine Skulpturen in Erinnerung geblieben.

9. *Kreativität als Branchenmerkmal*

Seit einiger Zeit werden kreative Berufe als *Creative Industries* unter einem begrifflichen Dach vereint. Dies geschieht erstens, um sie – zum Beispiel durch Vernetzung mit der »echten« Wirtschaft« – zu fördern, und zweitens, um ihnen als »Kreative Klasse« eine entscheidende Rolle in der Wohlstandsbildung unserer Gesellschaft zuzuschreiben.

Ersteres, die Förderung der Kreativbranche, ist zwar vor dem Hintergrund einer steigenden Zahl unfreiwillig Selbstständiger sicherlich gut gemeint, bringt aber kaum etwas. Die kostenlosen Förderangebote in Form von Beratungen, Seminaren, Vernetzungsplattformen und günstigen Büroflächen haben nämlich einen problematischen Nebeneffekt: Sie verwöhnen die »Kreativen« und setzen eine Kultur des Förderns einerseits und des Handaufhaltens andererseits in Gang, die niemals zu einer unternehmerisch geprägten Gesellschaft führen kann. Wer das nicht glauben möchte, braucht nur eine der zahlreichen Veranstaltungen für frischgebackene Ein-Personen-Unternehmen zu besuchen. Dort wird aufseiten der sogenannten Förderer – Kammern, Banken, Versicherungen, Berater – mit fragwürdigen Angeboten wie Ausfallsversicherungen oder Businessplansoftware geworben, während die nicht immer freiwilligen UnternehmerInnen dies brav über sich ergehen lassen, um nach dem Buffet mit einem Feuerlöscher als Werbegeschenk nach Hause zu gehen. Was es statt solcher Farcen braucht, ist vielmehr, dass Schaffende, ob Kreativbranche oder nicht, zwei Dinge lernen: sich selbst zu managen und unternehmerisch zu handeln.

Der zweite Ansatz, die Idealisierung der »Kreativen Klasse«, die angeblich den Wohlstand von morgen sichert, ist aus mehreren Gründen irreführend. Erstens ist die Annahme, dass Kreativität wirtschaftlichen Erfolg und Wohlstand sichert, schlicht falsch. Nicht Kreativität, sondern marktgerechte Innovation und professionelles (Selbst-)Management sind die Voraussetzungen für wirtschaftlichen Erfolg und gesellschaftlichen Wohlstand. Zweitens stellt sich die Realität der »Kreativen Klasse« weitaus profaner dar als beschrieben: Entweder sie sind zwar Wissensarbeiter, aber nicht wirklich schöpferisch tätig, oder aber sie sind kreativ, leben aber in prekären finanziellen Verhältnissen. Und drittens ignorieren diejenigen, die kreative Hotspots fördern wollen, dass eine Vielzahl großer schöpferischer Leistungen abseits solcher Zentren entstehen. Die »Kreative Klasse« und das meiste, was dazu gefordert oder gefördert wird, ist nicht mehr als eine Blase wie die Dotcom-Ära der 1990er-Jahre, bloß wird weniger Geld verbrannt.

10. Kreativität als Voraussetzung für Innovation
Und schließlich wird Kreativität immer auch als geistiger Rohstoff für Innovation angesehen. Das Management von Innovation ist bereits seit Jahrzehnten ein wichtiges Thema in Unternehmen – und in letzter Zeit auch ein Thema der Wirtschaftspolitik. Vor dem Hintergrund gesättigter Märkte und des globalen Wettbewerbs soll Innovation darauf abzielen, neuen Bedarf zu erkennen, zu schaffen und zu bedienen, damit die Zukunft des eigenen Unternehmens oder der eigenen Region gesichert ist. Und auch wenn es mittlerweile ein Gemeinplatz ist, dass Innovation nicht nur in Bezug auf Produkte, sondern auch auf Prozesse und Geschäftsmodelle zu sehen ist, wird gerade im deutschsprachigen Raum die Diskussion zum Thema Innovation überwiegend unter technischen Gesichtspunkten geführt. Das liegt größtenteils daran, dass es im deutschen Sprachraum besonders gute erfinderische Ingenieure gab und gibt und dass der deutschsprachige Mittelstand mit technischen Produkten in weltweiten Marktnischen besonders erfolgreich ist. Es hat aber auch damit zu tun, dass sich für Medien technische Revolutionen besonders gut für Schlagzeilen eignen.

Die Einengung des Blicks auf technische Innovationen und deren Management hat jedoch gravierende Nachteile: Erstens läuft man so Gefahr, sich auf immer raffiniertere technische Lösungen zu konzentrieren, die keinen Mehrwert für Kunden stiften. Im schlimmsten Fall werden sie durch viel einfachere Lösungen oder von völlig unerwarteten Konkurrenten substituiert. Zweitens verliert man den Blick für den ganzheitlichen Aspekt von Innovation. Die Gefahr besteht dabei darin, Innovation als eine rein strategische Angelegenheit zu betrachten. Das ist auch zum Teil richtig; dem Topmanagement fällt natürlich die Aufgabe zu, relevante Veränderungen im Umfeld wahrzunehmen und durch gute Entscheidungen die Organisation dazu zu bringen, darauf entsprechend zu reagieren. Viele echte Innovationen entstehen jedoch an der Basis, nahe bei den Kunden und weder im Elfenbeinturm der Forschungsabteilungen noch am grünen Tisch der Strategen. Diese Ressource wird zu selten genützt, und wenn, dann mit oft untauglichen Mitteln wie betrieblichen Vorschlagssystemen oder falsch verstandene Partizipation. Was dabei zumeist fehlt, ist das Verständnis für die Funktionsweise schöpferischen Tuns und – darauf aufbauend – ein ganzheitliches Innovationsmanagement, das strategische, strukturelle und kulturelle Rahmenbedingungen ebenso umfasst wie die Führung von schöpferischen Menschen. Oft herrscht auch schlicht die Vorstellung, dass Innovatoren etwas erfinden, was natürlich unrichtig ist. Erfinder erfinden, mit oder ohne Kreativitätstechniken. Innovatoren erkennen und nützen Veränderungen. Und Manager verhelfen Innovationen zu nachhaltigem wirtschaftlichem Erfolg.

Verschwendete Ressourcen

Zusammenfassend betrachtet, wird also ein und derselbe Begriff »Kreativität« wahllos für verschiedenartigste Dinge verwendet. Das allein wäre nicht weiter bedenklich, wäre die Frage, wie Neues entsteht, nicht von so eminenter Bedeutung in unserer noch jungen Wissensgesellschaft. Führt man sich diese Bedeutung vor Augen, ist die Begriffsverwirrung und vermeintliche Einhelligkeit erschreckend, die die Diskussion beherrscht. Diese Verwirrung hat nämlich häufig ungeeignete oder schlicht falsche Ziele zur Folge, auf Basis derer dann munter gefördert, vernetzt und beraten wird, ohne dass ein relevanter Nutzen erkennbar ist. Die Ängste der westlichen Industrieländer vor dem Aufschwung von Ländern wie China, Brasilien oder Indien tragen das ihre dazu bei, dass unter dem Titel der Förderung von Kreativität und Innovation Ressourcen für zahlreiche wirkungslose Maßnahmen bereitgestellt werden.

Worum es in Wirklichkeit geht

In unserer hochgradig arbeitsteiligen und von Spezialistentum getragenen Wissensgesellschaft geht es längst nicht mehr um Wissen selbst. Genauso wenig geht es aber einfach um gute Ideen, auch wenn unter all den gut ausgebildeten Leuten die »Kreativen« hervorstechen und daher besonders geschätzt werden. Es geht vielmehr um Menschen, die gelernt haben, wie sie am besten aus vorhandenem Wissen etwas Wertvolles erschaffen können und somit im geistigen Sinn produktiv, also schöpferisch sind. Und es geht um diejenigen Menschen, die in Organisationen für die Produktivität des Wissens und die Förderung von Wissensarbeitern verantwortlich sind: die Führungskräfte. Diese müssen verstehen, wie die von ihnen geführten Spezialisten produktiv werden. In der Regel waren sie ja selbst Fachkräfte, bevor sie Führungsaufgaben übernommen haben. Dies stellt jedoch selten eine Ressource für sie dar, denn kaum ein Wissensarbeiter ist sich im Normalfall dessen bewusst, wie er oder sie produktiver werden kann.

Führungskräfte und Schaffenskräfte

Ebenso wenig sind die firmeninternen Führungskräfteseminare eine Hilfe, weil sie sich an die falschen Leute richten. Die Leistungsträger unter ihren Fachkräften zu Führungskräften auszubilden ist ja in den letzten Jahrzehnten für Unternehmen zur Selbstverständlichkeit geworden. Kaum eine Organisation jedoch kümmert sich bewusst um die Produktivität ihrer Schaffenskräfte, also ihrer Wissensarbeiter. Vielmehr wird stillschweigend vorausgesetzt, dass eine Fachausbildung oder ein Studium dazu qualifizieren, in oder für Organisationen produktiv zu arbeiten. Das tun sie aber bei Weitem nicht. Schickt man Fachexperten wiederum in Managementkurse, so stößt dies oft auf Widerstand, weil sie als Führungskräfte andere Prioritäten haben und über eine natürliche Skepsis gegenüber Menschen verfügen, deren Aufgabe es ist, sie zu steuern und ihre Leistung zu kontrollieren. Diese Skepsis wird meistens umso stärker, je größer die Expertise und je etablierter der Fachbereich ist. Vorgesetzte von Lehrern, Richtern und Ärzten können ein Lied davon singen. Techniker tun sich, nur nebenbei bemerkt, hier oft etwas leichter, weil Begriffe wie Steuerung, Funktionieren oder Messbarkeit ihrer Denkweise eher entsprechen.

Die Erwartungen an Führungskräfte werden in Zukunft aufgrund noch flacherer Hierarchien, noch stärker fokussierter Kernbereiche und somit noch größerer Verantwortung weiter anwachsen. Damit geht jedoch einher, dass immer weniger Führungskräfte immer mehr und vor allem immer höher qualifizierte und stärker spezialisierte Experten führen. Dies gestaltet sich schwierig, wenn weder ihnen noch den von ihnen geführten Fachkräften klar ist, wie das Wissen von Wissensarbeitern produktiv wird – im Sinne des Zwecks der Organisation und des Nutzens ihrer Kunden. Das erschwert es natürlich beiden Seiten, immer besser zu werden. Die Kreativitätsforschung wiederum bietet bislang zwar akademisch interessante, aber kaum praxistaugliche Antworten für heutige Wissensarbeiter.

Keine neue Disziplin ...

Die tauglichsten Antworten finden sich in der Praxis schöpferischer Menschen selbst. Wissensarbeiter gab es natürlich schon lange vor der heute entstehenden Wissensgesellschaft. Zwar arbeiteten sie in einer etwas anderen Form, daher ist nicht alles eins zu eins auf die heutigen Anforderungen übertragbar. Doch die wesentlichen Gesetzmäßigkeiten produktiver Wissensarbeit sind bereits seit Langem bekannt. Diese Art geistiger Produktivität – von Künstlern, Wissenschaftlern, Denkern oder Unternehmern – hatte in früheren agrarischen, industriellen oder Angestelltengesellschaften lediglich nicht die Bedeutung, die sie in der heutigen Wissensgesellschaft hat. Und zwar nicht nur, weil die Wissensbasis eine viel geringere war oder es weit weniger gut ausgebildete Menschen gab, sondern vor allem, weil die heute geforderte Produktivität des Wissens eine schöpferische Produktivität ist. Anders gesagt: Produktive Arbeit ohne eine wesentliche schöpferische Komponente ist letztlich nur re-produktiv und kann irgendwann auch von wenig qualifizierten Menschen oder von Maschinen geleistet werden.

Wissen ist somit erst dann produktiv, wenn es etwas bislang Unbekanntes bewirkt, einen neuartigen Nutzen stiftet, sei es im Gewand einer neuen Erkenntnis, eines provozierenden Kunstwerks oder einer Innovation. Und Wissensarbeiter können erst dann produktiv sein, wenn sie verstanden haben, nach welcher Logik schöpferische Arbeit funktioniert und sie somit in der Lage sind, laufend etwas Neuartiges zu erschaffen. Schöpferische Produktivität bedeutet somit auch immer, innovativ zu sein. Damit ist jedoch nicht bloße Erfindungsgabe gemeint, sondern vielmehr das Erkennen und Erschaffen bislang unbekannter Wirklichkeiten. Schöpferische Menschen erkennen Veränderungen früher beziehungsweise klarer als andere und drücken wesentliche Aspekte dieser Veränderungen so aus, dass für andere eine neue Wirklichkeit und letztlich eine neue Selbstverständlichkeit entsteht.

Was es daher heute braucht, ist eine Logik oder ein Handwerk des Schaffens – einen allgemeinen, aus der Praxis schöpferischer Menschen abgeleiteten Ansatz, der konkrete Empfehlungen darüber abgibt, wie Wissensarbeiter im schöpferischen Sinn produktiv werden. Es braucht einen Ansatz, der frei von Schlagwörtern und Modeerscheinungen ist und sich unabhängig vom gängigen Kreativitätswirrwarr auf das Wesentliche konzentriert, nämlich darauf, wie wir die heute wichtigste Ressource, Wissen, am besten schöpferisch nutzen.

… und kein neuer Ton

Ich hatte meine Vortragsdauer deutlich überschritten, doch ich hatte das Gefühl, dass die Stimmung im Saal sich leicht zum Positiven verändert hatte. Der Moderator ließ noch eine letzte Frage aus dem Publikum zu. Eine ältere, gut gekleidete Dame meldete sich, ohne sich vorzustellen, zu Wort: »Und wann spielen Sie uns endlich etwas auf Ihrer Geige vor?« Die Geige! Ich hatte sie die ganze Zeit in der Hand gehalten, denn eigentlich wollte ich anhand eines Musikstücks das Thema Veränderung illustrieren. Im Laufe meiner Ausführungen hatte ich jedoch das Musikinstrument völlig vergessen. Die Organisatorin der Veranstaltung gab jedoch zu verstehen, dass er mir noch eine letzte Minute zur Verfügung stelle, um der Auffor-derung aus dem Publikum nachzukommen, wohl um dem Vortrag vielleicht noch ein stimmungsvolles Ende zu verleihen.

Ich nahm also die Geige hoch und spielte langsam eine chromati-sche Tonleiter aufwärts, Halbton für Halbton, über eine ganze Okta-ve. Dann setzte ich das Instrument ab und sagte: »Sehen Sie, meine Damen und Herren, das sind alle zwölf Töne der Tonleiter. Mozart hat in seinen knapp sechsunddreißig Lebensjahren über sechshun-dert Werke komponiert, alle auf Basis dieser Tonleiter. Man kann da-her sagen, dass er produktiv war. Ob er jedoch kreativ war, das über-lasse ich Ihrem Urteil. Er hat jedenfalls keinen einzigen neuen Ton dazu erfunden.«

2. Was Kreativität wirklich ist

Warum Sie Kreativität vergessen sollten, wenn Sie etwas Kreatives machen wollen, und warum eine Logik des Schaffens für Sie nützlich ist.

Die Wette

Als Theo mich anrief, saß ich gerade auf der Terrasse und betrachtete die letzten Sonnenstreifen am Himmel. Die Schwalben riefen einander lauthals zu, wo es die besten Insekten gab, und es war definitiv nicht die Zeit, geschäftliche Anrufe anzunehmen.

Ich tat es trotzdem. Ich kannte Theo schon seit vielen Jahren und wusste, dass er sich, wenn überhaupt, zu unüblichen Zeiten meldete. Dann jedoch ging es immer um etwas Wichtiges: eine Markteinführung in Osteuropa, eine neue Designlinie oder etwa um ein Trainingsspiel für seine Manager. Theo war Europachef eines Modekonzerns und wir hatten in den letzten Jahren schon einige gemeinsame Projekte realisiert. Sein Unternehmen galt als das innovativste im gesamten Segment und Theo hatte es auch in schwierigsten Zeiten geschafft, die Verkaufszahlen konsequent zu steigern. Er war also nach den gängigen Kriterien äußerst erfolgreich. Dennoch bezeichnete Theo seine Tätigkeit, und manchmal auch sein gesamtes Leben, als »abgewohnt«, was ich seiner Lebensphase – Theo war gerade 43 geworden – zuschrieb.

»Wir müssen reden«, sagte Theo, »ich halte es nicht mehr aus. Ich *muss* einfach etwas Neues machen, etwas *Kreatives*!« Ich wusste, dass er es ernst meinte. »Und was soll *ich* dabei tun?«, erwiderte ich. »Du musst mir helfen. Du bist kreativ und du bist Berater. Außerdem bist du Musiker.« Und er erzählte mir von seinem Wunsch. Theo hatte in seiner Jugend ebenfalls Violine studiert, hatte dann aber ins Wirtschaftsfach gewechselt und dort seine Stärken ausgelebt. Jetzt, mit Anfang vierzig, sah er, wie sich seine Bekannten zunehmend kostspieligen Sportarten, Fahrzeugen oder Beziehungen widmeten. Er selbst wollte diesem Treiben, wie er es nannte, etwas Sinnvolles entgegenstellen und herausfinden, was er noch alles auf seinem Instrument erreichen könnte. »Ergebnisoffen«, wie er feststellte, was bedeutete, dass er zwar keine realistischen Chancen auf eine Musikerlaufbahn sah, aber doch seinen jugendlichen Träumen nicht abschwören wollte.

»Okay«, sagte ich schließlich, »ich bin dabei, aber nur unter drei Bedingungen: Erstens treffen wir uns zu diesem Thema nur dreimal, und zwar innerhalb eines Jahres. Ich habe nämlich nicht viel Zeit. Zweitens tust du zwischen diesen Treffen genau das, was ich dir sage. Ich habe nämlich auch keine Lust auf lähmende Diskussionen und falsche Töne. Und drittens wetten wir.« – »Worauf wetten wir denn?«, fragte Theo neugierig. »Ich wette mit dir, dass du nach diesem Jahr ebenso wie ich davon überzeugt bist, dass unser kreativer Prozess exakt auf den gleichen Prinzipien beruht wie dein momentaner Erfolg als Managing Director.« Diese dritte Bedingung belustigte Theo ungemein und tröstete ihn über die ungewohnte Strenge der ersten beiden hinweg. Wir einigten uns auf den Wetteinsatz, der gleichzeitig mein Honorar sein würde, sollte ich gewinnen: ein Konzertbesuch nach Wahl, selbstverständlich inklusive Reise und Nächtigung, auf dem gesamten Planeten. Sollte Theo nach einem Jahr nicht völlig meiner Meinung sein, würde ich leer ausgehen.

Und so vereinbarten wir den ersten Termin. Ich wusste selbst nicht, ob dieses spezielle »Kreativ-Coaching« zum Erfolg führen würde. Aber ich war davon überzeugt, dass die Logik, die ich dem gesamten Prozess zugrunde legen würde, sich zuvor bereits hundert-, ja tausendfach bewährt hatte. Ich selbst hatte sie bereits in unterschiedlichsten schöpferischen Prozessen unbewusst angewandt, um sie dann später in den Aussagen von Künstlern, Unternehmern, Wissenschaftlern und sogar Psychotherapeuten bestätigt zu finden und daraus das zu destillieren, was ich als die »Logik des Schaffens« bezeichne.

Es geht um Schaffen

Den Kern dieser Logik des Schaffens bildet die Tatsache, dass Sie Kreativität – wenn Sie alle schwammigen Bedeutungen, die ich im ersten Kapitel aufgelistet habe, zusammenkürzen – auf drei grundlegende Aspekte reduzieren können. Eben diese drei Aspekte vereint das deutsche Wort »Schaffen«, bedeutet es doch im Wesentlichen:

1. etwas Einzigartiges hervorzubringen (eine theoretische Grundlage, ein Bild, einen Weltkonzern),

2. schlicht und einfach zu arbeiten (»Schaffe, schaffe Häusle baue« heißt es zum Beispiel im Schwäbischen) und

3. etwas zu erreichen (eine Prüfung, klare Verhältnisse, geröstete Insekten essen).

Mit anderen Worten bedeutet Schaffen nicht nur, etwas Einzigartiges zu tun, sondern auch produktiv zu sein und ein Resultat zu erzielen. In der Praxis beginnen Sie als schöpferischer Mensch meist mit dem zweiten Aspekt und entwickeln Ihr handwerkliches Können. Mit zunehmender Expertise und Reife werden Sie auch eigenständige Ideen wahrnehmen und umsetzen. Und schließlich verdichten sich viele Ideen zu einem Ergebnis: einem Ideengewebe, das dann auch für andere ein stimmiges und einzigartiges Ganzes darstellt. Selbstverständlich ist dieser Weg nie so linear und schematisch, sondern verläuft in Schleifen und vor allem mit kleineren und größeren Rückschlägen und Durchbrüchen. Goethe zum Beispiel erkannte den Wert des handwerklichen Könnens erst spät, nämlich auf seiner Italienreise. Er schrieb:

> »Ich habe zwei meiner Kapitalfehler, die mich mein ganzes Leben verfolgt und gepeinigt haben, entdecken können. Einer ist, dass ich nie das Handwerk einer Sache, die ich treiben wollte oder sollte, lernen mochte. Der andere nah verwandte Fehler ist, dass ich nie so viel Zeit auf eine Arbeit oder ein Geschäft wenden mochte, als dazu erfordert wird.«

Nach dieser Logik wollte ich in der Arbeit mit Theo vorgehen: Erst würden wir das Handwerkliche lösen, um uns dann mit Inspirationsquellen zu befassen, und schließlich würden wir die verschiedenen Ideen zu etwas Einzigartigem verdichten. Als er zum ersten der drei Termine kam, bat ich ihn, mir etwas auf seiner Geige vorzuspielen. Theo hatte zwar geübt, aber es klang alles noch ziemlich unsicher. Und unsicher bedeutet auf einem Instrument, das keine Tasten wie das Klavier oder fixe Bünde wie die Gitarre hat, dass es schlicht schauerlich klingt. Niemand will sich selbst oder anderen so etwas antun, es sei denn, Sie sind Mitglied einer Musikerfamilie und empfinden es deshalb als selbstverständlich, oder Sie leiden unter generationenübergreifendem Ehrgeiz. Ich hatte wie gesagt keine Lust, Geigenstunden zu geben, und erklärte Theo, dass er zuerst das Handwerk wiedererlernen müsse. »Aber ich kann es doch schon«, protestierte er, »und ich wollte doch etwas Kreatives mit dem Instrument machen!« Ich erinnerte ihn an die drei Voraussetzungen unserer Zusammenarbeit und schloss: »Du weißt, was du üben musst, du weißt, wie man übt, und du weißt, wo du dir Tipps holen kannst. Also lerne das Handwerk. *Lerne zuerst die Regeln.*«

Als belesener Manager verwies Theo auf mehrere Bücher, die nahelegten, dass wirklich innovative Menschen allesamt Regelbrecher seien. Ich entgegnete, dass dies eine völlig verzerrte – und vor allem verkitschte – Darstellung sei: Wahr ist vielmehr, dass alle schöpferischen Menschen, ob sie nun Vordenker, Entrepreneure oder Techniker waren, ihre Hausaufgaben gemacht und ihr Handwerk gelernt haben. Es stimmt zwar, dass bedeutende Leistungen oft dann entstanden sind, wenn diese Menschen ihren Fachbereich gewechselt haben. Allerdings nur dann, wenn das neue Metier dem ursprünglichen nahe genug war, sodass sich wesentliche Grundsätze übertragen ließen. Regelbrüche beziehen sich zumeist auf wenige, von Insidern allerdings übersehene Punkte. Nicht der Regelbruch ist somit das Entscheidende, sondern die leicht veränderte Perspektive. »Jedenfalls empfehle ich dir, Regeln erst dann infrage zu stellen, wenn du weißt, wovon du sprichst«, schloss ich. »Und wenn du bloß einmal kreativ sein willst, mein lieber Theo, dann besuche eine Sommerakademie in Griechenland.« Die Stunde war beinahe um und Theo war ziemlich zerknirscht. Beinahe kindlicher Trotz sprach aus ihm, als er meinte: »Aber das ist überhaupt nicht dasselbe wie in meiner Arbeit!« »Ist es nicht?«, fragte ich mit wahrscheinlich zu lehrerhaftem Tonfall, »dann erkläre mir doch bitte, was du einem jungen Unternehmer oder Manager in der Modebranche empfehlen würdest.« Theo entgegnete, das sei etwas völlig anderes: Die Modebranche ticke nach ganz eigenen Gesetzen und sei mit keiner anderen Branche zu vergleichen. Ich erklärte ihm, dass dies für alle Metiers gelte, und er solle mir doch bitte sagen, was denn die Grundvoraussetzung für seine eigenen Innovationserfolge gewesen sei. »Ich habe mich immer schon für Mode interessiert«, meinte er, »und ich habe schon früh einen eigenen Store geleitet und so das Geschäft von der Pike auf gelernt. Und: Ich war immer diszipliniert.« »Du sagst es«, schloss ich, »und genau das haben wir jetzt vor.«

Schaffen bedeutet zum Ausdruck bringen

Als schöpferisch tätiger Mensch können Sie in Ihrem Metier nur so kreativ sein, wie es Ihnen Ihr fachliches Können oder Wissen erlaubt. Ein Jazzmusiker hat es einmal so formuliert: »Natürlich übe ich Technik. Sonst kann ich ja die Ideen nicht frei ausdrücken!« Als Edison sagte, Innovation sei zu neunundneunzig Prozent Transpiration und nur zu einem Prozent Inspiration, meinte er genau das: Ideen entstehen dort, wo hart gearbeitet wird. Oft sind sie Abfallprodukte der intensiven Beschäftigung mit einer Materie, oft kommen sie, quasi von links hinten, in Momenten des Loslassens. Sicher ist jedoch, dass Sie Ideen nur dann ausdrücken können, wenn Sie die nötigen Fertigkeiten dazu besitzen. »Der Zufall trifft den vorbereiteten Geist«, heißt es. Und vorbereiten bedeutet, dass Sie Ihr eigenes Wissen oder Können diszipliniert, konsequent und systematisch erweitern, um aus Eventualitäten das Beste zu machen.

Es geht im Schaffensprozess also so gut wie nie um Ideenfindung, sondern darum, Ideen zum Ausdruck zu verhelfen. Das ist ein maßgeblicher Unterschied. Ich habe schon erwähnt, dass ich so gut wie keinen schöpferischen Menschen kenne, der Kreativitätstechniken wie zum Beispiel den Morphologischen Kasten, die Disney-Methode oder Brainwriting verwendet, die ja allesamt der Ideenfindung dienen sollen. Ich kenne allerdings sehr viele Schaffende, die mit der Einstellung arbeiten, dass sie letztlich nur Ideen zum Ausdruck verhelfen, dass sie also lediglich dazu beitragen, aus einem ersten Ideenfunken ein stimmiges Ganzes, eine Gestalt entstehen zu lassen. Schaffen im Sinne von »zum Ausdruck verhelfen« kann man auch mit »Gestalt annehmen« gleichsetzen. Die Wörter schaffen und das englische Wort für gestalten, to shape, sind über das althochdeutsche Wort scaphan miteinander verwandt.

Ideen, egal ob für eine neuartige kugelsichere Weste oder für ein Steuergesetz, sind in ihrem Ursprung nichts anderes als Empfehlungen unseres Unbewussten, bestimmte Dinge miteinander zu verknüpfen. Dieses Unbewusste dürfen Sie sich nicht als mystisches, fremdartiges Wesen vorstellen, sondern besser als »Vor-Bewusstes«, als den Teil Ihres Denkens und Fühlens, der schon längst tätig ist, bevor Sie Ihr bewusstes, rationales Denken aktivieren. Sobald Ihre Idee, wo und wie auch immer das passiert, ein erstes Mal auftaucht, hat sie ein Eigenleben, oder besser: ein Eigen-Streben danach, weiterentwickelt und in irgendeiner Form veröffentlicht, eben ausgedrückt zu werden. Ideen sind für sich genommen nichts besonders Kreatives oder Wertvolles – solange sie nicht weiterentwickelt werden. Im Improvisationstheater, das von der permanenten spontanen Ideenproduktion lebt, gilt der Grundsatz, dass Sie an Ideen nicht festhalten, sondern sie einfach loslassen sollen, um nicht den Ideenfluss und somit neue Einfälle zu behindern. Sie können also im Normalfall davon ausgehen, dass Sie immer oder zumindest immer wieder Ideen haben werden. Nun ist von Beethoven – wie von vielen anderen Schaffensgrößen – zwar überliefert, dass er alle seine Ideen aufgeschrieben hat, allerdings hat er nie einen Blick in seine Ideenaufzeichnungen geworfen. Dieses Festhalten an Einfällen hat allerdings trotzdem seinen Sinn, und zwar um sich selbst ein Gefühl der Sicherheit zu geben. Das funktioniert ähnlich

wie eine Reiseversicherung: Sie wissen, dass sie Ihnen einen ver-
bockten Urlaub nicht wieder schön machen kann, aber Sie fühlen
sich trotzdem besser.

Schöpferische Menschen wissen jedoch nur zu gut, dass sich der
Schaffensprozess im Kern solchen Sicherheitsmaßnahmen – wie
überhaupt dem direkten und bewussten Einfluss – entzieht, sondern
sich nur indirekt, durch die geeigneten Rahmenbedingungen, beeinflussen lässt: Manche Schriftsteller versuchen zum Beispiel durch
bestimmte Rituale, die berüchtigte Schreibblockade zu vermeiden,
gewissen Werbeleuten wird nachgesagt, dass sie drohendem Ideen-
verlust durch die Einnahme gewisser Substanzen entgegenzuwirken
trachten, und Einstein spielte Geige, um sich in einen vor-bewuss-
ten Zustand zu bringen. Leonardo da Vinci hat sich oft bewusst in
Halbschlaf versetzt, um diesen Zustand herzustellen. Er nutzte dazu eine ganz simple Technik, die bei uns als »Bäckerschlaf« bekannt
ist: Der Bäcker sitzt an einem Tisch und legt den Kopf auf die abge-
winkelten Arme, in der einen Hand einen Schlüsselbund. Sobald er
beginnt einzuschlafen, löst sich die Hand und der Schlüssel fällt zu
Boden – der Bäcker wacht auf. Diente diese Technik den früh aufste-
henden Bäckern zu ihrer zeitsparenden Regeneration, so setzte da
Vinci sie dazu ein, sein Unbewusstes möglichst effektiv anzuzapfen,
was ihm offensichtlich gelang.

Dennoch machen all diese Bemühungen nur einen verschwinden-
den Teil des Schaffensprozesses aus, vergleichbar mit der Wahl des
Pinselhaars eines Malers oder der Software eines Designers: Jeder
hat seine Präferenzen, um produktiv zu sein, aber letztlich müssen
Sie auch ohne ideale Rahmenbedingungen schaffen können. Vor allem aber sind diese Bestrebungen, Ideen zu fördern, nur dann frucht-
bar, wenn sie unmittelbar in Arbeit ausarten. Es geht also im Schaffensprozess vielmehr um Produktivität als um Kreativität. Allerdings
braucht diese Art der Produktivität eine ambivalente Haltung aus
bewusstem Formenwollen einerseits und respektvollem Wachsen-
lassen andererseits. Wir sprechen nicht umsonst davon, »mit einer
Idee schwanger zu gehen« – Sie verhelfen Ihrer Idee durch den geeigneten Rahmen zur Entfaltung. Bei einer echten Schwangerschaft

besorgt dies im Wesentlichen die Natur, bei Ideen sind es wir selbst, die das bewerkstelligen müssen.

Ausdrücken bedeutet kommunizieren

Wenn wir an Schaffensprozesse denken, stellen wir uns kreative Menschen gerne allein und vertieft in ihre Materie vor und übersehen dabei völlig, dass sie alles, was sie schaffen, auch für jemanden schaffen. Dabei ist es völlig nebensächlich, ob dieser Jemand eine reale Zielgruppe, ein echtes Publikum, ein bestehender Kollegenkreis ist oder bloß in der Vorstellungswelt der Schaffenden existiert. Ein berühmter Pianist hat einmal gemeint: »Was wären wir ohne unser Publikum?« Analog gilt diese Frage selbstverständlich für Unternehmen und ihre Kunden, Techniker und ihre Anwender, Forscher und ihre Nutznießer, Staaten und ihre Bürger, Sportler und ihre Zuschauer. Alles, was Sie schaffen, schaffen Sie letztlich für irgendwelche Adressaten. Ob das letztlich diejenigen sind, für die Sie es ursprünglich gedacht haben, ist eine andere Sache. In jedem Fall wird es den Adressaten oder Empfängern erst zugänglich, wenn Sie es ausgedrückt haben, und zwar so, dass diese es verstehen und als relevant erachten. Jeder Schaffensakt ist somit ein kommunikativer Akt, er braucht eine Veröffentlichung. Selbst wenn Sie ein Wissenschaftler wie der Mathematiker Grigori Perelman sind und sich nach Lösung eines »Jahrhundertproblems« in Ihrer Wohnung verbarrikadieren und mit niemandem reden wollen, ist Ihnen sehr wohl bewusst, was Ihre Leistung bei wem auslösen wird. Schließlich haben Sie die Lösung veröffentlicht, um eine Wirkung zu erzeugen. Etwas anderes wäre es, wenn Sie niemandem sagen würden, dass Sie die Poincaré-Vermutung gelöst haben. Dann wäre es eine rein philosophische Frage, ob sie als gelöst gelten kann. Schöpferisches Tun ist nichts Privates, sondern etwas, wodurch Sie mit der Welt in Kontakt treten. Die alten Griechen jedenfalls bezeichneten Privatmänner, die sich nicht an öffentlichen Belangen beteiligten, als »Idioten«.

Ausdrücken bedeutet auf den Punkt bringen

Es gibt noch einen weiteren Grund, warum ich von Ausdrücken spreche und nicht einfach von produzieren. Sogenannten kreativen Menschen wird oft zugeschrieben, dass sie besonders originelle, einzigartige und vor allem neue Ideen haben. Die Wahrheit ist, dass sie viel häufiger die Ersten sind, die bestimmte, bereits vorhandene Ideen auf den Punkt oder eben zum Ausdruck bringen. Edison, allen bekannt als der Erfinder der Glühbirne, hat diese, wie Sie vielleicht wissen, gar nicht erfunden. Vielmehr war dies ein gewisser Joseph Swan. Edison hat allerdings aus dieser Erfindung die gesamte Elektrizitätsindustrie entwickelt. Swan hatte die originelle Idee und versuchte, Interessenten dafür zu gewinnen. Edison hingegen verstand ihre Bedeutung und brachte sie so als Erster auf den Punkt, er drückte als Erster – und zwar äußerst öffentlichkeitswirksam – aus, welchen Nutzen diese neuartige Sache namens Elektrizität der Menschheit bringen würde. Dasselbe gilt für Einsteins Formel e = mc². Es waren zuvor schon ähnliche Gedanken formuliert worden, doch erst Einstein hat die weltbekannte Gleichung in dieser Form als Erster zum Ausdruck gebracht. Karl Popper empfahl in saloppen Worten: »Wer's nicht einfach und klar sagen kann, der soll schweigen und weiterarbeiten, bis er's klar sagen kann.«

Das alles bedeutet somit auch, dass die Weiterbearbeitung eines Werks, sei es die Verfilmung eines Romans, das Remake eines Films, die Weiterentwicklung einer Formel oder die Zweckentfremdung eines Produkts, grundsätzlich genauso »kreativ« sein kann wie das Original. Die Diskussion, ob nun Buch oder Film besser ist, erübrigt sich somit ebenfalls. Kann doch eine neuartige Verwendung, eine neue Kontextsetzung denselben Grad an Einzigartigkeit aufweisen wie das Original, auf dem sie beruht: Ein Surfboard im Schnee wird zu einem Snowboard und löst so einen Trend aus, ein Gesetz öffnet eine günstige Gesetzeslücke, eine Kirche wird zur Großraumdisco. In Zeiten einfachster Vervielfältigung digitaler Daten oder selbst genetischer Informationen und um sich greifender Plagiate – von Luxusartikeln über Pharmazeutika bis zu Dissertationen – bekommen

Originale und Eigenständigkeit natürlich einen besonderen Wert. Dennoch dürfen wir nicht übersehen, dass es oft nicht der Gedanke, die ursprüngliche Idee ist, die von Empfängern als wertvoll erachtet wird, sondern eine bestimmte, ihrer Zeit oder ihrem Kontext entsprechende Formulierung oder Interpretation – eben ihr einzigartiger Ausdruck. Die klassische Musik lebt zu weiten Teilen von unterschiedlichen Interpretationen immer derselben Werke, im Jazz und im Hip-Hop gehören diese schlichtweg zur Kultur. Und das Rechtssystem beginnt, gerade diesem Gedanken in Form der *Creative Commons Licence* Rechnung zu tragen. Selbstverständlich ist auch hier die Minimalanforderung, dass maßgebliche Ideenlieferanten namentlich genannt werden.

Schaffen bedeutet zum Staunen bringen

Ein paar Monate später kam Theo zum zweiten Mal zu mir. Ich war schon gespannt, was sich in der Zwischenzeit bei ihm getan hatte. Sobald er sein Instrument in die Hand nahm und zu spielen begann, war mir klar, dass er sich damit beschäftigt hatte. Er war einfach in der Mittagspause oder zu ruhigeren Zeiten in ein Proberaumstudio gegangen und hatte dort geübt. »Das Aufbautraining ist eigentlich recht schnell gegangen«, lachte er, »aber wenn ich daran denke, dass ich das jahrelang gemacht habe … na, wenigstens ist es jetzt für etwas gut. Fangen wir jetzt mit der kreativen Arbeit an?«

Ich fragte Theo, wo er denn als Manager seine innovativen Ideen fand, und er nannte spontan drei Quellen: Beobachtung, Analyse und Gelegenheiten – in dieser Reihenfolge, das war ihm wichtig. »Ich habe einmal den Satz gehört: ›Du musst in den Dschungel gehen, um den Tiger zu fangen‹, und den habe ich seither beherzigt.« Der Satz stammt vom Chef einer der bedeutendsten Designfirmen, Tom Kelley, und er weist darauf hin, dass Marktanalysen und Trendberichte niemals ausreichen. Erstere nicht, weil sie sich immer auf die Vergangenheit beziehen. Das ist so, als würden Sie in den Rückspiegel schauen, um zu entscheiden, wo Sie hinfahren sollen. Trendberichte wiederum fassen unter ihren peppigen Schlagworten entweder Irrelevantes zusammen oder aber Dinge, die der Manager oder die Unternehmerin schon längst wissen sollte. »Wer solche Berichte liest, wird nie einen Trend setzen«, meinte Theo lakonisch, und er hatte natürlich Recht. »Gelegenheiten allerdings«, setze er fort, »sind die Muse des Unternehmers – sie sind die beste Quelle für innovative Ideen. Nur kann man sich nicht einfach hinsetzen und warten, bis sie sich ergeben.« Sein Grundsatz war: »Um Gelegenheiten wahrzunehmen, muss man sie wahrnehmen.« Soll heißen: Sie brauchen eine geschärfte Wahrnehmung, um Veränderungen und daraus entstehende Möglichkeiten zu erkennen und diese zu realisieren. »Wenn ich Kunden beobachtet und mit ihnen geredet habe, war ich immer wieder erstaunt, wie sich ihre Wahrnehmung von meiner unterschied.« Dieses Erstaunen war der Ausgangspunkt für die meisten von Theos Innovationen. »Genau dasselbe gilt auch für jede kreative Arbeit«, sagte ich zu ihm, »es geht ums Staunen – darum, selbst über Dinge staunen zu können, und darum, in anderen Staunen zu bewirken.«

Staunen bedeutet sich bewegen lassen

Für Platon war das Staunen der Anfang aller Erkenntnis und in der modernen Psychologie gehört Staunen zu den Basisemotionen des Menschen: Als »kognitive Dissonanz« wird in der Psychologie die Spannung bezeichnet, die in Ihnen entsteht, wenn das, was Sie wahrnehmen, nicht mit Ihrer inneren Ordnung und Ihren Erwartungen übereinstimmt. Diese Un-Stimmigkeit stellt eine Unterbrechung, eine Störung Ihrer gewohnten Muster dar. Wenn sie nicht zu stark ist, erleben Sie diese Störung als positiv, nämlich als Staunen oder Bewunderung. Ist sie zu groß oder tritt sie zu plötzlich auf, erleben Sie die Dissonanz als negativ, nämlich als Irritation oder sogar Bedrohung. Eine solche Spannung können Sie durchaus auch als Konflikt wahrnehmen: als Dilemma in Ihnen selbst, als Auffassungsunterschied zwischen Ihnen und anderen oder auch als kulturelle Differenz zwischen unterschiedlichen Organisationen oder

Gesellschaften. In jedem Fall werden Sie danach streben, Ihr gewohntes Gleichgewicht wiederherzustellen. Allerdings ist das kein rein kognitiver Prozess, wie der Name vermuten lässt. Schließlich umfasst diese Spannung nicht nur Ihr bewusstes Denken, sondern meist Ihr gesamtes Erleben: Ihre Gefühle, Werte und Ihr Selbstbild. Als schöpferischer Mensch – egal ob als Unternehmer, Künstler oder auch Wissenschaftler – erleben Sie derartige Dissonanzen ja nicht bloß rein logisch, sondern oft mit innerer Leidenschaft und mit Staunen. Albert Einstein drückt dies so aus: »Das Schönste, was wir erleben können, ist das Geheimnisvolle. Es ist das Grundgefühl, das an der Wiege von wahrer Kunst und Wissenschaft steht. Wer es nicht kennt und nicht mehr staunen kann, der ist sozusagen tot.« Staunen bedeutet also, durchlässig oder empathisch zu sein und sich bewegen zu lassen.

Staunen ist dabei nicht mit *Neugier* gleichzusetzen, auch wenn dies auf den ersten Blick naheliegt. Neugier kann eine Folge des Staunens sein, ist aber letztlich dem Staunen entgegengerichtet und kann es zerstören. Wenn Sie neugierig sind, werden Sie kaum respektvoll staunend innehalten, sondern eben gierig nach Neuem immer mehr wissen wollen. Neugier lässt Sie täglich Zeitung lesen, gute Bücher lassen Sie staunen. Neugier lässt Sie sezieren und analysieren, aber nicht staunen, wenn Sie sich die Fähigkeit zu staunen nicht bewahrt haben. Wohl deshalb nennt Einstein den wissenschaftlichen Fortschritt »eine ständige Flucht vor dem Staunen«. Die Kunst besteht für Schaffende darin, das Eine zu entwickeln und gleichzeitig das Andere zu bewahren.

Als schöpferischer Mensch rufen Sie in anderen Staunen hervor. Das hat natürlich auch mit Überraschung zu tun. Allerdings greift es zu kurz, Kreativität als »die Produktion effektiver Überraschungen« zu definieren, wie es der Psychologe Jerome Bruner getan hat. Denn wenn Sie sich heute ein menschengroßes Mäusekostüm basteln und damit morgen Ihre Chefin erschrecken, sind Sie nach dieser Definition kreativ – schließlich haben Sie ja offensichtlich eine effektive Überraschung produziert. Geht es allerdings nach Ihrer Chefin, sind Sie wahrscheinlich Ihren Job los. Wenn Sie Staunen erzeugen, ist das immer *nachhaltiger*, als wenn Sie für Überraschungen sorgen: Eine Überraschung ist immer etwas Einmaliges (Ihr zweites Mäusekostüm würde nur noch ein müdes Lächeln und eine Überweisung an einen Spezialisten zur Folge haben). Staunen hingegen können Sie immer wieder über dieselbe Sache: über Sonnenuntergänge, Bücher, Bauwerke und vieles mehr. Allerdings können Sie auch nicht jeden in Staunen versetzen, überraschen hingegen schon: Sogar der Abgebrühteste wird überrascht sein, wenn nur das Unerwartete spektakulär genug ist. Zum Staunen braucht es sowohl Wahrnehmungs-, als auch Begeisterungsfähigkeit für das Alltägliche, das Kleine und das Selbstverständliche. Soichiro Honda, der Begründer der gleichnamigen Fahrzeugfirma, meinte sogar, dass »der Wert des Lebens darin gemessen werden kann, wie oft deine Seele tief bewegt wurde«.

Genau dieses eigene Staunen ist die Basis dafür, auch in anderen Menschen Staunen zu erwecken. Alle schöpferischen Menschen – ob Pädagogen, Künstler, Wissenschaftler, Juristen, Techniker, Politiker, Unternehmer oder aus anderen Domänen – haben sich neben ihrer Fachkompetenz ihre Fähigkeit zu staunen bewahrt, wenn auch vielleicht nur in ihrem eigenen Metier. So können Sie etwa als Schriftsteller eine hohe Wahrnehmungsfähigkeit für seelische Vorgänge besitzen, gleichzeitig aber anderen durchaus schroff gegenübertreten. Eine Biologin kann sich für die Natur begeistern, daneben vielleicht aber nur für wenige Dinge. Und ein Anlagegenie wie Warren Buffet kann möglicherweise »die Zahlen singen hören«, wie ein US-Rapper einmal dessen Kreativität beschrieb, aber ansonsten Musik nichts abgewinnen.

Andere Menschen zum Staunen bringen können Schaffende jedoch nur durch ihr eigenes Können und ihre Begeisterung. »Und innovative Unternehmer bringen andere Menschen durch ihre Produkte oder Services zum Staunen«, sagte ich zu Theo. »Aber die Basis ist ihre Sensibilität für das, was Menschen bewegt.« – »Ja gut«, antwortete er, »aber wie erfinde ich etwas Neues auf der Geige, jetzt, wo ich meine Technik halbwegs aufgefrischt habe?« – »Das ist es ja gerade, was ich die ganze Zeit über sagen will: Du brauchst nicht versuchen, etwas Neues zu erfinden. Schärfe deine Wahrnehmung.

Geh hinaus und suche Dinge, die dich zum Staunen bringen. Und dann versuche, das auszudrücken, was dich bewegt und andere zum Staunen bringt. Spielen kannst du ja.« Theo ging also, mit sichtlich gemischten Gefühlen, um das Staunen zu finden. Wenn er wiederkommen würde, würde er sein Leben nicht mehr als »abgewohnt« bezeichnen. Alles würde sich verändert haben.

Schaffen bedeutet Stimmigkeit erzeugen

Stimmig, nicht neu

Die gängigen Definitionen von Kreativität oder Innovation zielen allesamt auf das Erschaffen von etwas Neuem ab, unterlassen es jedoch, dieses Neue näher zu erklären, geschweige denn zu hinterfragen. Wenn ich beispielsweise heute nach Hause komme und keine Stühle mehr in meinem Esszimmer vorfinde, ist das für mich auch neu. Ob es jedoch auch kreativ ist, steht auf einem anderen Blatt. Vielleicht hat meine Frau endlich die Schwebekissen gefunden, die sich auf Zuruf sanft unter mein Gesäß schieben und mit mir zum Zielort schweben. Vielleicht haben unsere Kinder auch beschlossen, dass ab jetzt nur noch auf dem Boden gesessen wird. Vielleicht haben aber einfach auch schlecht ausgebildete Einbrecher unsere IKEA-Stühle für Designerteile gehalten und sie mitgenommen. Neu wäre das alles für mich. Mit schöpferischem Tun hat jedoch nur die erste Variante und vielleicht ansatzweise die zweite zu tun.

Ob etwas neu ist oder nicht, ist aus dem Blickwinkel der Kreativität betrachtet weitgehend unerheblich. »Neu« bedeutet ja gemeinhin schlicht »bislang nicht existent«. Ein wesentlicher Punkt bei geschaffenen Werken ist jedoch, dass die einzelnen Elemente des neu Geschaffenen zumeist bereits existiert haben. Die Tasten der Klaviatur haben sich seit Bachs Zeiten nicht verändert (und das, obwohl auf dem Klavier genau genommen kaum ein Tonintervall sauber erklingt). Was Chopin oder Count Basie jedoch aus denselben Elementen geschaffen haben, sind jeweils völlig andersartige und vor allem in sich stimmige Werke, die auch einige Stilepochen später zum Staunen anregen. Das Notensystem und somit die einzelnen Töne sind gleich, aber die Beziehung der Töne zueinander, also die Zusammensetzung der Elemente, ist in ihrer Qualität völlig unterschiedlich. Aus demselben Rohmaterial haben verschiedene Menschen völlig unterschiedliche »Stimmigkeiten« geschaffen.

Eine kreative Schöpfung muss also nicht neu sein im Sinne von bislang inexistent, sie muss jedoch in ihrer Qualität stimmig sein. Auch Googles Suchmaschine war nichts wirklich Neues, schließlich gab es bereits unzählige auf dem Markt. Sie löste jedoch durch ihre Einfachheit bei vielen Menschen ein Gefühl der Stimmigkeit aus. Auch und gerade Einfachheit ist oft ein Indiz für große schöpferische Leistungen. Auch die Transistortechnologie der ersten tragbaren Radios war damals nicht neu. Zur Innovation wurde es erst, als die Kombination der Einzelteile das Lebensgefühl dieser Zeit einfach stimmig ausdrückte.

Genauso wenig wie ein Produkt neu sein muss, muss es übrigens – wie es gerne behauptet wird – ein Kundenproblem lösen. Viele große Innovationen haben Probleme gelöst, die sich den Kunden noch gar nicht gestellt hatten (Marketingprofis wissen, dass man Kunden nicht danach fragen sollte, was sie sich wünschen). Ein Produkt muss vor allem Stimmigkeit herstellen: eine Stimmigkeit, die im Idealfall zu einer Selbstverständlichkeit wird. Betrachten Sie es daher als besondere Auszeichnung, wenn andere zu Ihrem Werk meinen, sie hätten das auch gekonnt. Denn genau das zeigt, dass Sie etwas Selbstverständliches wahrgenommen und ausgedrückt haben. Christoph Kolumbus hat genau das gemeint, als er das Ei auf seine Weise zum Stehen brachte und sagte: »Ja, meine Herren, Sie alle *hätten* es tun können, ich aber *habe* es getan!«

Dieses Erzeugen einer Stimmigkeit gilt nicht nur für Produkte oder Dienstleistungen, sondern auch für gesellschaftliche Neuerungen, wissenschaftliche Thesen, Kunstwerke oder Geschäftsmodelle. Gerade im letzten Fall ist die Unterscheidung besonders folgenreich: Junge Entrepreneure, die eine neue Geschäftsidee haben, lassen sich gerne die anfängliche Euphorie rauben, wenn sie erkennen, dass eine ähnliche Idee bereits existiert. »Gibt's leider schon«, ist dann oft das resignierende Ende einer möglicherweise erfolgreichen Geschäftsidee. Wenn man ihnen klarmacht, dass sie einfach noch an der *Stimmigkeit* ihres Konzepts feilen müssen und dass es gar nicht um dessen Neuartigkeit geht, kann man ihr Feuer wieder entfachen. Allerdings wartet dann harte Arbeit auf sie und natürlich ist es einfacher, das »Gibt's schon« als Ausrede vorzuschieben für die eigene geringe Bereitschaft, sich aus der Komfortzone zu bewegen.

Der Victor Hugo zugeschriebene Spruch »Nichts ist so mächtig wie eine Idee, deren Zeit gekommen ist« meint ebenfalls diese Stimmigkeit. Und er gilt auch im Umkehrschluss: Nichts ist so ohnmächtig – oder eben un-stimmig – wie eine Idee, deren Zeit noch nicht gekommen ist. Leonardo da Vinci war einer der größten Erfinder überhaupt, aber zu seiner Zeit konnte man beim besten Willen noch keine Helikopter bauen. Sie waren damals ebenso wenig stimmig wie der Vorgänger des iPhone in den 1990er-Jahren, der »Newton«. Stimmig bedeutet daher immer auch anschlussfähig an die Menschen und Möglichkeiten in der jeweiligen Zeit. Schaffen ist ein kommunikativer Akt und der Sinn entsteht in der Kommunikation immer beim Empfänger. Anschlussfähig wird das, was Sie schaffen, wenn es nicht allzu fremdartig ist. Als Faustregel für die Anschlussfähigkeit kann gelten, dass selten mehr als ein Viertel Unbekanntes in Ihrem Werk enthalten sein sollte, eher ein Fünftel oder noch weniger. Als schöpferischer Mensch wandeln Sie also die von Ihnen gefühlte Dissonanz in ein für Ihre Adressaten anschlussfähiges Maß um, wie ein Umspannwerk Starkstrom in haushaltsfähige 220 Volt umwandelt.

Stimmigkeit bedeutet Ordnung

Eine Un-Stimmigkeit ist also eine Dissonanz, die Sie als schöpferischer Mensch stärker oder konkreter spüren als andere. Im Altgriechischen ist »kreieren« mit »ordnen« verwandt. Stimmigkeit herzustellen – und so kreativ zu sein – bedeutet also, die Dinge zu ordnen. Wie erwähnt, streben wir danach, solche Dissonanzen nicht beizubehalten, sondern möglichst rasch wieder ein Gleichgewicht, eine stimmige Ordnung herzustellen. Das machen Lebewesen im Wesentlichen auf drei Arten: erstens durch *Flucht* beziehungsweise Vermeidung, Tarnen oder Täuschen, zweitens durch *Kampf,* der zu Unterwerfung oder Unterordnung führt, und drittens durch konstruktive *Auseinandersetzung* mit der Situation.

Stellen Sie sich eine sehr unaufgeräumte Wohnung vor. Sie können erstens das Aufräumen vermeiden, indem Sie einfach die Türe von außen schließen oder aber alles in einen Schrank werfen und sich etwas Unterhaltsamerem als dem Aufräumen zuwenden. Es liegt auf der Hand, dass diese Art der Stimmigkeit nur von kurzer Dauer sein wird, denn sobald Sie wieder zurückkehren, finden Sie dieselbe Unordnung wieder vor. Auch Tiere tarnen und täuschen zwar, um kein passives Element der Nahrungskette zu werden, aber sie belügen sich selten selber, im Unterschied zu uns Menschen. Zweitens können Sie den Kampf gegen die Unordnung aufnehmen. Sie können also der Wohnung entweder Ihren Ordnungssinn aufzwingen oder aber sich den Gesetzen der Entropie unterordnen, frei nach dem Motto: Wozu aufräumen? Der Mist kommt schließlich sowieso wieder von selber. Drittens können Sie sich Gedanken darüber machen, in welchen Abläufen Sie leben, wie sich diese vielleicht verändert haben und wie daher eine sinnvolle neue Ordnung aussehen müsste. Erst diese Gedanken bilden die Basis für eine stimmige Ordnung, und zwar auf einer höheren Ebene. Jeder kann sie sich machen und es steckt auch nichts Neuartiges dahinter. So einfach funktionieren Schaffensprozesse im Prinzip. Dass Metiers, die höher entwickelt sind als das Wohnung-Aufräumen, auch ein größeres Fachwissen erfordern, versteht sich von selbst.

Wo aber bleibt die wirklich kreative Lösung? Die »out of the box« gedachte, revolutionäre, alle Regeln brechende, wirklich innovative Neuordnung? Vergessen Sie sie. Oder besser, lassen Sie uns anhand dieses banalen Aufräum-Beispiels ein paar entwerfen. Nehmen wir uns als Vorbild keinen Geringeren als Alexander den Großen. Diese hat ja genauso eine viel zitierte kreative Großtat vollbracht, als er den Gordischen Knoten mit seinem Schwert zerschlug, anstatt sich die Mühe zu machen, ihn zu entwirren. Seinem Vorbild folgend, könnten wir zum Beispiel eine Splittergranate in die Wohnung werfen und schnell die Flucht ergreifen. Der Patient ist dann zwar tot, aber die Operation ist geglückt. Oder aber wir schlagen den Nachbarn, sehr ordnungsliebenden Menschen, einen wöchentlichen Wohnungstausch vor – so würde ein typisches Ergebnis einer Kreativ-Session aussehen. Wir könnten natürlich auch einen Meditationskurs belegen und lernen, der Welt der Bedürfnisse zu entsagen – frei nach dem Zen-Spruch: Wer Ordnung schafft, ist verwirrt.

Lauter »kreative« Lösungen, oder? Aber keine davon schafft eine stimmige Ordnung. Die Geschichte vom Gordischen Knoten schildert im Übrigen auch gar keine Kreativleistung, sondern sagt etwas ganz anderes aus: nämlich dass die griechischen Götter vorhersagten, nur derjenige würde etwas Großes wie etwa ein Weltreich erschaffen können, der gleichermaßen entschluss- wie tatkräftig ist und sich nicht durch irrelevante Fragestellungen aufhalten lässt. Es gibt also nur eine schöpferische Art des Ordnens, und zwar die, sich mit einer Situation, einer Materie oder auch einem anderen Menschen wirklich auseinanderzusetzen, um Zusammenhänge oder Muster zu erkennen – oder besser gesagt: zu erschaffen, denn das ist bereits Ihr erster schöpferischer Akt. Erst das ermöglicht es Ihnen, Stimmigkeit auf einer anderen, höheren Ebene herzustellen. Sie haben dann die Dinge nicht einfach nur umgruppiert, sondern erkannte Ordnungsmuster verändert. Am Anfang dieses Prozesses stehen jedoch Ihr staunendes Verstehenwollen und respektvolle Auseinandersetzung. Sie nehmen wahrgenommene Dissonanzen nicht einfach hin oder ignorieren sie, sondern Sie versuchen, diese UnStimmigkeiten produktiv aufzulösen. Schaffen ist also letztlich die Transformation von Dissonanzen in Ordnung, von Un-Stimmigkeiten in Stimmigkeit.

Stimmig bedeutet einzigartig

Theo kam also zum dritten und letzten Mal zu mir. Er war in euphorischer Stimmung und wollte sogleich seine Geige auspacken. »Es gibt so vieles!«, begeisterte er sich, »schau doch mal, was ich alles gefunden habe!« Alles war für Theo anders, wie es zu erwarten war. Er begann, mir seine Entdeckungen vorzuspielen. Er swingte und rockte, spielte Blues und Countrymelodien, interpretierte Mozart und Elvis. »Und ich habe so viele Ideen!«, rief er atemlos aus, nachdem er das Instrument abgesetzt hatte, »dass ich gar nicht weiß, wo ich anfangen soll!« Da entdeckte ich, dass seine Violine nicht mehr wie üblich vier, sondern fünf Saiten besaß. »Wie ist denn *das* passiert?«, fragte ich verwundert. »Ich habe sie mir umgebaut«, antwortete Theo, »so habe ich einfach mehr Möglichkeiten.« – »Und was hat dein Geigenbauer dazu gesagt?« – »Zuerst hat er gefragt, wozu denn das gut sein soll, und wollte es nicht machen. Also habe ich ihm gesagt, dass ich sie selbst umbauen werde. Da hat er mich für verrückt erklärt. Und als ich ihm die fünfsaitige Geige gezeigt habe, meinte er nur, dass er das auch hätte machen können – und besser.« Das Ei des Kolumbus also wieder einmal. »Ich finde das jedenfalls innovativ«, meinte ich, »und auf jeden Fall klingt es gut.«

Theo hatte jetzt jedoch ein anderes Problem. In seiner Euphorie für die verschiedensten Stilrichtungen wusste er nicht, wie er etwas Originelles und Eigenes produzieren sollte. Doch genau das war ja von Anfang an das Ziel unserer Reise gewesen. »Ich möchte etwas Neues schaffen« erklärte er mit etwas Pathos, »etwas noch nie Dagewesenes!«. Ich fragte ihn, was er mir denn als Unternehmer empfehlen würde, wenn ich auf der Suche nach einer besonderen Geschäftsidee zu ihm käme. »Ganz einfach«, meinte Theo plötzlich nüchtern, »ich würde sagen: Hör auf mit dem Unsinn, konzentriere dich einfach auf das, was dir entspricht, und schau, wo es einen Bedarf danach gibt. Das habe ich immer so gemacht«. – »Aha«, erwiderte ich, »und was, wenn ich dir jetzt genau dasselbe empfehlen würde?« Theos Gesichtsfarbe veränderte sich etwas, doch dann musste er schmunzeln. »Du bist echt hinterhältig«, sagte er, »aber vielleicht hast du ja recht.« Theo wollte wissen, wie er es angehen sollte. »Am besten tust du das, was dir schon immer leichtgefallen ist«, empfahl ich ihm, »denn es ist höchstwahrscheinlich auch das, was dir wichtig ist.« – »Und wie finde ich einen Bedarf heraus?« – »Zeig deine ersten Schritte so früh wie möglich her, allerdings in einem halbwegs geschützten Rahmen, in dem dir die kritischen Rückmeldungen nicht allzu wehtun. Warte auf jeden Fall nicht, bis du alles perfekt ausgearbeitet hast. Die Rückmeldungen werden dir den Weg zum Bedarf weisen.« Die Begeisterung, mit der Theo gekommen war, war einer Entschlossenheit gewichen, als er ging.

Einige Monate später fand ich eine Einladung in meiner Post. Auf dem Flyer, der grafisch recht jugendlich anmutete, stand zu lesen: »The Punk String Quartet«. Das Debüt trug den Titel *Killing You Softly* und fand in einem Club in der Nähe statt. Es verstand sich von selbst, dass ich hinging.

Theo hatte ein echtes Streichquartett zusammengestellt, aus lauter ehemaligen Kollegen, die wie er ihre professionelle Berufslaufbahn verlassen hatten: zwei Geigen, eine Bratsche und ein Cello. Theo war älter als die anderen und spielte die zweite Geige, was mich etwas überraschte. Alle vier Musiker waren schwarz gekleidet, allerdings in Lederkombinationen, die mit Nieten übersät und mit Ketten verziert waren. Jeder der vier trug einen unterschiedlich gefärbten Irokesen-Haarschnitt, der von Theo war leuchtend grün, die anderen pink, blau und gelb. Sie spielten Songs von den Stones bis zu den Sex Pistols, jeweils bearbeitet für Streichquartett. Alles klang etwas schmutzig, aber nicht falsch. Das Publikum war zwischen dreißig und vierzig und alle hatten offensichtlich irgendeinen Bezug zu Punk, zu Streichquartetten oder zu den Musikern. Das Konzert war ein großer Erfolg und Theo kam danach auf mich zu. »Na, wie war es?« – »Ich fand es toll«, erwiderte ich, »und du?« Theo war etwas erstaunt über diese Gegenfrage, meinte dann aber: »Weißt du, ich habe das Gefühl, dass wir alles herausgeholt haben, was dringesteckt hat. Und das ist ein gutes Gefühl!«

Schaffen ist das Ausdrücken erstaunlicher Stimmigkeit

Was Theo und ich in diesem Jahr gemeinsam getan hatten, war nichts anderes, als uns entlang einer Logik des Schaffens zu bewegen. Nach dieser Logik sind Sie dann kreativ, wenn Sie etwas schaffen, und das bedeutet, dass Sie eine erstaunliche Stimmigkeit zum Ausdruck bringen. Ich spreche lieber von Schaffen als von Kreativität, weil dies Ihr aktives, produktives und ergebnisorientiertes Tun meint und nicht etwa Ihre Veranlagung, Ihre Branche oder Ihre Frisur. Ausdrücken bezieht sich darauf, dass Sie durch Ihr Tun mit den Adressaten Ihres Schaffens kommunizieren und nicht nur für sich allein schaffen. Zudem meint es auch, dass Sie nicht unbedingt etwas Neues erschaffen müssen, sondern dass Sie es vor allem erstmalig in dieser Form auf den Punkt bringen. Erstaunlich bedeutet, dass Sie in anderen nicht nur kurzfristige Neugier, sondern nachhaltiges Staunen erwecken. Dies setzt voraus, dass Sie selbst staunen können, also Selbstverständliches als etwas Besonderes wahrnehmen können. Stimmigkeit schließlich meint eine Ordnung oder Qualität, die Sie und die Empfänger Ihres Schaffens als einzigartig und gestaltartig wahrnehmen. Eine erstaunliche Stimmigkeit gleicht dabei weniger einem harmonischen Gleichgewicht als einem ausbalancierten Ungleichgewicht, das als Facettenreichtum, Tiefe und nachhaltige Qualität empfunden wird. Etwas zu schaffen bedeutet somit nie, etwas Perfektes herzustellen, sondern ist immer eine schrittweise Annäherung an eine Stimmigkeit.

Die Logik des Schaffens gilt überall

Ihre schöpferische Leistung ist demnach dann wertvoll, wenn die Stimmigkeit, die Sie darin zum Ausdruck bringen, möglichst viele Menschen immer wieder staunen lässt. Das gilt für alle Domänen, ob Religion, Sport, Wissenschaft, Wirtschaft, Pädagogik, Kunst, Politik, Technik, Beratung oder was auch immer Ihr Bereich ist. Alles

Geschaffene, ob es nun ein neues Gesetz, ein aeronautisches Wunderwerk oder ein Saxofonsolo ist, lässt sich grundsätzlich auf dieselbe Weise bewerten, weil Schaffensprozesse ihrer Logik nach wesensgleich sind. Natürlich bedienen sich unterschiedliche Domänen wie Mathematik oder Musik verschiedener Symbole und Regeln.

Wenn Sie künstlerisch schaffen, geht es Ihnen beispielsweise im weitesten Sinn um ästhetische Stimmigkeit. Seit der Antike schon suchen die Menschen nach der Zauberformel, die ausdrückt, was wirklich schön ist, und noch immer gibt es Kongresse zu diesem Thema. Diese Suche hat sich jedoch als ebenso hoffnungslos herausgestellt wie die alchemistischen Bestrebungen, aus Steinen Gold zu machen. Und sie treibt die wunderlichsten Blüten, wenn sie zum Beispiel auf Basis von Durchschnittswerten das »schönste« oder »hässlichste« Gesicht darstellt – wie gesagt bedeutet Stimmigkeit nicht Harmonie, sondern ausbalancierte Disharmonie: Die Stimmigkeit von Leonardos Mona Lisa erstaunt noch nach einem halben Jahrtausend die Menschen. Aber finden Sie die Dame schön?

Wenn Sie wissenschaftlich schaffen, geht es Ihnen um den Ausdruck stimmiger Gesetzmäßigkeiten wie zum Beispiel $e = mc^2$, die so lange wahrheitsähnliche Gültigkeit haben, bis jemand kommt und die wissenschaftliche Gemeinschaft davon überzeugt, dass es doch nicht stimmt. Ob etwas dementsprechend stimmt, muss nach festen Regeln dieser Gemeinschaft belegt werden. Neben dem wissenschaftstheoretischen Fundament ist das vor allem ein komplexes System aus Publikationen und Prüfungen.

Schaffen Sie als Unternehmerin oder Manager, dann bedeutet Stimmigkeit nichts anderes, als dass Sie einen Nutzen stiften. Hier sind es der Gewinn, der Unternehmenswert und gegebenenfalls der Börsenwert, die Aussagen über den Wert des Geschaffenem treffen. Für andere Metiers gilt dasselbe: In der Politik drücken Sie das, was Sie für richtig erachten, durch stimmige Gesetze aus (oft ist das Erstaunen der Adressaten hier allerdings ein ungewolltes). Für die monotheistischen Religionen ist das Stimmige gleich dem Guten; sie drücken dies durch Sinnbilder wie das Himmelreich aus. In der Technik muss vor allem die Funktionsfähigkeit stimmen: Sie lässt uns staunen, wenn die Jupitersonde ihr Ziel nur um wenige Kilometer verfehlt. Der Rechtsprechung geht es um die Stimmigkeit von Tatsachen und Regeln; die Ergebnisse des Schaffensprozesses sind hier richterliche Sprüche. Oberstes Ziel des medizinischen Schaffens wiederum ist eine stimmige Gesundheit. In der Psychologie geht es um Auflösungen von persönlichen Un-Stimmigkeiten, in der Pädagogik um die Befähigung von Menschen und im Schauspiel um Glaubwürdigkeit – so ließen sich noch unzählige Beispiele bringen.

Immer geht es dabei darum, Un-Stimmigkeiten in Stimmigkeiten zu verwandeln, Ideen in Werte zu transformieren. Diese Stimmigkeit – und somit der Wert des Geschaffenen – wird von den Empfängern umso höher eingeschätzt, je größer sie die Bedeutsamkeit, Überlegenheit, Einfachheit und Nachhaltigkeit des Geschaffenen empfinden.

Die *Bedeutsamkeit* des Themas, Anliegens oder Problems bezieht sich auf die Frage, ob durch die ausgedrückte Stimmigkeit nur ein kleineres Anliegen gelöst oder gar ein Paradigmenwechsel eingeleitet ist. Es geht zwar nicht in allen Bereichen – zum Beispiel in der Kunst – um Problemlösungen. Allerdings geht es immer darum, ein für die Menschen unveränderliches Thema stimmig auszudrücken.

Die *Überlegenheit* gegenüber bisherigen Lösungen oder Werken meint, dass der Nutzen oder Erlebniswert, die Dichte oder Ausdruckskraft, die Verallgemeinerbarkeit oder Einsetzbarkeit des Geschaffenen dem Bisherigen überlegen sein muss. Hier geht es also um die relative Qualität der Lösung oder des Werks im Vergleich zu dem, was bereits existiert – natürlich wieder aus Sicht der Empfänger.

Die *Einfachheit* des Werks oder der Lösung drückt aus, wie anschlussfähig das Geschaffene an Bisheriges ist. Es besagt, wie hoch sein »Aneignungsaufwand« ist beziehungsweise wie komfortzonentauglich es ist und wie klar und verständlich es für die Empfänger ausgedrückt ist.

Die **Nachhaltigkeit** des Werks oder der Lösung schätzt ein, wie lange es erwartungsgemäß gültig sein wird, wie lange es seine Richtigkeit, Schönheit oder Güte bewahren wird. Die Dauerhaftigkeit eines Werks oder einer Lösung ist natürlich nie gänzlich im Vorhinein bewertbar, aber wenn Sie Erfahrung im betreffenden Metier haben, ist es auch nicht unmöglich, beispielsweise die Nachhaltigkeit eines Designs oder einer Aussage zu beurteilen.

Nach diesen Kriterien sind zum Beispiel die Zehn Gebote Moses eines der größten Werke der Menschheitsgeschichte. Sie lösen bedeutsame Grundthemen des Menschen, sie sind auf alle Situationen des menschlichen Zusammenlebens anwendbar, sie sind kompakt und einfach formuliert und sie prägen seit Jahrtausenden die Kultur der halben Menschheit. Jetzt stellt sich natürlich die Frage, ob etwas auch einen schöpferischen Wert hat, wenn es den Menschen nicht dient, sondern ihnen schadet. Mit anderen Worten: Gibt es eine »böse« Kreativität? Sind Atombomben, Diktaturen und Folterwerkzeuge als ebenso kreativ zu bewerten wie die zehn Gebote? Auf diese Frage gibt das klassische Verständnis von Kreativität keine Antwort – und wenn, dann wäre es ein klares Ja, denn schließlich sind diese Werke für ihre Erschaffer auch wirklich nützlich und daher gut. Wenn Sie allerdings Kreativität sehen als das Ausdrücken einer erstaunlichen Stimmigkeit, dann erhalten Sie als Antwort eine klares Nein. Denn was Atombomben, Diktaturen und Folterwerkzeuge ausdrücken, ist bestenfalls eine erschreckende, aber keine erstaunliche Stimmigkeit. Staunen hat nämlich immer mit Demut zu tun, nie mit Beherrschenwollen. Demnach müssen auch schöpferische Menschen immer in den Spiegel sehen und möglichst klar die einfache Frage beantworten, ob sie durch ihr Schaffen anderen Menschen nützen oder schaden.

Abgesehen von dieser ethischen Dimension liegt letztlich der Wert von etwas Geschaffenem im Auge des Betrachters. Auf lange Sicht sind es demnach die Empfänger Ihres Schaffens, deren subjektive Bewertung die letztgültige ist. Und zwar auch dann, wenn sich dies über die Jahre oder gar Jahrhunderte ändert. Die Logik des Schaffens jedoch funktioniert in allen Metiers gleich, im Großen wie im

Kleinen. Manche meinen, dass beispielsweise Schaffensprozesse in Wissenschaft und Kunst nicht vergleichbar sind, weil Erstere in komprimierte Formeln, Thesen oder Modelle münden, Letztere in extensive Werke wie Romane, Symphonien oder Kinofilme. So gesehen jedoch dürften auch Stabhochsprung, Autorennen und Billard nicht derselben Kategorie, nämlich »Sportarten« angehören. Es geht allerdings nicht um derartige Spitzfindigkeiten, sondern darum, ein nützliches Gerüst für jede Art von schöpferischem Tun anzubieten. Diese Logik des Schaffens bringt nämlich viele Vorteile mit sich: Erstens können Sie auf ihrer Basis erkennen, wie Wissensarbeit grundsätzlich funktioniert. Das ist in der heutigen, hochgradig diversifizierten Wissensgesellschaft von großem Wert, erhöht es doch das Verständnis der Tätigkeit von Wissensarbeitern, auch ohne das Fachgebiet inhaltlich genau zu kennen. Zweitens bildet diese Schaffenslogik die Grundlage für das Management und das Selbstmanagement schöpferischer Menschen, ob diese nun den sogenannten kreativen Berufen angehören oder nicht. Drittens entmystifiziert sie den Kreativitätsbegriff und klärt irrige Vorstellungen auf. Damit hilft sie Ihnen, Ressourcen nicht in sinnlosen Programmen zur »Kreativitätsförderung« zu vergeuden, sondern beispielsweise in Schulen schöpferisches Tun effektiv zu fördern, in der Gesellschaft die richtigen Rahmenbedingungen dafür zu schaffen und in Unternehmen Innovationen wirksam zu managen.

Theo und ich waren noch in eine italienische Bar gegangen, um dort einen nächtlichen Abschlussespresso zu trinken. Der Ristretto war von einer Stimmigkeit, wie sie nur italienische Espressomaschinen zuwege bringen: schwarz, heiß und ölig. »Und«, fragte ich Theo, »bist du jetzt auch davon überzeugt, dass schöpferisches Tun bei Künstlern und Unternehmern nach denselben Grundsätzen passiert?« – »Ja«, antwortete er. Dann wurde er etwas nachdenklich. »Irgendwie hat sich mein Leben im letzten Jahr völlig verändert, obwohl andererseits das meiste gleich geblieben ist. Nur ist jetzt alles irgendwie … stimmig.« Er blickte kurz ins Nichts. Dann wandte er sich wieder mir zu: »Aber wir hatten doch eine Wette«, sagte er bestimmt, »auf welches Konzert willst du fahren?« – »Hm, erwider-

te ich, »es gibt da alle paar Jahre ein regionales Festival der Ureinwohner am Fuß des Kota Kinabalu ...«, erwiderte ich. »Wo zum
Kuckuck ist *das* denn?«, fragte Theo erstaunt. »Der Kota Kinabalu
ist der höchste Berg Südostasiens und er steht auf Borneo«, erklärte
ich ihm. »Ich habe gar nicht gewusst, dass du dich für die Musik der
Ureinwohner interessierst«, meinte Theo zweifelnd. »Tu ich auch
nicht«, antwortete ich, »ich wollte nur immer schon mal in den
Dschungel.« Theo schüttelte den Kopf: »Du bist doch ein ... « Ich
unterbrach ihn: »Sag, Theo, warum spielst du eigentlich die zweite Geige in deinem Projekt und nicht die erste?« Theo lächelte wis-
send: »Komm schon, du hast doch sicher gehört, dass die anderen
besser spielen als ich. Vielleicht ziehe ich mich einmal ganz aus dem
operativen Geschäft zurück und konzentriere mich darauf, solche
Ensembles zu managen.« Und er fügte noch augenzwinkernd hinzu: »Schließlich kenne ich ja meine Stärken.«

3. Keine Frage der Selbstverwirklichung

Warum Schaffen nur wenig mit Selbstverwirklichung zu tun hat, sondern damit, dass Sie Erhaltung und Entfaltung in die richtige Balance bringen.

Schaffen macht Sinn

Fragen Sie doch einmal ein paar schöpferische Menschen, die Sie kennen, was sie denn zu ihrem Tun bewegt. Sie werden wahrscheinlich keine hilfreiche Antwort erhalten. Denn das ist ungefähr so, als ob Sie sich selbst fragten, warum Sie beim Fahrradfahren nicht herunterfallen. Wenn Sie nicht gerade physikalisch bewandert sind, werden Sie antworten, dass Sie das einmal gelernt haben und seither einfach unbewusst tun. Dieses unbewusste Können zu erklären fällt uns allen zumeist schwer. Als mir beispielsweise in jüngeren Jahren mein Motorradlehrer erklärte, dass ich, um bei höherer Geschwindigkeit nach links zu fahren, nach rechts lenken müsse, hielt ich das für einen Scherz, bis ich erkannte, dass ich es mit dem Fahrrad schon immer so gemacht hatte. Ähnlich verhält es sich mit der Motivation schöpferischer Menschen: Sie können meist weder angeben, *was* sie genau tun, noch, *warum* sie es tun – es sei denn, sie unterrichten andere in ihrem Metier.

Die Antworten, die Sie erhalten, werden wahrscheinlich ungefähr so lauten: »Ich bin einfach neugierig« oder »Es ist das Einzige ist, was ich kann« oder auch »Ich spüre einfach diesen Drang in mir« und nicht zuletzt »Für mich ist das eine Lebensnotwendigkeit«. Oft sprechen schöpferische Menschen von einem Drang zur Selbstverwirklichung, häufig ausgelöst durch irgendeine Unzufriedenheit: »Die technische Lösung war einfach nicht zufriedenstellend!« Oder etwa: »Ich sah einfach keine Perspektiven in meinem Beruf mehr!« Manche hören auf ihre innere Stimme oder »folgen einem Ruf«, fühlen sich also zum Schaffen berufen, für andere stellt es fast einen Zwang oder eine Sucht dar, ihre »Leidenschaft zu leben«, wieder andere suchen nach einer »neuen Herausforderung« oder »lieben es, Probleme zu lösen«. Und wenn Sie erfolgreiche schöpferische Menschen fragen, worauf sie ihren Erfolg zurückführen, werden es die meisten dem Zufall zuschreiben und Ihnen antworten, sie hätten »einfach Glück gehabt«.

Doch warum geben schöpferische Menschen solche Antworten, die sie so erscheinen lassen, als würden sie keine bewussten Entscheidungen treffen und nicht zielstrebig arbeiten? Die Antwort ist schlicht: Weil es um die nicht ganz triviale Frage der Sinnfindung geht und wir diese Frage nicht im Moment, sondern nur in einem längeren Prozess beantworten können. Und zwar tun wir dies, während wir entlang der eigenen Möglichkeiten und der sich ergebenden Gelegenheiten einfach Dinge ausprobieren und dabei unsere Stärken erkennen, eine passende Arbeitsweise entwickeln und unsere Werte festigen. In diesem Prozess gibt es nur wenige deutlich erkennbare Entscheidungspunkte, wie etwa die Wahl einer Ausbildung oder eines Berufs. Dennoch müssen wir auf der Suche nach einem Lebenssinn laufend Entscheidungen treffen, und zwar heute weit mehr als früher.

Schaffen ist nicht nur Entfaltung

Worin Menschen wie Sie oder ich Sinn finden, ist naturgemäß individuell sehr unterschiedlich. Vielleicht finden Sie ihn in Ihrer Arbeit oder in einer gemeinnützigen Tätigkeit. Ihre Freunde finden ihn vielleicht in ihren Beziehungen und ich vielleicht im süßen Nichtstun oder in Freizeitaktivitäten. Gehen Sie einmal zu einem durchschnittlichen Kiosk. Dort finden Sie für jedes erdenkliche Interessengebiet von Anlegern bis zu Zigarrenrauchern ein »Special Interest Magazin«. Diese Art der Sinnfindung, nämlich als Amateur oder Semiprofi eigenen Interessen nachzugehen, ist für uns schon zur Selbstverständlichkeit geworden. Darüber vergessen wir jedoch leicht, dass dies in früheren Gesellschaften nur wenigen Privilegierten vorbehalten war: Jede derartige Entfaltung, wie auch Bildung, Kunst oder Wissenschaft, setzte Muße voraus – Muße von all jenen Tätigkeiten, die zur Erhaltung der eigenen Existenz, zum Überleben der eigenen Familie oder Gemeinschaft notwendig waren. Vor unserer Wissens- und Freizeitgesellschaft, deren erste Jahrzehnte wir gerade erleben, mussten Menschen – also Ihre oder meine Großeltern etwa – sich kaum den Kopf darüber zerbrechen, wie sie ihre persönliche Mußezeit verbringen sollten (es sei denn, sie sind in der englischen Mittelschicht aufgewachsen, die noch zu Beginn des 20. Jahrhunderts definiert war als »Haushalte mit weniger als drei Bediensteten«[1] – und zwar bezog sich das auf die untere Mittelschicht).

Doch nicht nur das: Unsere Großeltern mussten sich auch in der Regel nicht den Kopf darüber zerbrechen, wie sie ihre Arbeitszeit verbrachten. Rechnen Sie einmal kurz nach: Wie viele Jobs hatten Ihre Großeltern in ihrem ganzen Leben und wie viele Ihre Eltern? Und jetzt überlegen Sie sich, wie viele Jobs Sie wahrscheinlich in Ihrem Leben haben werden – und erst recht die nachfolgende Generation? Es ist dies ein Privileg und gewissermaßen auch ein Fluch unserer Zeit: Wir müssen zunehmend Entscheidungen treffen, die sich uns früher gar nicht gestellt hätten, weil wir nämlich noch vor zwei Generationen mehrheitlich einen Gutteil der Zeit auf erhaltende und kaum auf entfaltende Tätigkeiten verwendet hätten.

Doch selbst heute noch ernten viele schiefe Blicke, die sich mit Kunst, Wissenschaft, eigenen Geschäftsideen oder echter Selbsterfahrung beschäftigen, weil diesen Dingen noch immer der Ruf des Müßigen, Brotlosen oder von der realen Welt Entrückten anhaftet. Daran ändert auch der Schlachtruf der Wissensgesellschaft nach lebenslangem Lernen wenig. Er wird nämlich den Anforderungen unserer Zeit längst nicht mehr gerecht. Vielmehr müsste es lebenslanges Sinnfinden heißen, denn auch ein Bauer im 18. Jahrhundert

---

[1] Diese nette Information verdanken wir Peter Drucker, der sie 1994 in seinem Artikel »The Age of Social Transformation« überliefert hat.

und ein Fabrikarbeiter im 19. Jahrhundert lernten ein Leben lang. Sie mussten für sich jedoch kaum die Frage nach dem Sinn ihres Lebens beantworten. Als hätte sich jedoch die Welt seither nicht verändert, stellen sich auch heute noch viele Menschen die Frage nach ihrem persönlichen Sinn nur dann, wenn sie vom Leben dazu aufgefordert werden: etwa infolge von Krankheiten, Krisen oder tief greifenden Veränderungsphasen. Wir haben uns zwar, wenn Sie so wollen, mit unserem Eintritt in die Wissensgesellschaft selbst aus dem Paradies der Erhaltungsgesellschaft vertrieben, viele von uns haben sich jedoch noch nicht in der Entfaltungsgesellschaft mit ihren spezifischen Anforderungen zurechtgefunden.

Die Einzigen, die schon seit jeher ihren Sinn in der Entfaltung ihres Wissens, Könnens oder Menschseins gefunden haben, waren und sind schöpferische Menschen: Künstler, Wissenschaftler, Erfinder, Entdecker oder auch Philosophen und bestimmte Geistliche. Genau sie waren nämlich die ersten Wissensarbeiter. Zum Teil waren sie zwar von Erhaltungsaufgaben entbunden, beispielsweise durch Mäzene, zum Teil hatten sie ihre Ansprüche auf ein Existenzminimum reduziert. Zumeist lebten sie jedoch in einem Ausgleich zwischen Erhaltung und Entfaltung. In der Regel dienten Auftragsarbeiten und Brotberufe dazu, den Lebensunterhalt zu sichern. Sinn fanden sie jedoch in anderen Tätigkeiten.

All diese Menschen sahen jedoch ihr schöpferisches Tun nicht als reine Selbstverwirklichung im heutigen Sinn an. Wäre dem so, hätte wohl jemand wie Sokrates kaum seinen eigenen Tod durch den Schierlingsbecher provoziert, zu dem er aufgrund seiner Thesen – nicht etwa wegen seiner Skulpturen – verurteilt wurde. Schöpferische Menschen verwirklichen sich nicht selbst, sondern finden Sinn in der Entfaltung. Wenn Sie also »kreativ« sein wollen, so sollten Sie etwas finden, dessen Entfaltung für Sie sinnvoll ist, und mit Ihren Erhaltungstätigkeiten in Balance bringen. Als goldene Regel gilt auch hier: ein Viertel Entfaltung, drei Viertel Erhaltung. Selbstverwirklichung ist letztlich eine Idee der Romantik, die sich in den Pop- und vor allem Jugendkulturen des 20. Jahrhunderts verfestigt hat. Erst mit dem Aufkommen des Bürgertums und der Industrialisierung im 19. Jahrhundert begannen Menschen, Gegenentwürfe zur »Gesellschaft« zu entwickeln. Das, was ich als Entfaltungsgesellschaft bezeichne, konnte erst entstehen, als die Menschen begannen, ihr Schicksal als gestaltbar zu erleben. Derselben Epoche übrigens verdanken wir auch das Zerrbild des Künstlers oder auch Wissenschaftlers als Bohèmien. Die Bohème war ein ebensolcher Gegenentwurf zum Bürgertum. Letztlich wurde jedoch nur ein Lebensentwurf hochstilisiert, der bereits seit dem Altertum bekannt ist – vor allem als unvermeidliche Begleiterscheinung der Jugendzeit. So heißt es in einer bekannten Inschrift, die in ähnlicher Form aus mehreren Kulturen überliefert ist: »Die Jugend liebt heutzutage den Luxus, sie hat schlechte Manieren, verachtet die Autorität, hat keinen Respekt vor den älteren Leuten und schwatzt, wo sie arbeiten sollte. Die jungen Leute stehen nicht mehr auf, wenn Ältere das Zimmer betreten. Sie widersprechen ihren Eltern, schwadronieren in der Gesellschaft, verschlingen bei Tisch die Süßspeisen, legen die Beine übereinander und tyrannisieren ihre Lehrer.« Ich kenne einige Menschen, die diesem Bild des (Lebens-)Künstlers noch im fortgeschrittenen Alter nachhängen – unnötig festzustellen, dass sie selten produktiv sind. Zu glauben, dass eine auf reine Selbstentfaltung ausgerichtete Lebensweise inhaltlich etwas mit schöpferischer Arbeit zu tun hat, ist ein großes Missverständnis, dem »Kreative« wie »Nichtkreative« aufsitzen.

Verantwortung für die Sinnfindung

In Wahrheit ist diese Art, »kreativ« zu sein, wohl eher verantwortungslos. Denn Sinnfindung ist für Wissensarbeiter in den heutigen hoch entwickelten Gesellschaften zu einer Grundverantwortung geworden. Sinn in schöpferischem Tun zu finden hat natürlich auch mit Selbstverwirklichung zu tun, da Sie schließlich über die bloße Lebenserhaltung hinauswachsen. Es bedeutet jedoch nicht, die Erhaltung zu ignorieren, sondern Erhaltung und Entfaltung in ihrem Wechselspiel und in ihrer gegenseitigen Abhängigkeit zu begreifen. Erhaltung kann dabei darin bestehen, das alltägliche Leben aufrechtzuerhalten, die Normalität wiederzuerlangen, oder aber darin, existenzielle Bedrohungen zu überwinden: In Krisensituationen, nach Schicksalsschlägen, während Krankheiten oder Kriegen werden Sie sicherlich erst einmal versuchen, Ihr Überleben sicherzustellen und zu einer gewissen Normalität zu finden, anstatt der Welt eine Formel, ein Kunstwerk oder ein Unternehmen zu hinterlassen. Das bedeutet jedoch nicht, dass Sie sich bloß dann der Selbstentfaltung widmen werden, wenn alle Ihre grundlegenden Erhaltungsbedürfnisse wie Nahrung oder Bekleidung abgedeckt sind, wie es die bekannte Bedürfnispyramide von Abraham Maslow nahelegt. Menschen haben nämlich selbst bei dürftigster Erfüllung ihrer Grundbedürfnisse auch soziale, geistige oder seelische Bedürfnisse: Sie hören Mozart, beten zu ihrem Gott und brauchen die Nähe ihrer Lieben auch und besonders dann, wenn sie zum Beispiel krank oder in Not sind, und nicht erst dann, wenn sie gesund, satt und in Sicherheit sind.

Das folgende Erlebnis meines Musikprofessors illustriert dies sehr gut: Dieser musste als junger Mann im Zweiten Weltkrieg an der russischen Front kämpfen und seiner Einheit fehlte es seit Monaten an den elementarsten Dingen. Neben der ständigen Lebensgefahr hatten sie kaum zu essen und zu trinken und natürlich war auch der Zusammenhalt der Soldaten untereinander bereits zermürbt. Während sie sich langsam vorankämpften, kamen sie zu einem verlassenen und teilweise zerstörten Haus. Als sie dieses durchsuchten, entdeckte mein späterer Musikprofessor in einem der Räume dieses Hauses ein Klavier. Er konnte es kaum fassen! Sofort stürmte er hin, öffnete hastig den Deckel und begann zu spielen. Erst beim Spielen merkte er, dass er die Finger seiner linken Hand kaum bewegen konnte, weil sie verletzt war. Dennoch spielte er, hungrig, unter Schmerzen und in Gefahr, solange es die Situation eben zuließ.

Wenn Sie schöpferisch tätig sein wollen, müssen Sie daher Verantwortung für beides übernehmen: für Ihre Erhaltung und Entfaltung. Diese beiden Kräfte stehen in Wechselwirkung zueinander: Sie bedingen einander und sind gleichzeitig Gegner im Kampf um Ressourcen. Und Sie müssen sie in eine für Ihre momentane Situation stimmige Balance bringen. Darin besteht wahre Lebenskunst, und nicht darin, anderen die eigene Erhaltung zuzumuten, um sich selbst rein auf die Entfaltung zu konzentrieren. Denn beide Kräfte können Sinn stiften: Erhaltung, weil sie Erreichtes bewahrt, und Entfaltung, weil sie die zukünftige Lebensfähigkeit ermöglicht. In Unternehmen sind die Entfaltungsfunktionen Innovation, Marketing, Unternehmensentwicklung und alles, was wir unter strategischem Management verstehen. Die Erhaltungsfunktionen umfassen die Organisation bestehender Abläufe, die Pflege der Systeme und alles, was zum operativen Management gezählt wird. Wenn eines vernachlässigt wird, leidet die Lebensfähigkeit – die eines Unternehmens wie auch die eines einzelnen Menschen. Erhaltung ohne Entfaltung führt zu Trägheit und Rigidität. Entfaltung ohne Erhaltung führt zu Instabilität und Dekadenz. Wenn Sie sich nur auf eine der beiden Grundfunktionen konzentrieren, betreiben Sie letztlich Realitätsverweigerung. Ihre entfaltenden Tätigkeiten müssen daher auf den erhaltenden aufsetzen. Auch als schöpferisch tätiger Mensch müssen Sie sich in gewissen Phasen darauf konzentrieren, einfach zu arbeiten, um Geld zu verdienen und sich selbst oder Ihre Familie zu erhalten, auch wenn Sie dies als Einschränkung empfinden. Das ist ähnlich wie bei Weinreben oder Obstbäumen: Die veredelten, aber sensibleren Triebe müssen auf den unveredelten, dafür aber robusteren aufsetzen, um das beste Resultat zu erzielen. Genauso muss Schöpferisches auf dem Bestehenden aufsetzen, um widerstandsfähiger zu sein. Das gilt insbesondere für die Anfangsphase des Schaffens, für Startup-Unternehmen wie für Künstler: Für die ersten Schritte Ihrer Entfaltung braucht es eine sichere Umgebung.

Es zählt nicht das, was wir wollen

Ich habe früher nur selten Seminare zum Thema Sinnfindung gehalten, vielleicht weil mir die Fragestellung als zu selbstverständlich erschien, vielleicht aber auch, weil sich diese Frage in jüngeren Jahren nicht stellt. Irgendwann erhielt ich jedenfalls eine Anfrage, die dies änderte. Der Auftraggeber, Vorstand eines Schweizer Nahrungsmittelkonzerns, wollte weder ein klassisches Selbstmanagementsemi-

nar noch ein Kreativitätstraining – und schon gar kein Motivations-
training nach dem Motto »Du kannst alles erreichen, wenn du nur
wirklich willst«. Seine Manager, meinte der Vorstand, seien schließlich denkende Menschen. Er wollte, dass sie in sich gingen und nach-
dachten. Und zwar sollten sie – allesamt erfahrene Topführungskräf-
te um die vierzig – herausfinden, was für sie Sinn stiftete, um auch
ihren Mitarbeitern eine sinngebende Arbeit bieten zu können.

In der Gruppe fiel mir bald eine Teilnehmerin besonders auf. Sie
hieß Birgit, hatte eine betont nüchterne, fast schroffe Art und schien
sich nicht darum zu kümmern, ob sie während dieses Workshops
neue Freunde gewinnen würde oder nicht. Sie war auch nicht besonders modisch gekleidet, wirkte ernst, skeptisch und gleichzeitig höchst fokussiert. Ich fand diese Kombination interessant. Mit
ihren 38 Jahren hatte sie bereits knapp die Hälfte ihrer Lebensjah-
re in dem Schweizer Unternehmen gearbeitet: erst in der Buchhaltung und dann im Controlling, zu dessen stellvertretender Leiterin
sie mit dreißig befördert worden war. Obwohl ihr Vorgesetzter ebenfalls anwesend war, nahm Birgit kein Blatt vor den Mund: »Ich bin
jetzt seit fast zwanzig Jahren dabei«, sagte sie, »und ich bin mir nicht
sicher, ob ich hier richtig bin.« Auf meine Frage, ob sie das Seminar oder ihren Job meinte, antwortete sie kurz: »Beides.« Erst eine
Woche zuvor hätten sie und ihre Freundin zusammengesessen und
überlegt, was denn ihr jeweiliger Traumjob wäre. »Und wissen Sie
was?«, schloss sie etwas fordernd, »ich weiß noch immer nicht, was
ich am liebsten machen würde. Wahrscheinlich gibt es den Traumjob für mich nicht. Und ich glaube, ehrlich gesagt, auch nicht, dass
ich ihn auf Ihrem Kurs hier finden werde.«

Die Teilnehmer hatten ihr gespannt zugehört. Jetzt wandten sie ihre Köpfe zu mir. »Das glaube ich auch«, gab ich zurück, »und zwar
deswegen, weil Sie sich die falsche Frage stellen.« Ein paar Münder
öffneten sich still, einige Gesichter wandten sich Birgit zu, die mich
in ausdrucksloser Skepsis ansah. »Es geht nämlich nicht darum, was
Sie gerne tun würden, sondern darum, was Sie tun sollten. Und ich
nehme einmal an, dass Sie ziemlich genau das die ganze Zeit über
bereits tun – und wahrscheinlich ziemlich erfolgreich.« Birgits Vor-

gesetzter konnte ein Glucksen nicht unterdrücken und erntete dafür umgehend einen bösen Blick von ihr. Offensichtlich war Ähnliches schon öfter Thema zwischen den beiden gewesen. »Ich dachte, wir sind hier, um herausfinden, was wir wollen«, konterte sie kämpferisch. »Wir sind hier, um herauszufinden, was für jeden Einzelnen von Ihnen Sinn ergibt«, erwiderte ich. »Und Sinnfindung ist kein Wunschkonzert, sondern es bedeutet, einer Sache oder anderen Menschen zu dienen.« Das war zugegeben nicht ganz von mir, allerdings zumindest von jemandem, der als KZ-Überlebender über jeden diesbezüglichen Zweifel erhaben war: Viktor E. Frankl.

Einer Sache dienen

Sie werden vielleicht ähnliche Situationen aus Ihrer eigenen Erfahrung oder aus Ihrem Bekanntenkreis kennen. Viele von uns scheinen einfach keine Antwort auf die Frage zu finden, was sie eigentlich wirklich wollen. Das liegt aber nicht daran, dass diese Menschen es nicht wirklich herausfinden wollten, im Gegenteil – sie bemühen sich redlich, probieren alles Mögliche aus, lesen Ratgeber und belegen Seminare bei Gurus aller Fachrichtungen. Es liegt schlicht daran, dass diese Menschen die falsche Frage stellen. Sie darf nämlich nicht lauten: »Was will ich tun?«, sondern vielmehr: »Was sollte ich tun?« Der Grund ist ein ganz einfacher. Allerdings ist er auch kein erfreulicher für Menschen, die sich nicht wirklich mit sich selbst auseinandersetzen wollen, sondern lieber Lebensglück-Tourismus betreiben und immer wieder in ihre Komfortzone zurückflutschen können, sobald es anstrengend wird. Der Grund ist, dass Sie Sinn nicht in reiner Selbstverwirklichung finden, sondern darin, dass Sie sich freiwillig etwas Größerem unterordnen, das außerhalb Ihres eigenen Ichs liegt. Entfaltung bedeutet Entwicklung hin zu dem, was möglich ist. Diese Möglichkeiten eröffnen sich Ihnen aber nicht (oder nicht nur) in dem, was Sie wollen, sondern mindestens ebenso im Überwinden von Schwierigkeiten, Rückschlägen und im Scheitern. Das wiederum erzeugt eine Bescheidenheit und echte Hingabe, die Sie ansonsten nicht erreichen. Als schöpferischer Mensch gewinnen Sie – außer vielleicht in Ihren Anfangsjahren – Sinn also nicht darin, sich selbst zu verwirklichen oder etwas Neues in die Welt zu setzen, sondern darin, aus Ihrer Ichbezogenheit herauszutreten. Sie tun dies entweder, indem Sie Widrigkeiten und Krisen überwinden, indem Sie in einer größeren Sache aufgehen, sei es eine Gemeinschaft, eine Idee, eine Kunstfertigkeit, oder aber, indem Sie andere in ihrer Erhaltung oder Entfaltung fördern.

Der Eindruck, dass schöpferische Menschen nur sich selbst dienen, trügt oft. Nach meiner Erfahrung mit schöpferischen Menschen auf den verschiedensten Gebieten fühlen sich selbst von sich eingenommene Menschen – und schöpferische Menschen haben oft besonders ausgeprägte Ecken und Kanten – selten als Beherrscher, sondern meist als Dienende ihrer Domäne und legen in Bezug auf ihr Schaffen eine große Bescheidenheit an den Tag. Denn große Künstler, Wissenschaftler oder Entrepreneure empfinden sich zumeist als diejenigen, die einer Sache zum Ausdruck verhelfen. Diese Bescheidenheit in Bezug auf ihre Tätigkeit wird dadurch verstärkt, dass sie sich meistens mit ihren Vorbildern vergleichen und sich darüber hinaus nie zufriedengeben mit dem Erreichten, sondern nach immer höherer Perfektion streben. Sinn finden Sie also letztlich, wenn Sie angesichts von etwas Wichtigerem zurücktreten.

Schöpferische Verantwortung

Letztlich geht es also in unserem Leben und Arbeiten darum, »der zu werden, der wir sind«, um es mit dem griechischen Dichter Pindar auszudrücken. Heute, in der Entfaltungsgesellschaft, ist dies nicht nur eine Möglichkeit, sondern ein Auftrag insbesondere an alle, die schöpferisch tätig sind. Im Gegensatz zu früher tragen wir heute alle die Verantwortung dafür, unser Leben selbst sinnvoll zu gestalten. Das bedeutet nicht nur, dass Sie für sich einen Bereich, ein Metier finden müssen, in dem Sie einer Sache oder anderen Menschen dienen können. Es bedeutet auch, dass Sie sich Freiheit und Unabhängigkeit für die Entfaltung Ihres produktiven Schaffens selbst erarbeiten, ja nötigenfalls erkämpfen müssen. Vielleicht gehören Sie ja zu denjenigen, die glauben, dass es ebenso leicht wie lohnend ist, sein eigener Chef zu sein. Schließlich klingt das nach Unabhängigkeit, nach Abenteuer und nach Freiheit, »das zu tun, was Sie wirklich wollen«. Was Sie jedoch dabei nicht übersehen dürfen, ist, dass diese Freiheit zur Entfaltung nur auf Basis einer intakten Erhaltung funktionieren kann. Der besagte Viktor Frankl empfahl einmal, der Freiheitsstatue eine Verantwortungsstatue am anderen Ende des Landes gegenüberzustellen. Dasselbe gilt für unser Schaffen: Freiheit bedeutet vor allem, dass Sie bereit sind, Verantwortung für Ihre Entfaltung und für Ihre Erhaltung zu übernehmen. Schöpferische Verantwortung zu übernehmen bedeutet heute schließlich auch, dass Sie Ihre eigene Wissbegierde und die Perfektionierung Ihres Könnens selbst in die Hand nehmen müssen. Wie gesagt, war das zu früheren Zeiten so gut wie nicht notwendig. Heute hingegen gibt es nicht nur zu jedem Thema ein »Special Interest Magazin«, sondern auch zu jedem Fachgebiet eine spezielle Ausbildung. Interessant ist, dass trotz steigender Anzahl von Ausbildungsmöglichkeiten die Wahrscheinlichkeit, damit einen Job zu finden, in der Regel immer geringer wird. Daneben entstehen jedoch laufend neue Arbeitsbereiche – allerdings vor allem für Menschen, die schöpferische Verantwortung übernehmen.

Einige Monate nach meinem »Sinn-Seminar« rief mich der Vorstand an, der das Training beauftragt hatte. »Herr Erharter, ich habe ein Hühnchen mit Ihnen zu rupfen«, sagte er gleich zu Beginn des Telefonats ziemlich eindringlich. »Ich wollte, dass Sie meinen Leuten vor Augen führen, was Sinn bedeutet!« – »Ja …?«, setzte ich an, aber er unterbrach mich: »Aber ich wollte definitiv nicht, dass Sie mir meine Leute vertreiben!« – »Oh!«, erwiderte ich nach kurzer Pause, denn ich ahnte sofort, dass er seine Controllerin meinte. »Wo hat es sie denn hingetrieben?« – »Na, in den Vorstand natürlich!«, lachte er. »Als Sie die Schleusen einmal geöffnet hatten, war Birgit nicht mehr zu halten. Die Alternative wäre gewesen, sie an ein anderes Unternehmen zu verlieren. Ich habe sie ja immer für fähig gehalten, aber es hat ihr, wie soll ich sagen, an Format gefehlt, so dachte ich zumindest immer. Seit sie im Vorstand sitzt, bewegt sie Dinge, die ich so nicht für möglich gehalten hätte. Also, haben Sie vielen Dank, auch wenn Ihre Methoden manchmal einen, sagen wir, etwas strengen Geschmack haben. Aber sagen Sie, sie hat da etwas von sechs Auseinandersetzungen erwähnt. Was genau haben Sie ihr da erzählt?«

4. Die sechs Auseinandersetzungen

Mit welchen Themen Sie sich abseits Ihrer Materie beschäftigen müssen, um möglichst produktiv zu schaffen.

Wenn Schaffen bedeutet, dass Sie Widersprüche in Stimmigkeit verwandeln, folgt daraus, dass Widersprüche eine essenzielle Bedeutung für Ihre schöpferische Produktivität haben. Goethe bringt es auf den Punkt, wenn er sagt: »Der Widerspruch ist es, der uns produktiv macht.« Widersprüche in Stimmigkeit zu transformieren funktioniert nur, wenn Sie sich mit ihnen auseinandersetzen. Allerdings gehen die Auseinandersetzungen, die Sie als schöpferischer Mensch führen müssen, weit über die Auseinandersetzung mit Ihrer Materie hinaus. Sie müssen sich nämlich auch mit anderen Experten auseinandersetzen, und zwar nicht nur im fachlichen Disput. Dann natürlich mit Ihren Vorbildern, von denen Sie ja maßgeblich beeinflusst werden. Außerdem müssen Sie sich mit den Empfängern Ihrer Werke auseinandersetzen, was viele Schaffende gerne vermeiden möchten. Schließlich müssen Sie sich auch mit Ihrem Partner auseinandersetzen, falls Sie einen haben, denn er ist es, mit dem Sie die Frage der Erhaltung und Entfaltung aushandeln müssen. Und vor all diesen Auseinandersetzungen müssen Sie sich der allerwichtigsten stellen: der Auseinandersetzung mit sich selbst.

Diese Auseinandersetzungen sind nicht nur ein Nebenschauplatz Ihres Schaffensprozesses, sie sind vielmehr integraler Bestandteil davon. Wenn Sie diese sechs Auseinandersetzungen führen, kann Ihnen zwar noch immer niemand den großen Erfolg garantieren, allerdings lässt sich ziemlich sicher Ihr Misserfolg voraussagen, wenn Sie sich ihnen nicht stellen. Es sei denn, Sie setzen auf einen Zufallserfolg, auf ein »One-Hit-Wonder«. Dann allerdings ist Ihr Metier weniger ein schöpferisches, sondern eher das Glücksspiel.

Die sechs Auseinandersetzungen überschneiden einander teilweise, sind jedoch in ihrem Kern gänzlich unterschiedlich, wie Sie sehen werden. Sie sind auch kein Einmal-Ereignis, vielmehr müssen Sie sich immer wieder mit ihnen befassen. In manchen Domänen wie dem Leistungssport, der klassischen Musik oder den Naturwissenschaften werden Sie damit sehr früh beginnen müssen, in anderen – als Schriftsteller oder Philosoph beispielsweise – können Sie sich deutlich mehr Zeit lassen. Es kann auch sein, das Sie diese Auseinandersetzungen bereits unbewusst führen. In diesem Fall können Sie im Folgenden überprüfen, wie solide die Basis für Ihr Schaffen ist – und wie Sie durch die sechs Auseinandersetzungen noch produktiver werden können. Konkret lauten sie:

1. Die Auseinandersetzung mit sich selbst

2. Die Auseinandersetzung mit Ihren Vorbildern

3. Die Auseinandersetzung mit anderen Experten Ihres Faches

4. Die Auseinandersetzung mit den Empfängern Ihres Schaffens

5. Die Auseinandersetzung mit Ihrem Partner

6. Die Auseinandersetzung mit Ihrer Materie

Die Auseinandersetzung mit sich selbst

Die Auseinandersetzung mit sich selbst ist für schöpferische Menschen wahrscheinlich die wichtigste der sechs. Sie begleitet Schaffende ein Leben lang und ist diejenige, die am meisten mit den anderen Auseinandersetzungen verwoben ist. Je nach Metier hat diese Auseinandersetzung natürlich eine unterschiedliche Ausprägung. In ihrem Kern sind jedoch die Fragen, die Sie hier beantworten müssen, für alle Schaffenden dieselben. In kenne viele schöpferische Menschen, die ihr Potenzial nicht vollends oder sogar nur minimal zur Entfaltung gebracht haben, weil sie sich dieser Auseinandersetzung nicht gestellt haben. Die meisten von ihnen sind mit ihrem Leben nicht wirklich zufrieden. Insbesondere als schöpferisch Tätige müssen Sie die folgenden Fragen in jeder Lebensphase neu für sich beantworten. Die Auseinandersetzung mit diesen Fragen wird es Ihnen erleichtern, das zu entfalten, was bereits in Ihnen vorhanden ist, also zu dem zu werden, was Sie sind.

Lassen Sie mich das anhand eines Beispiels illustrieren: Ich war einmal mit einem frisch erstandenen Kontrabass bei meinem Instrumentenbauer. Er besah den Bass und strich mit der Hand darüber. Dann sagte er: »Der kann nicht gut klingen. Er ist nicht spannungsfrei aufgesetzt.« Ich fragte, was er damit meinte. Anstelle einer Antwort ging er in ein Nebenzimmer, kam kurz darauf mit einem anderen Kontrabass zurück und forderte mich auf, darauf zu spielen. Der Bass sei zwar vom Holz her bei Weitem nicht so gut wie meiner, aber ich solle ihn einmal ausprobieren. Ich spielte ein paar Töne und merkte sofort, dass er viel besser klang als meiner. Bei diesem einfachen Instrument schien jede einzelne Holzfaser zu schwingen, das konnte ich klar hören und sogar in meinen Fingern spüren. Mein Instrumentenbauer hatte ihn komplett auseinandergenommen und wieder zusammengebaut, ohne das Holz unnötig zu verbiegen. Er hatte den Bass, wie er es nannte, eben spannungsfrei aufgesetzt. Dadurch konnten sich die Schwingungen im gesamten Instrument frei bewegen – der Bass hatte seinen maximalen Klang, sein gesamtes Potenzial ausgeschöpft. Mein Geigenbauer hatte ihn zu dem gemacht, was er ist: Er hatte das Beste aus dem Instrument herausgeholt.

Bei Menschen wie Ihnen und mir geht das natürlich nicht so mechanisch vor sich – außerdem müssen Sie quasi Ihr eigener Instrumentenbauer sein. Aus welchem Holz Sie geschnitzt sind, werden Sie nicht wesentlich beeinflussen können. Außerdem ist es ab einem gewissen Alter müßig, jemand anders für die Wahl Ihres Holzes zu belangen. Anders als im Lied von »Wir sind Helden« gibt es eben in der Realität keine Reklamationsstelle für das eigene Leben. Doch Sie können sich mit sich selbst auseinandersetzen, indem Sie sich ein paar wesentliche Fragen stellen – und ich meine, Sie müssen es tun, wenn Sie die Verantwortung für Ihren eigenen Lebenssinn und Ihr Schaffen übernehmen wollen. Sich diese Fragen zu stellen wird Ihnen leichtfallen. Um sie ehrlich zu beantworten, werden Sie jedoch einiges an Ernsthaftigkeit und Fähigkeit zur Selbstkritik benötigen.

Was ist mir wichtig?

Die erste Frage ist die nach Ihren Werten und Überzeugungen. In einfachen Worten lautet sie: Wofür schlägt Ihr Herz? Diese Antwort darauf ist in letzter Konsequenz die entscheidende, allerdings bleibt sie ohne ehrliche Antworten auf die anderen Fragen eindimensional und wirkungslos. Die Eindimensionalität artet dann in Parolen aus wie »Lebe deinen Traum!« oder »Tue das, was du eigentlich willst!«. Wenn Sie etwas erträumen oder eine Vision haben, wenn Sie Ihre eigenen Wünsche oder Vorstellungen verwirklichen wollen, ist das natürlich meist besser, als wenn Sie überhaupt keine Vorstellungskraft für die Gestaltungsmöglichkeiten des Lebens besitzen. Leider sind sich die meisten von uns der tatsächlichen Überzeugungen und Grundwerte gar nicht bewusst, die ihrem Tun wirklich zugrunde liegen.

Machen Sie einen kleinen Test: Schreiben Sie die drei Dinge auf, die Ihnen im Leben am wichtigsten sind. Als Nächstes fragen Sie sich, was Sie in einer der folgenden Situationen tun würden:

1. Wenn Sie 50 Millionen Euro im Lotto gewinnen würden.

2. Wenn Ihnen eine gute Fee für eine Unternehmung Erfolg garantieren würde.

3. Wenn Sie erfahren würden, dass Sie nur noch ein Jahr zu leben hätten.

Diese Fragen sind vielleicht nicht ganz neu für Sie. Es geht auch nicht um Ihre Antworten auf die drei Fragen, sondern darum, ob zwischen ihnen und Ihren »drei wichtigsten Dingen im Leben« eine Diskrepanz besteht. Wenn dem so ist, sollten Sie sich ehrlich fragen, ob Sie Ihren wahren Werten entsprechend leben.

Ich treffe immer wieder Leute, die klagen, sie würden lieber etwas anderes machen, als sie tatsächlich tun: mehr malen (denn eigentlich haben sie Malerei studiert), in die Forschung gehen (denn eigentlich spielen sie am liebsten mit Formeln herum), mehr unterrichten (denn eigentlich wollten sie gar nicht Schuldirektorin werden) und so fort. Die meisten dieser Leute machen sich, offen gesagt, selbst etwas vor. Entweder erkennen sie nicht an, dass sie in wesentlichen Punkten sehr wohl nach ihren wahren Überzeugungen und Werten leben, oder sie schreiben die Verantwortung für ihre Entscheidung äußeren Umständen zu. Sie blenden also aus, dass das, was sie angeblich lieber täten, auch zumeist eine Entscheidung für eine bestimmte Lebensweise bedeutet, die sie letztlich so nicht in Kauf nehmen wollen. Natürlich sieht vielleicht, von außen betrachtet, das Leben einer Wissenschaftlerin, eines Freiberuflers oder einer Künstlerin interessanter aus als das eines Sachbearbeiters. Oft verklären wir auch vergangene Lebensphasen und wünschen uns nur das Positive an ihnen wieder zurück. Aber letztlich sind wir dort, wo wir sind, weil wir im Rahmen unserer Möglichkeiten in bestimmten Situationen Entscheidungen getroffen haben und diese auch aufrechterhalten.

Stafford Beer, einer der letzten Universalgelehrten, sagte einmal: »Ein System ist das, was es tut.« Dasselbe gilt für Menschen. Wenn wir nicht zufrieden sind mit unserem Beruf oder unserer Tätigkeit, tun wir gut daran, uns zu fragen, was daran vielleicht doch sinngebend für uns ist und welche unserer tiefer liegenden Überzeugungen und Werte darin zum Ausdruck kommen. Verstehen Sie mich bitte nicht falsch: Ich behaupte nicht, dass wir über unbegrenzte Entscheidungs- und Lebensmöglichkeiten verfügen. Oft müssen wir uns einfach mit Dingen abfinden, meist haben wir wirklich eingeschränkte Handlungsmöglichkeiten. Bloß ist es nicht zielführend, einer scheinbar sinnvollen, aber unmöglichen Tätigkeit nachzutrauern, bloß weil wir zu bequem sind, die Dinge beim Namen zu nennen und die Konsequenzen daraus zu ziehen. In anderen Worten: Das, was wir gerade tun, ist eine direkte Folge aus dem, was uns eigentlich wichtig ist. Und wenn es uns unzufrieden macht, ist das ein Zeichen, dass wir entweder etwas Überkommenes loslassen oder aber unsere eigene Wertelandschaft überprüfen sollten. Dazu gehört auch, nachzuspüren, ob unsere Werte wirklich auch unsere eigenen Werte sind oder ob wir uns von Werten fernsteuern lassen, die wir vielleicht von anderen übernommen haben. Carl Rogers, der Begründer der personzentrierten Psychotherapie, bringt dies mit folgenden Worten auf den Punkt: »Die vielleicht tiefste Bedingung der Kreativität besteht darin, dass die Quelle des wertenden Urteils im Inneren liegt.« Sollten Sie an »kreativen« Menschen gelegentlich bewundern, dass diese genau das machen und dem Ruf ihres Inneren folgen, lassen Sie sich sagen, dass dies eben nur eine, wenn vielleicht auch die fundamentalste Frage ist. Ebenso wichtig ist es jedoch auch, dass Sie die anderen Fragen der Auseinandersetzung mit sich selbst für sich beantworten.

Was fällt mir leicht?

Die nächste Frage, die Sie beantworten müssen, ist diejenige nach den eigenen Stärken. Sie lautet: Was geht Ihnen leicht von der Hand? Wo fällt es Ihnen leicht, Überdurchschnittliches zu leisten? Häufig vermischen wir, was wir *gerne* tun und was wir *gut* tun, wir machen also zwischen Neigung und Eignung keinen Unterschied. Und auch wenn beide oft auf einer Linie liegen, ist es wichtig, sie getrennt zu betrachten. Denn zu erkennen, wofür Ihr Herz schlägt, wird Ihnen relativ einfach gelingen. Die Dinge allerdings, die uns leichtfallen, sehen wir oft nicht als Stärken an – wir werten sie sogar häufig selbst ab, eben weil sie uns leichtfallen. Fatalerweise nehmen wir auch positive Rückmeldungen über unsere Stärken oft weder ernst noch wichtig genug, um ihnen nachzugehen. Vielmehr stecken wir sie weg und berauben uns selbst damit der Chance auf Erfolg. Dieses Muster ist eines der häufigsten Misserfolgsrezepte, das ich kenne. Es führt direkt zu dem oben beschriebenen Dilemma aus Unzufriedenheit mit dem, was wir tun, und Sehnsucht nach etwas, was uns schwerfällt, aber sinngebend erscheint.

Gerade wenn Sie vielfältige Begabungen und Interessen haben, stehen Sie vor der entscheidenden Herausforderung, zu erkennen, was welchen Platz in Ihrem Leben haben sollte. Dass es geht, haben zahlreiche vielseitig begabte Menschen gezeigt: Albert Einstein zum Beispiel war ein passionierter Geiger (sein Bruder Alfred schrieb übrigens eine berühmte Mozart-Biografie), aber er erkannte, wo er am meisten bewirken konnte und was er somit besser verfolgen sollte. Genau das habe ich auf jenem Seminar zu vermitteln versucht: Die Frage nach dem, was wir *wollen*, greift zu kurz. Sie müssen sich überlegen, was Sie tun *sollten*. Und die beiden wesentlichen Fragen dafür sind eben die nach Ihren Stärken und nach Ihren Werten.

»Und was ist mit meinen Schwächen?«, werden Sie vielleicht jetzt denken. Ich empfehle Ihnen, sie zu vergessen. Vergessen Sie auch den Spruch, dass alle Schwächen bloß Stärken in einer falschen Umgebung sind und es nur darum geht, das richtige Umfeld für Sie zu finden. Demnach hätte Beethoven seine Zeit besser damit verbracht, die passende Umgebung für seinen zunehmenden Jähzorn zu finden, als trotz fortschreitender Taubheit weiter zu komponieren. Die Region im Süden von Wien hätte wahrscheinlich um 1820 herum weniger gelitten, aber die Menschheit wäre eben auch um eine 9. Symphonie ärmer. Die Grundregel lautet hier: Finden Sie Ihre wirklichen Stärken heraus und konzentrieren Sie sich auf sie, denn nur so werden Sie Überdurchschnittliches schaffen. Erkennen Sie auch Ihre Schwächen, aber arbeiten Sie nur an ihnen, wenn Ihre Stärken oder schwächere Menschen darunter leiden, wie zum Beispiel Ihre Kinder oder Mitarbeiter. Alle anderen sollen Sie so nehmen, wie Sie sind, oder eben Vereinbarungen mit Ihnen treffen.

Auf der Suche nach den eigenen Stärken werden Sie möglicherweise in Ihrer Biografie fündig. Dann nämlich, wenn Sie erkennen, dass Sie das, was Ihnen leichtfällt, eigentlich schon immer so gemacht haben – und dass es Ihnen vor allem schon immer leichtgefallen ist. Wenn Sie so etwas entdecken, ist es ziemlich sicher ein untrügliches Zeichen dafür, dass Sie gerade einen Schritt in die richtige Richtung getan haben. Es gibt jedoch noch drei weitere wesentliche Fragen, die Sie für sich beantworten müssen. Die nächste ist diejenige nach der eigenen Wirkung.

Was möchte ich bei wem bewirken?

Der große Joseph Schumpeter meinte kurz vor seinem Tod, dass er als junger Mann nichts anderes im Sinn gehabt habe, als der größte Nationalökonom (und nebenbei auch der größte Pferdekenner und Frauenheld, in dieser Reihenfolge!) der Welt zu werden. Jetzt, am Ende seines Lebens, habe er im Wesentlichen diese Ziele erreicht. Am wichtigsten sei ihm jedoch, eine Handvoll Studenten zu exzellenten Volkswirten gemacht zu haben – in ihnen also etwas bewirkt zu haben, das über jede noch so großartige Theorie hinausgeht.

Diese Geschichte illustriert gut, worum es bei dieser Frage geht. Wenn Sie schöpferisch tätig sind, haben Sie neben Ihrer Leidenschaft für Ihr Metier wahrscheinlich auch ein Erfolgsbild von sich selbst vor Augen. Selbst wenn Sie es anderen oder auch sich selbst nicht immer eingestehen wollen, so vermischt sich – zumindest in den Anfangsjahren – Ihre Begeisterung für die Sache mit diesem Idealbild. Doch dieses Bild muss sich mit der Zeit verändern. Schaffen bedeutet dienen und alles Geschaffene wird *für* jemanden geschaffen. Somit müssen Sie sich zunehmend die Frage stellen, für wen sie denn schöpferisch sein wollen, wem Sie also mit Ihrem Schaffen dienen wollen. Die Frage lautet: Was wollen Sie am Ende Ihres Schaffens bewirkt haben und in wem wollen Sie es bewirkt haben? Am besten stellen Sie sich diese Frage bereits in jüngeren Jahren, dann brauchen Sie nicht unnötiges Wissen über Pferde anzuhäufen oder unnötig viele Frauen- oder Männerherzen zu brechen.

Ich muss Sie allerdings warnen: Es kann nämlich passieren, dass Sie nicht das tun, was Sie immer schon wirklich wollten, und trotzdem glücklich sind. Kürzlich saß ich im Flugzeug neben einem Manager aus dem öffentlichen Dienst. Wir kamen auf besagtes Thema zu sprechen und er erzählte, wie es sich bei ihm zugetragen hatte. »Wissen Sie«, sagte er, »ich habe technische Mathematik studiert und wollte eigentlich immer in die Forschung. Ich liebe Zahlen einfach. Früher bin ich am Wochenende immer in die Praxis meiner Frau gegangen, um zu rechnen, wenn ich mich wirklich entspannen wollte.« Er erkannte meinen ungläubigen Blick. »Ja, rechnen. Andere malen, machen Musik oder spielen Golf. Ich habe mir ein mathematisches Problem vorgenommen und einfach drauflosgerechnet.« Ich fragte, wie denn sein Entwicklungsweg zu seinem heutigen Job verlaufen sei. Er schien diese Frage öfter zu hören. »Die Wahrheit ist, dass ich irgendwann dringendst Geld brauchte: Unser erstes Kind war unterwegs und meine Frau hatte gleichzeitig gerade ihre Arztpraxis eröffnet. Irgendwann hat sie dann gemeint, ich solle doch endlich aufhören, von der großen Wissenschaftlerkarriere zu träumen, und mir einen anständigen Job suchen. Ein Freund empfahl mir dann, mich beim Patentamt zu bewerben. Ich dachte zuerst, mit dem rede ich kein Wort mehr. Aber meine Frau meinte, ich könne ja daneben noch immer ›wissenschafteln‹, Einstein hätte das schließlich genauso gemacht. Den Rest der Überzeugungsarbeit übernahm dann der Gehaltsscheck. Erst dachte ich: eine fünfstellige Monatsgage fürs Nichtstun, unfassbar! Aber dann merkte ich zunehmend, dass es das Richtige war. Und ich habe Stärken in mir entdeckt, die mir früher als unwichtig erschienen sind – Dinge, die ich eigentlich schon in meiner Schulzeit immer gemacht hatte! Vor allem aber kann ich hier am Patentamt viel mehr bewirken, als ich es in der Wissenschaft je hätte tun können. Ich helfe jetzt den Leuten, ihre Ideen zu verwirklichen!« Er lächelte und sagte abschließend mehr zu sich selbst als zu mir: »Es ist schon komisch, auf welchen Wegen man das Richtige findet, oder?« Giuseppe Verdi, der große Komponist, war bis ins hohe Alter produktiv und komponierte zahlreiche Opern, als er über siebzig war. Auf die Frage allerdings, was wohl seiner Meinung nach sein bestes Werk sei, antwortete er: »Das Altenheim in Mailand.« Offensichtlich hatte er hier das Gefühl gehabt, mehr zu bewirken.

Welches Umfeld brauche ich?

Die nächste Frage in der Auseinandersetzung mit sich selbst ist die nach der passenden Arbeitsumgebung, sie lautet: Welches Umfeld fördert Ihre Produktivität? Sie lautet wohlgemerkt nicht: Welches Umfeld fördert Ihre Kreativität? Lassen Sie mich anhand von zwei Beispielen zeigen, warum letztere Frage irreführend ist.

Ich hatte vor vielen Jahren ein Projekt für eine Suchmaschinenfirma mit buntem Logo, die weltweit für ihre besonders studentisch-lockere Unternehmenskultur berühmt ist. Das Interieur ist wirklich sehr bunt gehalten, überall gibt es gemütliche Plätze zum Herumlungern oder Spielen und an jeder Ecke stehen Snack- und Getränkeautomaten. Selbstverständlich ist alles, inklusive Mittagessen und Bier, für die Mitarbeitenden kostenlos. Diese ungezwungene Umgebung war es nicht zuletzt, die diese Firma zu einer der »Sexiest Companies« unter Bewerbenden und fast zu einem Synonym für eine kreative Arbeitsumgebung gemacht hat. Der Erfolg scheint dem Unternehmen recht zu geben. Dafür jedoch die Arbeitsumgebung verantwortlich zu machen hieße, Ursache und Wirkung zu verwechseln. Sie ist, wie in allen »kreativen Unternehmen«, schlicht eine Äußerlichkeit, die das Ungezwungene unterstreichen soll. Doch glauben Sie mir: Würden Sie dort arbeiten, hätten Sie sich binnen Wochen daran gewöhnt und würden nach inhaltlichen Kriterien beurteilen, ob diese Umgebung für Sie passt.

Das zweite Beispiel für »kreativitätsfördernde Umgebungen« sind die zahlreichen Unternehmerzentren, die sich in letzter Zeit etabliert haben. Ich habe selbst einige Jahre in einem solchen Zentrum gearbeitet und diese Zeit durchaus genossen. Oft in ehemaligen Fabriksloft untergebracht, bieten sie der sogenannten »Kreativen Klasse« eine adäquate Infra- und Sozialstruktur – mit Sitzsäcken und Tischfußball, mit leicht zerzaustem Industrial-Touch oder coolem Design-Feel, mit gemeinsamen Mittagessen und Weihnachtsfeiern. Selbstverständlich stillen diese Unternehmerzentren die Bedürfnisse der wachsenden Gruppe von kreativen Einzelkämpfern auf sinnvolle Weise. Nur ist es auch hier nicht die physische Umgebung, die die Schaffenskraft in solchen Unternehmerzentren fördert. Würden Sie dort einziehen, müssten nach dem ersten Wow-Effekt feststellen, dass Ihre Produktivität weiterhin von Dingen abhängt, die nur wenig mit derartigen Äußerlichkeiten zu tun hat.

Wovon hängt es nun ab, ob eine Arbeitsumgebung Ihre Produktivität fördert oder nicht? Welche physische Umgebung auf Sie produktivitätsfördernd wirkt, wird je nach Ihren Vorlieben höchst unterschiedlich sein. Vielleicht suchen Sie die Abgeschiedenheit einer Berghütte, vielleicht brauchen Sie das ruhelose Pulsieren der Großstadt. Möglicherweise fühlen Sie sich in hierarchischen Strukturen wohl und sicher, die anderen Unbehagen bereiten. Vielleicht brauchen Sie das Gefühl, zu einer Gruppe zu gehören, oder Sie fühlen sich durch Gruppenzwänge eingeengt. Woody Allen meinte einmal auf die Frage, ob er sich nicht den kreativen Austausch der Pariser Intellektuellen in den 1920er-Jahren wünsche: »Ich glaube nicht, dass ich so arbeiten könnte. Ich bin dafür zu bürgerlich. Ich brauche mein ruhiges Zimmer und meinen geregelten Tagesablauf. Ich sitze auch nicht in Cafés und trinke mit Intellektuellen.«[1] Dies alles sind jedoch lediglich äußerliche Präferenzen. Viel wichtiger ist, dass Sie zwei inhaltliche Fragen für sich beantworten, wenn Sie eine Arbeitsumgebung schaffen wollen, die wirklich Ihre Produktivität fördert: Die erste Frage ist die nach dem richtigen Grad an *Kooperation*, die zweite diejenige nach dem richtigen Grad an *Kompetition*.

Die erste Frage nach dem angemessenen Grad an Kooperation ist etwas einfacher zu beantworten. Sie besteht wiederum aus zwei Teilfragen. Die erste lautet: Welchen Grad an Arbeitsteilung und Koordination mit anderen brauchen Sie, um sich auf das konzentrieren zu können, was Sie tun sollten? Nachdem Sie bereits Ihre eigenen Stärken und Werte erkannt haben, sollten Sie jetzt überlegen, durch welche ergänzenden Kompetenzen Sie Ihr schöpferisches Tun noch verstärken können oder müssen. Wenn Sie Führungskraft in einem Unternehmen sind, ist diese Frage wahrscheinlich für Sie alltäglich, besteht ein Teil Ihres Jobs doch schließlich aus der Organisation der Zusammenarbeit Ihrer Mitarbeitenden. Wenn Sie hingegen zu den schöpferischen Einzelkämpfern gehören, wie es Wissenschaftler, Künstler und Unternehmer oft sind, werden Sie sich diese Frage vielleicht nicht so häufig stellen: Zum einen sehen wir in ergänzenden Funktionen oft Feindbilder, die uns an unserem Schaffen, unserer Entfaltung hindern: Für Forscher sind dies beispielsweise gerne »die Manager«, für Künstler »die Wirtschaft« und für Unternehmer »der Staat«. Zum anderen machen Einzelkämpfer gerne zu vieles selbst und überlegen

---

[1] Quelle: WZ Newsline vom 15.8.2011

zu wenig, welche unterstützenden (Dienst-)Leistungen für ihre eigene Produktivität notwendig sind. Oder aber – was noch schlimmer ist – sie haben zwar ihre Stärken und Schwächen erkannt, ziehen daraus aber keine Konsequenzen. Sie finden sich also damit ab, dass sie nicht ihr gesamtes produktives Potenzial ausnützen, weil sie sich nicht darum kümmern wollen, dass zum Beispiel ihre Buchhaltung, ihre Vermarktung oder ihr technisches Wissen up to date sind.

Die zweite Teilfrage zum Thema Kooperation, die Sie sich stellen müssen, lautet: Welchen Grad an Unterstützung brauchen Sie von »gleichrangigen« Kollegen, um so produktiv wie möglich zu sein? Wie viel an Wissensaustausch mit Gleichgesinnten benötigen Sie und in welcher Form soll dieser Austausch stattfinden. »Vernetzung« ist ein Modewort der heutigen Zeit, dessen Effekt im Allgemeinen überschätzt wird. Unter diesem Titel treten viele schöpferische Menschen virtuellen oder realen Netzwerken bei und gaukeln sich selbst Zugehörigkeitsgefühl oder Kooperationsmöglichkeiten vor. Wenn Sie zu dieser Gruppe von Menschen gehören, laufen Sie Gefahr, ihre Ressourcen zu verschwenden – zumindest wenn Sie nicht darauf achten, ob diese Netzwerke Sie letztlich wirklich produktiver machen. Ein Missverständnis liegt darin, zu glauben, dass der Wert solcher Vernetzungen von der Quantität unserer Kontakte abhänge, was natürlich Unsinn ist. Gerade schöpferische Menschen achten viel mehr auf die Qualität ihrer Kontakte. Die meisten von ihnen versuchen, mit möglichst guten Leuten zusammenzuarbeiten und nicht mit möglichst vielen – durch solche Begegnungen entstehen ihre Beziehungen, ihre »Netzwerke«, und nicht dadurch, dass sie Vorsorge-Kontakte anhäufen. Viele Menschen zu kennen ist in der Regel eher eine Folge hoher Produktivität als eine Voraussetzung für sie.

Die zweite Frage, die Sie sich in Bezug auf eine förderliche Arbeitsumgebung stellen müssen, ist die nach dem richtigen Grad an Kompetition, an Wettbewerb. Sie lautet: Welches Leistungsklima brauchen Sie, um produktiv zu sein? Mit Leistungsklima meine ich zwei Dinge: erstens die konkrete Leistungserwartung, die Ihr Umfeld an Sie richtet, wie zum Beispiel terminliche Deadlines oder die erforderliche Qualität. Zweitens meine ich das allgemeine Leistungsniveau Ihres Umfelds, welche Leistung also Ihre Kollegen als selbstverständlich erachten. Wettbewerb bedeutet in diesem Zusammenhang ja nichts anderes, als dass Sie sich mit anderen messen. Und dies ist eine wesentliche und selbstverständliche Triebfeder für schöpferische Menschen. Er zwingt Sie nämlich, Ihren inneren Schweinehund zu überwinden und aus Ihrer Gemütlichkeitszone herauszutreten. Er führt dazu, dass Sie Aufgaben erledigen, die notwendig, aber unangenehm sind, und dazu, dass Sie Ihre eigenen Qualitätsansprüche heben. Letztlich führt Wettbewerb also dazu, dass Sie sich mehr abverlangen, als es für Sie bequem ist, und das macht Sie produktiver.

Es ist ein großer Irrtum, zu glauben, dass schöpferische Menschen zu hundert Prozent von hehrer intrinsischer Motivation geleitet sind und daher alles, was sie tun, gerne tun. Das Gegenteil ist eher der Fall: Schaffen erfordert ein Höchstmaß an Disziplin und schöpferische Menschen bewegen sich öfter und weiter aus ihrer Komfortzone heraus als andere. Selbstverständlich erleichtert es ihnen der Sinn, den sie aus ihrem Schaffen ziehen, diese Disziplin auch aufzubringen. Aber jeder schöpferische Mensch kann Ihnen eine Unzahl an Tätigkeiten auflisten, die ihn Überwindung kosten, weil er sie als Hindernis für seine eigentliche Arbeit empfindet. Diese Überwindung bringen Sie am leichtesten auf, indem Sie den richtigen Grad an Kompetition für sich finden. Aber was noch wichtiger ist: Durch ein hohes Leistungsklima in Ihrem Umfeld legen Sie eine höhere Messlatte an Ihr eigenes Tun an. Dadurch wachsen Ihre eigenen Ansprüche an sich selbst und so werden Sie besser.

Allerdings ist es auch wichtig, dass Sie sich fragen, wie viel an Wettbewerb für Sie selbst in Ihrer momentanen Situation angemessen ist. Viele schöpferische Menschen scheitern auch deshalb, weil sie zwar Talent und Fleiß mitbringen, aber sich von dem in ihrem Metier vorherrschenden Druck überfordert fühlen. Auch das Gegenteil kann natürlich passieren: dass jemand in einem unterfordernden Umfeld agiert und keine Möglichkeit sieht, diesem zu entkommen. Das richtige Maß an Wettbewerb besteht dann, wenn Sie sich einer anspruchsvollen Aufgabe mit möglicherweise unsicherem Ausgang gegenübersehen, gleichzeitig aber über eine ausreichende Grundgewissheit darüber verfügen, eine derartige Aufgabe auch meistern zu können. Das kann je nach Ihren Lebensumständen unterschiedlich aussehen. Ich erinnere mich an eine Phase, in der mich die Leistungserwartung meiner Kunden und auch das Leistungsniveau meiner Kollegen zunehmend zu belasten begann. Das, was mich noch ein halbes Jahr zuvor zu Höchstleistungen angetrieben hatte, begann mich mehr und mehr zu überfordern. Ich hatte das Gefühl, einfach nicht mehr mithalten zu können – und es auch nicht mehr zu wollen. Das Maß an angemessenem Wettbewerb hatte sich für mich geändert und ich musste entsprechend gegensteuern, sonst wäre ich im Burnout gelandet. Zum Glück zeigte mein Vorgesetzter – ich war damals angestellt – Verständnis und ich reduzierte temporär meine Arbeitsleistung. Ich konnte so das für mich richtige Maß an Kompetition und Kooperation neu einstellen und meine Produktivität erhalten.

Dieses Maß zu finden ist für Angestellte auf gewisse Weise klarer und daher einfacher als für Selbstständige. Innerhalb von Organisationen ist schließlich beides, Kooperation und Kompetition, normalerweise geregelt: Richtlinien und Regeln, Strategien und Ziele, organisatorische Zuordnungen sowie Systeme und Prozesse setzen die Normen und bilden den Rahmen für das eigene Tun. Zudem gibt es in der Funktion der Vorgesetzten eine äußere Instanz der Leistungskontrolle und -bewertung. Es gibt direkte Kollegen, die das Leistungsniveau bilden, an dem wir uns messen und an dem wir gemessen werden. Wenn Sie selbstständig sind, wird Ihnen dies alles nicht bereitgestellt. Sie müssen sich weitgehend selbst ein Umfeld schaffen, welches das richtige Maß an Kooperation und Kompetition bietet.

Selbstständige sagen mir immer wieder, dass sie das auch so wollen, weil Sie sich »in keine Hierarchie einordnen möchten«. Es ist allerdings ein Irrtum zu glauben, dass sich Freischaffende in keiner Hierarchie befinden. Sie agieren sogar in einer besonders gnadenlosen Hierarchie. Denn jeder schöpferische Mensch kennt seinen Rang im

Vergleich zu anderen seines Faches und jeder wird Ihnen in der Regel auch rasch sagen können, wo in dieser Rangordnung ein anderer Experte steht. Diese Rangordnung kennt zwei Kriterien, nämlich Können einerseits und Erfolg andererseits. Zusammen ergibt das dann das, was ich überspitzt als das Kastenwesen der Kreativen bezeichne, das etwa so aussieht: Wir beneiden diejenigen, die wir für besser und erfolgreicher halten. Wir ignorieren die, die wir für schlechter und weniger erfolgreich halten. Wir bemitleiden die, die wir für besser, aber weniger erfolgreich halten. Und wir verachten die, die wir für schlechter, aber erfolgreicher halten. Diejenigen schließlich, die wir für gleich gut und gleich erfolgreich halten, respektieren wir. Kooperation und Kompetition unter schöpferischen Menschen funktionieren daher am besten, wenn sie einander als mindestens ebenbürtig einschätzen und im Idealfall die ergänzenden Fähigkeiten des anderen inspirierend finden. Mit Toleranz hat das wenig zu tun. Doch schöpferische Menschen sind in Bezug auf ihr eigenes Können oft sehr kritisch und sie sind es daher häufig auch gegenüber dem Können anderer. Nicht Toleranz bildet daher eine wesentliche Basis für Kreativität, wie es gerne kolportiert wird, sondern Respekt. Den jedoch gilt es erst zu erwerben, um in der Kaste der Kreativen Anerkennung zu finden. Das war früher nicht anders, wie Beispiele aus der Geschichte belegen: Schiller musste unzählige Male bei Goethe anklopfen, bis dieser begann, ihm Wertschätzung entgegenzubringen – ihm also in anderen Worten neben Kompetition auch Kooperation anbot.

Wie arbeite ich am effizientesten?

Wie Sie am effizientesten arbeiten, hängt naturgemäß stark von der Materie ab, in der Sie tätig sind: Als Unternehmerin werden Sie ganz andere Dinge tun als ein Choreograph, als Sozialarbeiter befassen Sie sich mit ganz anderen Inhalten als eine Spieldesignerin. Unabhängig von Ihrem Metier müssen sich jedoch dieselben grundlegenden Fragen darüber stellen, wie Sie in der gegebenen Zeit und mit den verfügbaren Mitteln möglichst gute Ergebnisse erbringen.

Als mir meine Geigenprofessorin zum ersten Mal – ich war gerade zehn – empfahl, effizient zu üben, wusste ich nicht recht, was sie damit meinte. Ging es nicht darum, alles so perfekt wie möglich zu spielen? Später, als ich noch ein zweites Instrument lernte und zum Üben auch Proben und Auftritte hinzukamen, wurde mir bewusst, dass ich immer wieder entscheiden musste, worauf ich gerade meine Konzentration richten sollte und worauf nicht. Ich musste mich zunehmend von dem inneren Zwang zu Perfektion verabschieden und lernen, mich auch dann zufriedenzugeben, wenn das Ergebnis gut genug war.

Nur wenige schöpferische Menschen, die ich kenne, sind wirklich effizient. Den meisten fehlt es schlicht an Zeitmanagement und das bedeutet: an grundsätzlicher Prioritätensetzung. Wenn Sie neben Ihrer Arbeit Kinder betreuen, ist die Wahrscheinlichkeit hoch, dass Sie effizient sind – weil Sie es einfach sein müssen. Wenn Sie regelmäßig länger arbeiten, als es Ihre Tätigkeit wirklich erfordern würde, ist die Wahrscheinlichkeit hoch, dass Sie ineffizient sind: Entweder machen Sie zu viele Dinge, die Sie nicht machen sollten, oder Sie lassen sich zu oft ablenken und unterbrechen – oder beides. Schlechte Gewohnheiten gehören übrigens zur ersten Gruppe und Sie sollten sich rechtzeitig von ihnen trennen.

Ineffizient zu sein ist nicht einfach ein technisches Manko, wie das Wort vielleicht nahelegt. Vielmehr kann fehlende Effizienz für Sie tragisch enden, und dies umso mehr, je selbstständiger Sie arbeiten. Selbstständiges Arbeiten lässt die Grenzen zwischen effizientem Arbeiten und wahlloser Zeitverschwendung besonders gut verschwimmen. Umso mehr Selbstdisziplin brauchen Sie als schöpferischer Mensch. Auch hier müssen Sie sich nicht fragen: Was *will* ich gerade tun? Sondern vielmehr: Was *sollte* ich gerade tun? Diese Frage müssen Sie nach Ihren Prioritäten, Ihren Zielen und auf einer sehr pragmatischen Ebene auch nach Ihrer individuellen Konzentrationskurve beantworten.

Sind Sie ein Morgen-, Abend- oder Nachtmensch? Sicherlich sind Sie kein Mittagsmensch, denn interessanterweise ist mir noch nie einer begegnet. Wahrscheinlich sind Sie als Nachtmensch auch ganz sicher, dass Sie »nie im Leben früh am Morgen« arbeiten könnten, und umgekehrt. Wenn Sie wirklich effizient sind, leisten Sie sich diesen Luxus nicht, sondern Sie fragen sich vielmehr: »Was sollte ich zu dieser und was zu jener Zeit machen?« Sie variieren die langweiligen und die interessanten Tätigkeiten je nach Ihrer Leistungskurve und nach Ihrem Tagesrhythmus. Sie reservieren sich wertvolle Zeiten der Hochkonzentration für wertschöpfende Arbeit und nützen die kleinen Leerzeiten für die vielen kleinen Dinge, die es zu erledigen gibt. Sie wechseln verschiedenartige Tätigkeiten ab, um jeweils andere Partien in Ihrem Denkmuskel zu belasten und so Ihre Konzentration hoch zu halten.

Trifft das auf Sie zu? Oder gehören Sie eher zu der Gruppe wie Bekannte von mir, von denen beide in »kreativen« Berufen tätig sind. Beide sind bekennende Nachtmenschen. Sie vor zehn Uhr morgens anzurufen ist so gut wie zwecklos. Selbst wenn sie es schaffen, abzuheben, könnte ich genauso gut mit ihrer Mailbox sprechen, denn die hat ebenso viel Bewusstsein und dazu noch eine funktionierende Speicherfunktion. Wenn ich mit ihnen ein Treffen vereinbare, plane ich immer eine Stunde Verspätung ein. Das einzige Mal, an dem sie – zum Geburtstag eines gemeinsamen Freundes – doch pünktlich kamen, war just an dem Tag der Umstellung auf die Sommerzeit und so verfehlten sie auf die Minute genau die gemeinsame Geburtstagsaktion. Auf ihr Timing angesprochen, nannten sie regelmäßig genau einen Grund für ihre Verspätung: Sie hätten bis weit nach Mitternacht gearbeitet. Einmal fuhren wir gemeinsam auf Urlaub. Ein wesentliches Kriterium für die Wahl des Urlaubsortes war für die beiden, dass er über einen WLAN-Anschluss verfügen müsse, sie hätten nämlich zu arbeiten. Was ich dann allerdings bemerkte, war, dass die beiden jeden Abend bis spät in die sternenklare, von Grillengezirpe erfüllte Nacht fernsahen, um ihre Augenringe am nächsten Morgen wieder mit ihrer Arbeit nach Mitternacht zu begründen.

Es geht mir nicht um eine strenge Arbeitsmoral, sondern um Ehrlichkeit gegenüber sich selbst. Und es geht – gerade im Urlaub – um das Wechselspiel von Spannung und Entspannung. Das ist es, was ich oben als tragisch bezeichnet habe: Ich kenne eine Studie zum Arbeitsverhalten von Selbstständigen in kreativen Berufen – Architekten, Designer, Shopinhaber und Ähnliches. Diese Studie ist voller Geschichten von Menschen, die ihre Arbeit derart ineffizient gestalten, dass sie so gut wie keine Entspannung finden. Alle klagen über 70-Stunden-Wochen, die meisten empfinden sich als »Working Poor«, viele vernachlässigen ihre Beziehungen oder Familien. Aber keiner von ihnen kommt auf die Idee, sich zu fragen, inwieweit seine Überlastung vielleicht auch hausgemacht sein könnte.

Die Folgen mangelnder Effizienz sind daher nicht zu unterschätzen. Wenn Sie effizienter arbeiten wollen, müssen Sie jedoch auch noch die Fähigkeit entwickeln, Nein zu sagen. Kopfarbeitern sieht man zumeist nicht an, ob sie arbeiten oder nicht. Ein früherer Kollege von mir, studierter Astronom mit breitem Dialekt und wenig Respekt gegenüber Autoritäten, verrichtete einen Gutteil seiner Arbeit am Computer wie viele andere auch. So wie er jedoch vor seinem Gerät saß, musste jeder, der an seinem Büro vorbeikam, denken, dass er gerade Eisbären mit Pinguinen beschoss oder vielleicht auch Bilder von Galaxien oder sonstigen Schönheiten besah: Weit nach hinten gelehnt, mit ausgestreckten Beinen glotzte er reglos und scheinbar gelangweilt auf den Bildschirm und bewegte die Maus nur millimeterweise. Wenn man ihn fragte, was er gerade tat, skizzierte er in kurzen Worten die komplexesten Zusammenhänge, ohne allerdings den Blick vom Bildschirm wegzubewegen. Dieser Kollege war einer der effizientesten in der ganzen Abteilung und niemand hätte es ihm je angesehen.

Wenn man Ihnen nicht ansieht, dass Sie gerade arbeiten, führt das dazu, dass Sie öfter unterbrochen und aus Ihrer Arbeit herausgerissen werden. Sie müssen dann Ihre Konzentration auf etwas völlig anderes richten und sich erst wieder in Ihren Schaffensfluss einfinden. Vielleicht stört Sie das auch gar nicht, weil Sie gerade etwas weniger Angenehmes tun. Genau genommen ist das aber so, als würden Sie mit dem Mountainbike gerade bergab beschleunigen, um Schwung für die nächste Steigung zu holen. Genau dort, wo es wieder bergauf geht, werden Sie von einem Spaziergänger angehalten, der wissen möchte, ob es noch weit bis zur Hütte ist, aus deren Richtung der Sie gerade gekommen sind. Würden Sie diesem Spaziergänger eine freundliche und hilfreiche Auskunft geben? Wohl eher nicht. Warum lassen Sie sich dann bei Ihrer Arbeit so leicht unterbrechen? Schließlich verlieren Sie auch hier Ihren Schwung und müssen daher viel stärker in die Pedale Ihrer Konzentration treten.

Wenn Sie Führungskraft sind, haben Sie diese Abgrenzungsfähigkeit wahrscheinlich in entsprechenden Seminaren oder in Ihrer Praxis gelernt. Sie sind nämlich dazu gezwungen, sich zu überlegen, ob Sie eine Anfrage wirklich selbst lösen müssen oder delegieren können. Wenn Sie Fachkraft sind, ist das wahrscheinlich anders. Es wird Ihnen eher schwerfallen, Nein zu sagen, weil ja meistens Ihre Expertise nachgefragt wird. Die Anfrage schaltet quasi umgehend zwei Impulse in uns ein: unser Interesse und unsere Eitelkeit. Wenn Sie sich dann auch noch gerade mit etwas beschäftigen müssen, das Sie ohnehin nur wenig interessiert, bietet die Unterbrechung einen hervorragenden Grund, alles liegen und stehen zu lassen. Effizient ist das natürlich nicht.

Die Auseinandersetzung mit Vorbildern

Wenn Sie Musiklaie sind, dürfen Sie jederzeit behaupten, dass Sie an Beethoven außer dessen Frisur nichts gut finden, Sie haben gewissermaßen Narrenstatus. Als Orchestermusiker hingegen können Sie es sich vielleicht leisten, Beethoven weniger zu mögen als beispielsweise Tschaikowski. Erklären Sie jedoch Beethoven für einen schlechten Komponisten, kommt das Gotteslästerung gleich. Mir ist während meines Musikstudiums Folgendes passiert: Mein Geigenprofessor hatte mir gerade verboten, *Smoke on the Water* von Deep Purple zu spielen. Er meinte, das sei »Schweinemusik«. Das ärgerte mich mit meinen vierzehn Jahren. Um ihn ein wenig zu provozieren, erwiderte ich daher, dass das romantische Violinkonzert, das ich gerade einstudierte, auch nicht gerade das Gelbe vom Ei sei – überhaupt fände ich es eigentlich ziemlich kitschig. Mehr brauchte es nicht: Der Zorn meines Lehrers ließ das ganze Gebäude erzittern. Meine Studienkollegen saßen schweigend und mit bleichen Gesichtern auf ihren Stühlen. Ein Schulwart öffnete unsicher die Tür, um nachzusehen, was passiert sei. Schließlich kam auch noch die verängstigte Assistentin des Professors aus dem Nachbarzimmer hinzu, weil sie fürchtete, dass jemand seiner Guarneri-Geige etwas angetan hätte. Alles nur, weil ein pubertierender Student es gewagt hatte, das Werk eines großen Komponisten mit einem abwertenden Attribut zu versehen. Gut, wir waren in Wien und wir schrieben die 1970er-Jahre, aber das relativiert höchstens den Grad der Erregung, nicht jedoch das zugrunde liegende Gebot, das nämlich lautet: Du sollst die Leistungen unserer Vorbilder ehren und nicht infrage stellen! Nach derlei Erfahrungen war es schlüssig, dass ich irgendwann ins Jazzfach wechselte. Doch was geschah hier? Ein äußerst gelangweilter Professor versuchte, uns neben den fein säuberlich aufgelisteten Akkordgattungen auch die Größen der Jazzgeschichte nahezubringen. Das lief nicht anders ab als eine durchschnittliche Geschichtsstunde, in der Sie erfahren, dass irgendein Otto, Karl oder Ludwig der Große, Dicke oder Dünne dies oder jenes geleistet, erobert oder begründet hat – hier waren es eben ein Count, ein Bird oder ein Miles. In anderen Fachrichtungen sind es andere Namen, aber überall ist es das gleiche Muster: Ob Julius, Isaac oder Sigmund, sie haben die Welt durch ihre Politik, Theorie oder Couch verändert und ihre Leistungen sind *untouchable*. Sie dürfen die von anderen Fachexperten anerkannten Autoritäten nicht infrage stellen und Sie dürfen schon gar nicht in die Ahnengalerie Ihres Metiers pinkeln, wie ich es getan hatte.

Doch dieser Zugang zu Vorbildern erschwert es, dass Sie sich schöpferisch mit ihnen auseinandersetzen. Er reduziert deren Ringen auf ihren Erfolg, Menschen auf Idole und komplexe Lebenswege auf Heldengeschichten. Im Schauspiel gibt es neben dem Heldenfach auch noch das Charakterfach. Heldendarsteller finden Sie in allen Actionfilmen, Charakterdarsteller hingegen in Dramen und Komödien. Wenn Sie schöpferische Menschen fragen, welchem Genre sie sich eher zugehörig fühlen, werden Ihnen die meisten das Charakterfach nennen. Dieselben nämlich, die später zu heldenartigen Vorbildern werden, können während ihres Schaffens keineswegs sagen, ob ihr Streben und Ringen letztlich von Erfolg gekrönt sein wird. Sie müssen Entscheidungen in Unsicherheit und ohne Erfolgsgarantie treffen, mit Rückschlägen und eigenen Schwächen umgehen, kurz: Ihr Lebensweg fühlt sich für sie oft wie ein Drama an und wird meist erst im Nachhinein zur Heldengeschichte hochstilisiert.

In dem Film *Up In The Air* gibt es seine Passage, in der der von George Clooney gespielte Protagonist einem lang gedienten Mitarbeiter kündigt. Er rät ihm, seine Träume vom Kochen zu leben, die er mit Eintritt in die Firma verkauft habe. Damit würde er sich die Bewunderung seiner Kinder sichern. Denn schließlich sei der Grund, warum wir unsere Idole so bewundern, dass sie ihre Träume lebten. Das ist nicht ganz richtig. Wir bewundern Idole zumeist nicht, weil sie ihre Träume leben, sondern weil sie unsere Träume leben. Dazu leisten Heldengeschichten einen maßgeblichen Beitrag. Doch genau das ist keine Auseinandersetzung, sondern vielmehr eine Projektion unseres Wunsches nach Größe. Echte Auseinandersetzung mit Vorbildern nämlich regt uns an, indem sie uns fordert, unsere eigene Größe zu entdecken und an ihr zu arbeiten. Wirklich schöpferisch zu arbeiten beginnen Sie erst dann, wenn Sie die Meister Ihres Metiers nicht mehr blind akzeptieren, sondern für sich infrage stellen. Das Gebot müsste also lauten: Du sollst dir deine eigenen Vorbilder suchen, dich mit ihnen und ihrem Werk kritisch auseinandersetzen und daraus deine eigenen Schlüsse ziehen.

Wird diese Auseinandersetzung, wie im Fall meines Jazzprofessors und bei den meisten anderen Ausbildungen, nicht gefördert, müssen Sie auf informelle Orte und Kanäle ausweichen. In meinem Jazzstudium war das der Austausch während der Produktionen oder einfach beim Plaudern im Café. Hier fand ich die gleiche Begeisterung am Erkunden, Entdecken und Erschaffen, die ich von meinem ersten Klaviergeklimpere her kannte. Die Auseinandersetzung mit der Materie und den verschiedensten Vorbildern führte dazu, dass jeder von uns lernte, Dinge aufzunehmen, mit Eigenem zu verbinden und daraus etwas Eigenständiges zu schaffen.

Warum Sie jemanden zu Ihrem Vorbild machen, kann unterschiedlichste Gründe haben: seine Persönlichkeit, sein Schaffen, seine Courage, sein Erfolg, sein Umgang mit Misserfolg, seine Wirkung auf andere – all das, was Ihre Vorbilder in Ihnen bewegen und was Sie an ihnen bewundern. In jedem Fall sollten Sie sich Ihre Vorbilder nicht nur in Ihrem eigenen Metier suchen, sondern in allen möglichen Bereichen. Eines der größten Vorbilder des Managementvordenkers Peter Drucker war der Komponist Giuseppe Verdi, weil er noch mit achtzig Jahren ein Werk wie Falstaff schuf. »Während meines gesamten Lebens habe ich nach Perfektion gestrebt«, sagte Verdi dazu, »ich habe sie nie erreichen können. Ich hatte also die Pflicht, es noch einmal zu versuchen.« Drucker übertraf übrigens sein musikalisches Vorbild für Produktivität im hohen Alter noch um gut fünfzehn Jahre.

Die Auseinandersetzung mit anderen Experten

Es gibt ein weltweit sehr erfolgreiches Streichquartett aus Wien, von dem in Fachkreisen eine Kuriosität erzählt wird. Und zwar, so sagt man, reden die vier Musiker so gut wie nicht mehr miteinander. Die Gespräche reduzieren sich auf das für die Erarbeitung der Stücke Nötigste, was klarerweise zu einer etwas frostigen Atmosphäre führt. Dennoch gehört dieses Quartett seit Jahrzehnten zu den anerkanntesten Ensembles seiner Art. Was mich an dieser Sache besonders amüsiert, ist die Vorstellung von vier reifen, schöpferischen Vollprofis, die laufend Höchstleistungen erbringen und einander dabei einfach zuwider sind. Ich stelle mir vor, welche bizarren Auswüchse das in der Arbeit der Musiker wohl hat. Verstecken sie einander vor der Aufführung die Geigenbögen? Versperren sie den Zugang zum Klo? Drängen sie sich beim Auftritt vor, damit der andere als Letzter die Bühne betritt? Essen sie möglichst viel Knoblauch, damit die Kollegen die eigene schweißtreibende Arbeit auch riechen können? Lockern sie einander die Hosennähte, damit sie bei ihrer Verbeugung noch ehrlich ins Publikum lachen können? Die vorstellbaren Situationen würden eine ganze Serie füllen.

Die dahinterliegende Frage, wie wir die Beziehungen zu anderen Experten unseres Metiers gestalten sollen, ist jedoch eine durchaus ernste. Als heutiger Wissensarbeiter müssen Sie sich regelmäßig mit Fachkollegen auseinandersetzen, von denen Sie in irgendeiner Form abhängen. Diese Auseinandersetzung betrifft sowohl Ihre unterschiedlichen Ansichten als auch Ihre unterschiedlichen Persönlichkeiten. Sie spielt sich innerhalb der horizontalen Beziehungen zu Ihren Kollegen, mit denen Sie gemeinsam etwas schaffen, und auch innerhalb der vertikalen Beziehungen zu Ihren Lieferanten und Adressaten ab. Als Fotografin brauchen Sie beispielsweise einen Assistenten, eine Visagistin und ein Model – das sind Ihre horizontalen Beziehungen. Zusätzlich müssen Sie Ihre vertikalen Beziehungen zu Ihrem Auftraggeber oder Ihrer Bildagentur auf der Adressatenseite und zu Ihrem Fotohändler oder Webdesigner auf der Lieferantenseite managen. Sie alle haben als Experten und als Menschen Einfluss auf Ihren Schaffensprozess, wenn auch auf unterschiedliche Weise und in verschieden starker Ausprägung. Oft haben andere Experten eine wichtige Filterfunktion für Ihr Schaffen. Auf jeden Fall sind die meisten schöpferischen Menschen von anderen schöpferischen Menschen in irgendeiner Form abhängig. Nur gemeinsam können Sie ein Ganzes erschaffen, und das bedeutet, dass Sie sich mit Ihren Kollegen, Auftraggebern und Lieferanten auseinandersetzen müssen.

Es liegt in unserer Natur, dass wir gerade das eigene Metier als den Nabel der Welt betrachten. Das gilt ganz besonders für schöpferische Menschen. Daher findet in schöpferisch-produktiven Prozessen im Vergleich zu industriellen Reproduktionsprozessen ein ganz besonders intensiver, ja oft leidenschaftlicher Austausch von Ideen und Meinungen statt. Ein Kollege von mir ist Musiker und komponiert sehr viel fürs Theater. Am liebsten arbeitet er mit einem bestimmten Regisseur zusammen, da er bei dessen Produktionen die Musik gemeinsam mit der Inszenierung entwickeln kann. Die Arbeitsbeziehung zwischen den beiden ist jedoch die reinste Hassliebe. Schauspieler, die neu zum Ensemble hinzukommen, sind oft völlig überrascht, wie wild während der Proben die Fetzen fliegen können.

Das Ergebnis ist jedoch regelmäßig eine stimmige und erfolgreiche Produktion. Sie nennen das vielleicht einfach einen Divenkrieg. Ich finde es jedoch hilfreich, schöpferische Menschen grundsätzlich als Diven zu betrachten. Das Wort Diva bedeutet schließlich nichts anderes als göttlich. Und Götter sollten wir besser so nehmen, wie sie sind, um nicht ihren Zorn zu wecken. Selbstverständlich gibt es auch zahllose angenehme, gutmütige und freundliche Experten. Wenn es aber hart auf hart geht, wächst in jedem von uns Leidenschaft für sein Metier. Daher besteht ein erhöhtes Risiko, dass fachliche Auseinandersetzungen auch mit Leidenschaft geführt werden.

Um diese Auseinandersetzungen mit schöpferischen Menschen führen zu können, müssen Sie jedoch kein Psychologe sein. Allerdings müssen Sie in der Lage sein, Auseinandersetzungen produktiv zu führen. Das wird Ihnen leichter fallen, wenn Sie anerkennen, dass diese Auseinandersetzungen ganz wesentlich zu Ihrem eigenen schöpferischen Tun beitragen, dass also Konflikte integrale Bestandteile des Schaffensprozesses sind. Karl Popper sagt dazu: »Der Wert eines Dialogs hängt vor allem von der Vielfalt der konkurrierenden Meinungen ab.« Ob ein derartiger Konflikt konstruktiv oder destruktiv wirkt, ob der Kampf der Wirklichkeiten schöpferische oder zerstörerische Folgen hat, hängt maßgeblich davon ab, wie weit Sie den Vertretern der jeweiligen »Gegen-Wirklichkeit« Respekt entgegenbringen – den Vertretern wohlgemerkt, nicht der vertretenen Wirklichkeit.

Ich habe schon im Abschnitt über die Auseinandersetzung mit sich selbst beschrieben, dass dieser Respekt maßgeblich davon abhängt, wie sehr Sie Ihr Gegenüber fachlich schätzen. Ich habe es dort das Kastenwesen der Kreativen genannt. Natürlich kann es sein, dass Sie es mit Kollegen zu tun haben, die Ihnen obendrein auch sympathisch oder unsympathisch sind. Mit denen, die Ihnen sympathisch sind, werden Sie die besten schöpferischen Leistungen erbringen, weil einfach der gegenseitige Respekt und die Chemie stimmen. Die Herausforderung sind diejenigen, die Sie respektieren, die Ihnen aber unsympathisch sind. Hier bleibt Ihnen nur, Ihre ganze Professionalität zusammenzukratzen und sicherzustellen, dass Ihre Konflikte Ihr Schaffen nicht gefährden. Wenn Sie zu übermenschlichen Fähigkeiten neigen, können Sie selbst von diesen Menschen etwas lernen. Ich persönlich lerne mehr und besser von Menschen, die mir liegen.

Ich habe einmal in einem Team gearbeitet, in dem die beiden Teamleiter erstens dermaßen unterschiedlich und zweitens einander so unsympathisch waren, wie ich es zuvor noch nie erlebt hatte. Das Bewundernswerte daran war für mich, dass es keine gravierende Auswirkung auf das Ergebnis hatte, ja von den Teammitgliedern, die mehr unterwegs und seltener im Büro waren, nicht einmal bemerkt wurde. Das lag daran, dass die Beteiligten darauf vertrauen konnten, dass sie bei aller Unterschiedlichkeit in ihrem Wesen und ihrer Arbeitsweise, ihren Aufgaben und ihren Werten, ihren Stärken und Schwächen den gleichen Zweck verfolgten. Nur so nämlich kann es Ihnen gelingen, hinter den verschiedener Positionen gleichgelagerte Interessen zu erkennen. Die Auseinandersetzung mit anderen Experten sollten Sie daher so gestalten, dass der gegenseitige Respekt die Basisgröße ist, die beiderseitige Professionalität die Untergrenze bilden sollte und die für den anderen empfundene Sympathie den Idealfall darstellt.

Die Auseinandersetzung mit den Empfängern

»Du tappst immer im Dunkeln. Du hast keine Kontrolle darüber. Und hättest du sie, wäre es vermutlich keine Kunst mehr, sondern Fabrikation. Aber es ist eben Glückssache. Du gibst jedes Mal dein Bestes, mal mögen die Leute den Film, mal mögen sie ihn nicht. Es war immer schwer, mein Publikum zu finden.« So skizziert einer der bekanntesten und produktivsten Schauspieler und Regisseure, Woody Allen, in einem Interview[1] die vierte Auseinandersetzung, nämlich mit den Empfängern des eigenen Schaffens. Diese Auseinandersetzung ist diejenige, die von allen am meisten über den wirtschaftlichen Erfolg oder Misserfolg entscheidet. Und dennoch wird sie unter Schaffenden weitgehend vermieden, ja, sie ist sogar oft verpönt. Denn viele ignorieren die Tatsache, dass sie alles, was sie schaf-

---

[1]   WZ Newsline vom 15.8.2011.

fen, auch für jemanden, für ihre Adressaten schaffen, ob sie es nun bewusst oder unbewusst tun.

Wenn Sie der Definition im zweiten Kapitel dieses Buches folgen, dann ist das Ziel Ihres Schaffens, eine Stimmigkeit auszudrücken, also an jemanden zu kommunizieren. Das bedeutet zwar nicht, dass Sie als schöpferischer Mensch ausschließlich für andere Menschen schaffen müssen. Umgekehrt jedoch war Ihr Schaffen sinnlos, wenn Sie am Ende des Prozesses aufblicken und bemerken, dass keiner da ist, der sich für Ihr Werk interessieren könnte. Letztlich sind Sie immer in Unsicherheit darüber, ob Sie Anerkennung für das Ergebnis erhalten werden, ob also andere Leute Ihr Werk genauso gut finden wie Sie selbst. Enttäuschend ist es für Sie aber nicht nur dann, wenn andere Ihr Werk viel schlechter finden als Sie selbst. Genauso schlimm kann es sein, wenn andere Ihr Werke weit besser finden als Sie selbst. Sie verstehen dann nämlich erst einmal die Welt nicht mehr. In beiden Fällen fühlen Sie sich verkannt: Sie bleiben mit dem Gefühl zurück, dass andere Ihre wahre Qualität nicht erkennen.

Eine ganz ähnliche Enttäuschung erleben Sie, wenn die eigentlichen Empfänger Ihrer Werke von Ihren beabsichtigten Adressaten abweichen. Das ist dann der Fall, wenn Sie zum Beispiel als Künstlerin, Erfinder oder Unternehmerin von einer ganz anderen Personengruppe Wertschätzung erhalten, als Sie es gedacht haben: Als Entrepreneur werden Sie es beispielsweise als Frevel oder Misserfolg empfinden, wenn Kunden Ihr Produkt für völlig andere Zwecke verwenden. Als Choreographin werden Sie wahrscheinlich enttäuscht sein, wenn in Ihrer Produktion statt wirklich Tanzinteressierten plötzlich Busreisetouristen mit frisch erstandenen Heizdecken sitzen. Diese unbeabsichtigten Empfänger sind jedoch oft wichtiger als Ihre beabsichtigten Empfänger, an die Sie Ihr Werk bewusst oder unbewusst adressiert haben.

In allen diesen Fällen geht es um die Anerkennung, die Sie von anderen für das, was Sie schaffen, erhalten. Somit müssen Sie sich mit Ihrem Erfolg oder eben Nicht-Erfolg auseinandersetzen: Sie müssen erstens für sich klären, was Erfolg für Sie ist. Das wird von Ihren Präferenzen abhängen – Erfolg kann sich in Geld, Bekanntheit, Wertschätzung, im Erreichen eines Zieles oder in der Überwindung von Widrigkeiten ausdrücken. Vielleicht ist Ihr persönliches Erfolgsempfinden auch völlig losgelöst von jeglicher äußeren Anerkennung. Meiner Erfahrung nach spielt jedoch die Anerkennung durch andere eine größere Rolle, als sich Schaffende eingestehen. Als schöpferischer Mensch sollten Sie daher Erfolg vom Sinn trennen, den Sie aus Ihrem Schaffen ziehen. Und Sie sollten für sich ehrlich beantworten, welche Art und welches Ausmaß an Anerkennung Sie von welchen Menschen brauchen, um schöpferisch zu sein.

Konsequenterweise müssen Sie sich auch fragen, wofür denn diese Menschen ihre Anerkennung spenden, was also für sie Qualität bedeutet. Dass Sie selbst eine Vorstellung davon haben, was Sie letztlich für gut befinden, liegt auf der Hand. Dass sich das dann aber auch mit dem deckt, was andere für gut halten, ist weit weniger klar. Der Regisseur Juan Campanella sagte dazu einmal: »Es gibt immer vier Filme, die man macht: den Film, den man schreibt, den Film, den man dreht, den Film, den man schneidet, und den Film, den das Publikum sieht. Und ich bin froh, dass sich der erste mit dem letzten offenbar weitestgehend überschneidet.« Das bedeutet selbstverständlich nicht, dass Sie sich nach allen Markterfordernissen verbiegen müssen. Aber Sie sollten größtmögliche Klarheit darüber erlangen, was Sie selbst und was die Empfänger Ihrer Werke für gut erachten – und wie Sie damit umgehen, wenn es keine Passung gibt, wenn also entweder die »falschen« Leute Ihr Werk gut finden oder wenn Ihre Adressaten die »falschen« Werke von Ihnen gut finden. Eine Gruppe von Menschen können Sie dabei in den allermeisten Fällen getrost ignorieren, obwohl gerade deren Anerkennung oft besonders bedeutsam für Sie sein wird: andere Experten Ihres Faches. Diese sind nämlich erstens die kritischsten, zweitens diejenigen, die genauso betriebsblind sind wie Sie, und drittens diejenigen, von deren Anerkennung Sie sich am wenigsten kaufen können. Ich würde sogar behaupten, dass es ein gutes Zeichen für Ihren möglichen Erfolg ist, wenn Ihr Schaffen Ihre Fachkollegen polarisiert – und ein weniger gutes, wenn zu Lebzeiten Einigkeit über Ihr Werk herrscht. Auf gewisse Weise gilt das übrigens für alle Ihre Adressaten.

Ich mache regelmäßig die Erfahrung, dass unter Wissenschaftlern, Künstlern und Erfindern geradezu ein Widerwille gegen Begriffe wie »Kundennutzen« oder »Marktorientierung«, ja sogar gegen »Erfolg« herrscht. Diese Haltung übersieht jedoch, dass erfolgreiche Schöpfer immer auch ihren eigenen Markt erschaffen. Markt bedeutet schließlich nichts anderes, als dass ein Interesse für das von Ihnen Geschaffene vorhanden ist. Viele verschließen sich diesem Gedanken und konzentrieren sich auf ihr Schaffen quasi unter Ausschluss der Öffentlichkeit. Innovationen und Kunstwerke entstehen jedoch nicht in den Elfenbeintürmen, Labors, Ateliers, Garagen oder Proberäumen. Dort entstehen Dinge. Erfolge entstehen auf dem Markt, bei den Empfängern.

Letztlich gehört zu dieser Auseinandersetzung auch die Frage, was Sie tun, sollten Sie einmal Erfolg haben. Nicht dass Sie im Detail planen müssen, wie Sie die unzähligen Millionen anlegen werden. Aber Sie müssen sich fragen, ob Sie überhaupt für den Erfolg bereit sind. Vor langer Zeit hatte ich die Gelegenheit, mit Nigel Gray zu reden, der in den 1980er-Jahren die Popgruppe Police produziert hatte. Er meinte zum Thema Erfolg: »Sobald Menschen Geld machen, verändern sie sich völlig!« Das muss nicht auf jeden und schon gar nicht auf Sie zutreffen. Aber die Warnung sollten Sie ernst nehmen, vor allem wenn Sie den Erfolg gemeinsam verantworten. Es gibt aber auch noch einen weiteren Punkt, auf den Sie sich bereits vor Ihrem Erfolg vorbereiten sollten. Ein erfolgreicher Pfeifenmacher drückte es einmal so aus: »Du musst für den Erfolg bereit sein. Sobald sich dieser einstellt, kannst du dir sicher sein, dass Konkurrenten wie Neider nichts unversucht lassen, dir zu schaden.«

Die Auseinandersetzung mit Ihrem Partner

Es gibt einen alten Witz unter Jazzmusikern, der lautet: »Was ist der Unterschied zwischen einem professionellen und einem semiprofessionellen Jazzer? Der semiprofessionelle hat einen Daytime-Job, der professionelle hat eine Freundin mit einem Daytime-Job.« Dieser Witz ist genau genommen nicht wirklich witzig, vor allem wenn Sie die Partnerin des professionellen Jazzmusikers sind. Worauf er anspielt, ist die Aufteilung von Erhaltungs- und Entfaltungsaufgaben im allernächsten Umfeld schöpferischer Menschen.

Die Beziehung zum eigenen Partner hat wohl für jeden Menschen eine entscheidende Bedeutung. Als schöpferischer Mensch ist sie jedoch ebenso entscheidend für Ihr Schaffen, denn sie kann Ihre Produktivität stärken oder schwächen. Dass Sie sich mit dieser Beziehung auseinandersetzen, ist heute notwendiger als je zuvor. Denn schließlich konnten schöpferische Menschen in früheren Zeiten – überwiegend waren es schließlich Männer – darauf vertrauen, dass »hinter jedem erfolgreichen Mann eine starke Frau steht«, die sich seinem Schaffen unterordnet. Wie der Witz eingangs zeigt, hat sich darin bis heute anscheinend gar nicht so viel geändert. Dabei sind gerade unter schöpferischen Menschen besonders viele Frauen, die sich nicht mehr mit der Rolle der ausschließlichen Unterstützerin abgeben. Daher müssen Sie sich als schöpferischer Mensch heute besonders mit der Gestaltung Ihrer Partnerbeziehung auseinandersetzen.

Das gilt nur eingeschränkt, wenn Sie mit Ihrem Partner keine Kinder haben oder planen, und noch weniger, wenn Sie mit Ihrem Partner nicht zusammenleben. Denn dann haben Sie so gut wie jede Freiheit in Ihrer Ressourcenverteilung und müssen sich in der Regel nicht mit Fragen der Erhaltung und Entfaltung auseinandersetzen. Somit wird dieser Abschnitt auch weniger relevant für Sie sein. Wenn Sie als schöpferischer Mensch jedoch mit Ihrem Partner und Kindern unter einem Dach wohnen, müssen Sie in den meisten Fällen die Auseinandersetzung um Erhaltung und Entfaltung führen. Dabei galt früher derjenige in einer Beziehung als Erhalter, der das Einkommen – oder den überwiegenden Teil dessen – erwirtschaftete. Gerade in schöpferischen Berufen würde ich diesen Teil der Beziehung heute eher als Entfalter bezeichnen. Erhalter sind Sie heute vielmehr dann, wenn Sie Haushalt und Kinder betreuen und so das System aufrechterhalten. Schließlich sorgen Sie dann maßgeblich dafür, dass alles rund läuft, damit sich Ihr Partner auf das eigene Schaffen konzentrieren kann. Wenn dieses Rollenverständnis Sie und Ihren Partner zufriedenstellt, haben Sie es um vieles einfacher. Diejenigen schöpferischen Menschen aus meinem Umfeld, die auf lange Sicht eine derartige Aufteilung leben, können sich praktisch zur Gänze ihrem Schaffen widmen und darin besonders produktiv sein. Eine derartige Rollenaufteilung wird selbst in den meisten hoch entwickelten Gesellschaften noch immer gefördert – auch das vereinfacht alles enorm, wenn Sie so leben wollen.

Vor hundert Jahren schrieb ein deutscher Wissenschaftler noch, dass »die weibliche Kreativität mit der Heirat dramatisch nachlässt«. Seither ist schon einiges an Veränderung passiert, aber noch immer wird unternehmerisches, künstlerisches und wissenschaftliches Schaffen, offensichtlich in direkter Ableitung des Jäger- und Sammlertums, eher Männern zugeschrieben. Erst kürzlich wurde eine bekannte Dirigentin gefragt, inwieweit denn Frauen anders dirigieren würden als Männer. Ihre gewitzte Antwort lautete: »Ja, Männer tragen keinen BH!«

Wirklich schlagend wird die Auseinandersetzung mit Ihrem Partner erst dann, wenn Sie beide Ihr Recht auf schöpferische Entfaltung einfordern. Dann nämlich müssen Sie beide darüber Konflikte austragen und Entscheidungen treffen, wer von Ihnen sich wann und in welchem Ausmaß entfalten kann und wer welche Erhaltungspflichten hat. Erschwerend kommt hinzu, dass Sie diese Auseinandersetzung zumindest im deutschsprachigen Raum ohne gesellschaftlichen Rückhalt führen müssen. Konkret bedeutet das, dass Sie in der Erhaltungsrolle, wie ich sie definiere, weder besondere Wertschätzung noch Geld bekommen. Wenn Sie um eine ausgeglichene Rollenaufteilung kämpfen, führen Sie gewissermaßen einen Bergaufkampf. Umso verständlicher ist es, wenn schöpferische Paare die klassische Aufteilung übernehmen oder sich zumindest mit den gesellschaftlichen Gegebenheiten arrangieren. Sie wollen ihre Energie schließlich nicht zur Gänze in Beziehungskonflikten aufbrauchen, sondern auch noch etwas Kraft für ihr Schaffen übrig haben.

Die Auseinandersetzung mit ihrem Partner stellt in den meisten Fällen auch die Ich-will-alles-Mentalität vieler schöpferischer Menschen infrage: den Anspruch also, Erfolg, Familie und Freiheit zu haben. Denn die Realität steht oft in starkem Kontrast zu diesem Wunsch. Die Choreographin Twyla Tharp schreibt in ihrem wunderbaren Buch *The Creative Habit*, dass sie die Lektion erst lernen musste, eben nicht alles im Leben haben zu können – Erfolg mit ihrem Schaffen und eine Familie. Viele, die ich kenne, versuchen es dennoch. Es ist für sie sehr anstrengend, egal ob sie nun erfolgreich sind oder nicht: Sind sie es, werden sie von ihrer Arbeit aufgesogen. Sind sie es nicht, zehrt der alltägliche Überlebenskampf an ihren Kräften. Das, was sie dabei als Erstes infrage stellen, ist die Beziehung zum eigenen Partner, denn dort schlagen sich all diese Themen unmittelbar nieder. Dass es, abgesehen von allen emotionalen Aspekten, nach einer Trennung schon rein alltagstechnisch nicht einfacher ist, übersehen die meisten.

Diese Auseinandersetzung ist also keine einfache und Sie sollten sie auch ernst nehmen. Allerdings können Sie sich die Dinge erleichtern, wenn Sie ein paar Punkte beachten.

1. Konflikte als Teil des Schaffens akzeptieren
Erstens ist es hilfreich, wenn Sie einfach akzeptieren, dass schöpferische Tätigkeiten nicht nur an sich besonders fordernd sind, sondern dass auch die Beziehung zu Ihrem Partner davon unmittelbar betroffen ist. Beides beeinflusst einander und beides erfordert Auseinandersetzung. In Ihrer Beziehung bedeutet das, dass Sie die durch Ihr Schaffen entstehenden Konflikte akzeptieren und sich bemühen, sie konstruktiv zu klären.

2. Beiderseitiges Recht auf Entfaltung anerkennen
Zweitens müssen Sie anerkennen, dass beide Seiten grundsätzlich das gleiche Recht auf Entfaltung und die Pflicht zur Erhaltung haben. Es ist eigentlich anachronistisch, das heute überhaupt noch betonen zu müssen, aber ich erlebe regelmäßig, dass das in der Realität nicht so gelebt wird. Seien Sie ehrlich zu sich selbst und zu Ihrem

Partner: Erlauben Sie einander grundsätzlich den gleichen Grad an schöpferischer Entfaltung?

3. Rollenwechsel üben

Drittens müssen Sie den Wechsel zwischen erhaltender und entfaltender Rolle einfach üben. Das ist nämlich in der Regel keine Frage des Wollens oder Könnens, sondern schlicht des Tuns. Fast jeder, den ich kenne, behauptet, für ein ausbalanciertes Rollenverständnis zu sein. Alle finden es richtig und scheinen es somit zu wollen. Auch an der Kompetenz scheitert es selten: Wer es schafft, ohne Eigenverletzung ein Butterbrot zu schmieren und Leergebinde in den richtigen Container zu werfen, hat den Eingangstest für Erhaltungsaufgaben bereits bestanden. Woran es hapert, ist das einfache Tun. Denn diese Rollenwechsel sind ungewohnt und wollen geübt sein. Haben Sie oder Ihr Partner sich jedoch einmal an den Wechsel aus Erhaltungs- und Entfaltungsaufgaben gewöhnt, werden Sie ihm durchaus etwas abgewinnen können: Er sorgt für eine Ihrem Schaffen förderliche Erdung und er macht Sie produktiver. Die produktivsten Menschen, die ich kenne, sind nämlich nicht diejenigen, die sich zu hundert Prozent auf ihr Schaffen konzentrieren können, sondern diejenigen, die ihr Schaffen mit familiären Verpflichtungen unter einen Hut bringen müssen — meistens sind dies heute Teilzeit arbeitende Mütter.

4. Verantwortung, Rechte und Pflichten klären – und sich daran halten

Die Basis für diese Rollenwechsel ist, dass Sie klare Vereinbarungen darüber treffen, wer was tun darf und muss. Diese Vereinbarungen werden Sie wahrscheinlich laufend nachschärfen müssen, weil immer wieder Unvorhergesehenes passiert. Sehen Sie diese Regelungen nicht als Einschränkung, sondern als Spielregeln, die die Basis für das Funktionieren Ihrer Beziehung bilden. Bedenken Sie, dass Sie nicht die Einzigen sind, die sich mit diesen Dingen auseinandersetzen müssen. Es ist die Art, wie die meisten schöpferischen Menschen heute ihre Beziehungen gestalten. Doch seien Sie nicht zu streng, wenn Sie die Spielregeln aushandeln. Selbstverständlich ist es die grundsätzliche Aufgabe des jeweiligen Erhalters, dem anderen den Rücken frei zu halten und ihn in seinem Schaffen zu unterstützen. Dennoch wird er auch als Erhalter Bedürfnisse nach Entfaltung verspüren. Respektieren Sie diese Bedürfnisse und geben Sie ihnen Raum, so beugen Sie einem entstehenden Überdruck vor.

5. *Einander einbeziehen, vor allem bei Entscheidungen*
Als schöpferischer Mensch hat für Sie Ihr Schaffen wahrscheinlich oberste Priorität. Daher werden Sie leicht in Versuchung geraten, wichtige Dinge zu entscheiden, ohne Ihren Partner miteinzubeziehen. Oder Sie werden gar Ihren Partner nicht wissen lassen, was Sie wann und wo tun. Ich rate Ihnen zu größtmöglicher Transparenz: Verwenden Sie nur einen Kalender, geben Sie Ihrem Partner Zugriff darauf und koordinieren Sie Ihre Zeiteinteilung. Vor allem aber: Treffen Sie die wesentlichen Entscheidungen gemeinsam. Ansonsten stärken Sie den ohnehin latent vorhandenen Konflikt *Deine Arbeit versus unser Leben*.

6. *Langfristig planen*
Ich glaube nicht wirklich an Pläne, aber ich glaube an die Sinnhaftigkeit des Planens. Ersteres deswegen, weil sicher etwas dazwischenkommt und Pläne oft nicht viel wert sind. Letzteres, weil es Vertrauen schafft und vor allem das Kamel in uns stärkt – die Ausdauer nämlich, bis zur nächsten Oase durchzuhalten. Wenn Sie mit Familie schöpferisch tätig sein wollen, so können Sie das entweder zugleich und eingeschränkt machen oder aber abwechselnd und weitgehend vollzeitlich. Beides gehört geplant. Ich habe Freunde, die beide schöpferisch und in fordernden Berufen tätig sind – er ist Koch, sie Führungskraft – und zwei Kinder haben. Sie wechseln sich alle zwei bis drei Jahre in ihrer Karriere ab. Das schränkt natürlich ihre Entwicklungsmöglichkeiten ein, aber dafür bekommen sie die Dinge weitgehend unter einen Hut. Dass dies überhaupt möglich ist, ist einer der größten Vorteile der heutigen Arbeitswelt: Karriereverläufe sind nicht mehr so linear wie früher, daher ist es auch in vielen Berufen einfacher geworden, in gewissen Lebensphasen temporär auszusteigen – wenn auch nicht so, wie es sein könnte.

7. *Urlaub machen – und Liebe*

Vielleicht haben diese Punkte jetzt in Ihnen den Eindruck erweckt, dass Beziehungen unter oder mit schöpferischen Menschen nur technische Konstrukte und reine Zweckbeziehungen sind. Um diesem Bild entgegenzuwirken, möchte ich abschließend noch eine wesentliche, ja vielleicht die wesentlichste Empfehlung abgeben: Machen Sie gemeinsam Urlaub, und zwar ohne Ihre Arbeit. Ich weiß aus eigener Erfahrung, wie schwer das sein kann, aber gerade deshalb rate ich es Ihnen. Lassen Sie Ihren Laptop, Ihr Instrument oder Ihr sonstiges Handwerkszeug zu Hause, nehmen Sie keine beruflichen Anrufe entgegen und widmen Sie sich in dieser Zeit nur Ihrem Partner und der gemeinsamen Erholung. Gerade für schöpferische Menschen kann Arbeit ein scheinbar guter Ersatz für Liebe sein, aber seien Sie sich selbst gegenüber ehrlich: Gibt es dafür wirklich einen Ersatz?

Die Auseinandersetzung mit der Materie

Als ich zwölf Jahre alt war, hatte ich herzlich wenig Lust, Geige zu üben. Jeder normal veranlagte Jugendliche in diesem Alter würde wohl lieber Freunde treffen oder Fußball spielen, als täglich mehrere Stunden mit monotonen Tonleitern oder Etüden zu verbringen. Selbst David Oistrach, einer der größten klassischen Geiger des 20. Jahrhunderts, gab einmal zu, als Kind am liebsten vor Wochenenden sämtliche Geigensaiten abgeschnitten zu haben, weil er dann zwei Tage lang Ruhe vor dem Üben hatte. Was mich von so drastischen Maßnahmen letztlich abhielt, war eine Sache beim Üben, die mir den größten Spaß machte: die Pausen. Sobald ich meine Geige zwischen den Übungseinheiten weggelegt hatte, setzte ich mich ans Klavier und begann, vor mich hinzuspielen. Für meine Eltern war das schlicht Herumgeklimpere. Ich selbst empfand es als ein Stück Freiheit vom engen Korsett der klassischen Musik, als eine einzige große und vor allem schöpferische Entdeckungsreise in ein völlig andersartiges Reich, das zwar auch aus Tönen bestand, aber abgesehen davon keine Gemeinsamkeiten mit meiner Materie besaß.

Diese Entdeckungsreise bestand anfangs darin, dass ich Melodien und Akkorde aus Musikstücken abzuhören und nachzuspielen versuchte. Jeder neue musikalische Fund war eine neue Herausforderung. Manchmal hatte ich das Rätsel nach ein paar Stunden gelöst, manchmal dauerte es Tage oder auch Wochen. Hatte ich einen Akkord einmal geknackt, spielte ich ihn immer und immer wieder, in allen möglichen Kombinationen und Abfolgen, nur um seine besondere Stimmung auszukosten – so ungefähr, wie eine Katze mit einer frisch gefangenen Maus spielt, nur ohne die Perspektive der Maus. Auf diese Weise explorierte ich eine ganz eigene Klangwelt in den Verschnaufpausen meines steinigen Weges zur geigerischen Meisterschaft (die ich im Übrigen zum Leidwesen meiner Eltern nie erreicht habe). Meine erste schöpferische Tätigkeit bestand also eher darin, Unbekanntes zu entdecken, auszuprobieren und nachzumachen, als vorgegebene Werke zu reproduzieren.

Schöpferische Produktion folgt Reproduktion

Die sechste Auseinandersetzung ist die typischste für schöpferische Menschen: die Auseinandersetzung mit der Materie. Wenn Sie sich heute schöpferisch mit einem Fachbereich beschäftigen, genügt es nicht mehr, dass Sie Wissen aufsaugen und wiedergeben können. Das war der Zugang des Industriezeitalters, der leider noch immer in den meisten schulischen Institutionen gepflegt wird. Denken Sie an Ihre Schul- oder Studienzeit zurück: Genügte es nicht als Nachweis Ihres Könnens, Erlerntes oder Erarbeitetes zu reproduzieren? Dies ist entweder die unterste Kompetenzstufe oder aber ein Hinweis auf eine völlig veraltete Lehrmethode. Denn heute müssen Sie zunehmend etwas Eigenständiges produzieren, und zwar nicht nur, wenn Sie eine Dissertation schreiben, sondern bereits bei schulischen Projektarbeiten oder in handwerklichen Ausbildungen. Sie müssen sich mit Ihrer Materie auseinandersetzen und das bedeutet, diese Materie infrage zu stellen und vor allem Ihre eigenen Erkenntnisse auf eine konkrete Aufgabenstellung anzuwenden. Derartiges Lernen wird in Zukunft die maßgebliche Art sein, sich Wissen und Können anzueignen – zum Teil ist es das bereits. Das erklärt auch den Erfolg von praxisnahen Fachhochschulen und unternehmensinternen Curricula. Ausbildungen, die den Schaffensaspekt nicht ausreichend berücksichtigen, sondern hauptsächlich um das Lernen auf Vorrat und die Reproduktion von Erworbenem herum organisiert sind, werden vielleicht weiterhin als soziales Basisangebot ein Dasein fristen, für Wissensarbeiter jedoch bedeutungslos werden. Selbstverständlich reproduzieren auch schöpferische Menschen. Sie tun dies allerdings aus einem ganz anderen Grund: nämlich um die Werke, Gedanken oder Schaffenswelten ihrer Vorbilder zu durchdringen und für ihren eigenen Schaffensprozess zu nutzen.

Wenn Sie sich zu früheren Zeiten mit einer Materie auseinandersetzen wollten, war Ihr Hauptproblem, an das bestehende Wissen zu gelangen. Heute können Sie auf mehr Information zugreifen, als Sie je werden verarbeiten können. Sie müssen daher heute laufend entscheiden, bis wohin Sie Ihr Wissen oder Ihr Können vertiefen und verbreitern werden. Wenn Sie Ihr Augenmerk lediglich auf die Vertiefung Ihrer Kompetenz richten, werden Sie zu einem Fachidioten. Richten Sie es nur auf ihre Verbreiterung, vergrößern Sie lediglich die eigene Basis der Inkompetenz. Der Aufruf, stärker vernetzt zu denken, greift daher zu kurz. Es braucht nämlich auch die Fähigkeit, Dinge in die Tiefe, also zu Ende zu denken. Bei der Designschmiede IDEO sucht man daher gezielt »T-shaped people«, also Leute, die sowohl über einen breiten Horizont als auch über geistige Tiefenschärfe verfügen. Als schöpferischer Mensch müssen Sie heute Generalist und Spezialist sein. Das macht die Frage, mit welcher Materie Sie sich auf welche Weise beschäftigen sollen, nicht einfacher. Je klarer Sie sich jedoch – durch die Auseinandersetzung mit sich selbst – über Ihre Stärken, Werte, über Ihre Arbeitsweise, Ihr nötiges Umfeld und Ihre Wirkung geworden sind, desto leichter wird Ihnen die Antwort fallen.

Schaffen bedeutet somit nichts anderes, als dass Sie Ihr Wissen und Können produktiv machen, und dies stellt heute bereits eine der wesentlichen Schlüsselfertigkeiten dar. Wissen allein ist heute bei Weitem nicht mehr ausreichend und wird es in Zukunft noch weniger sein. Das Unterscheidungskriterium wird nicht sein, wie viel Wissen Sie angehäuft haben, sondern wie Sie die einzelnen Wissenselemente zueinander in Beziehung bringen, um eine erstaunliche Stimmigkeit auszudrücken. »Wissenschaft besteht aus Fakten wie ein Haus aus Backsteinen«, sagte der Mathematiker Henri Poincaré einmal, »aber eine Anhäufung von Fakten ist genauso wenig Wissenschaft wie ein Stapel Backsteine ein Haus ist.«

Eine Materie sind drei Materien

Wenn Sie sich schöpferisch mit einer Materie befassen, müssen Sie sich genau genommen mit drei Materien auseinandersetzen: erstens mit dem eigentlichen Schaffensprozess, also mit allen Dingen, mit denen Sie eine Stimmigkeit ausdrücken wollen. Diesen Kernprozess des Schaffens sehen wir uns in den beiden nächsten Abschnitten über die Grundfragen und die Modi des Schaffens genauer an.

Zweitens müssen Sie sich mit Dingen beschäftigen, die sicherstellen, dass Sie das, was Sie tun, auch so gut wie möglich tun. Dies betrifft somit den handwerklich-technischen Aspekt Ihrer Materie, die Frage also: Wie sichere ich das für mein Schaffen nötige Können und Wissen? Diesen Werkzeugen des Schaffens widmen wir uns gleich weiter unten in diesem Abschnitt.

Drittens müssen Sie sich noch mit Dingen beschäftigen, die gar nichts mit der eigentlichen Materie zu tun haben, deren Vernachlässigung aber Ihr Schaffen gefährden können. Sie müssen sich fragen: Womit kann ich mir nicht leisten, mich nicht zu beschäftigen? Was beeinträchtigt mein Schaffen, wenn ich es ignoriere? Genau hier haben die meisten schöpferischen Menschen ihren Schwachpunkt. An der Leidenschaft für Ihre Materie selbst wird es Ihnen wahrscheinlich kaum mangeln und auch mit Tätigkeiten, die Ihre Leistung letztlich verbessern, werden Sie sich abfinden. Vielleicht können Sie diesen oft repetitiven Tätigkeiten wie Fingerübungen, Konditionstraining, Reisespesenabrechnungen oder laufende Dokumentationen sogar etwas Meditatives abgewinnen. Gegenüber

Dingen jedoch, die nichts mit der eigentlichen Materie zu tun haben, aber letztlich getan werden müssen, haben schöpferische Menschen zumeist einen Widerwillen, der mithin selbstzerstörerisch ist. Wissenschaftler ignorieren zum Beispiel die organisatorischen Rahmenbedingungen ihrer Auftraggeber, Künstler verweigern sich den Bedürfnissen ihres Publikums und Unternehmer sind mitunter sogar stolz darauf, keine Ahnung von Buchhaltung zu haben. Natürlich brauchen Sie diese ungeliebten Tätigkeiten nicht mit Leidenschaft und Expertise auszuführen. Aber Sie müssen sicherstellen, dass sie getan werden, ansonsten gefährden Sie Ihr eigenes Schaffen.

Die Werkzeuge des Schaffens

Unabhängig von der Materie, mit der Sie sich befassen, müssen Sie eine Reihe von Werkzeugen verwenden. Diese stellen sicher, dass Sie das, was Sie tun, auch so gut wie möglich tun. Wie auch bei echten Werkzeugen entfalten diese Werkzeuge des Schaffens ihre Wirkung allerdings nur dann, wenn Sie sie regelmäßig verwenden, ansonsten verrosten sie und Sie selbst verlieren Ihre Fingerfertigkeit. Viele Schaffende kennen die Werkzeuge zwar, aber kaum einer setzt sie bewusst, konsequent und zweckmäßig ein. Zehn Werkzeuge bilden meiner Erfahrung nach die wesentliche Basis für Ihr Schaffen. Vielleicht werden Sie diese zehn in bestimmten Fällen ergänzen wollen, aber zumindest die folgenden Basiswerkzeuge sollten Sie beherrschen.

1. Die richtigen Vokabeln lernen

In jeder Materie müssen Sie zuerst deren eigene Sprache und ihre Symbole erlernen. In hoch entwickelten Fachbereichen wie etwa den Naturwissenschaften bringen Sie Jahre damit zu, sich das entsprechende Basisvokabular anzueignen. Wenn Sie ein Musikinstrument lernen, üben Sie jahrelang Tonleitern und Etüden, durch die Sie dieses Vokabular erlernen und erweitern. In jedem Fachgebiet gibt es einen Fachjargon, der durch Fachmedien und Kongresse weitergetragen wird. In den asiatischen Kampfsportarten machen Sie regelmäßige Übungen – die sogenannten Katas –, damit sich Ihr Körper das nötige Vokabular für den Kampf aneignet. Ich habe häufig mit Ärzten, Technikern oder anderen Nicht-Betriebswirten zu tun, die ein MBA-Programm absolviert haben. Sie erzählen mir regelmäßig, dass das Wichtigste daran war, dass sie die Sprache der Wirtschaft erlernt haben. So können sie mit Managern leichter kommunizieren, weil sie deren »Paralleluniversum« kennengelernt haben und wissen, wie diese denken.

Dieses Vokabular lernen Sie allerdings nicht aus Selbstzweck, sondern vor allem, um für Ihr Schaffen fit zu sein. Sie brauchen einen breiten Wissensspeicher, um sich daraus bei konkreten Fragestellungen bedienen zu können. Ohne klaren Fokus kann das allerdings sehr gefährlich sein, wie mir vor Jahren ein Manager zeigte. Er war davon überzeugt, dass er »wie ein Schweizer Messer funktionieren« müsse. Bis zu seiner völligen Erschöpfung stopfte er wahllos einfach alles in sich hinein, was er finden konnte, um ja »für jede Eventualität bestens gerüstet« zu sein: Sprachen, Fachkenntnisse, Methodenwissen, Managementtechniken und vieles mehr. Leider trafen diese Eventualitäten nicht ein, denn er hatte einen wesentlichen Punkt vergessen: nämlich zu unterscheiden, was relevant ist und was nicht. Sie müssen heute jedoch permanent entscheiden, welche Vokabel Sie wirklich brauchen. Und diese Entscheidungsfähigkeit wird Ihnen in kaum einer Ausbildung vermittelt.

2. Herumspielen

In jeder Band, in der ich bislang gespielt habe, haben wir regelmäßig gejammt: Wir legten immer wieder freie Improvisationssessions ein, um Ideen zu entwickeln. Selbstverständlich nahmen wir auch jede Jamsession auf, denn so konnten wir uns auf den freien Austausch von Ideen einlassen. Anderswo erfüllen Brainstormings, Skizzen, Proben oder Prototypen dieselbe Funktion. Bei alldem geht es im Wesentlichen darum, dass Sie mit Möglichkeiten spielen. Wenn

Sie dieses Werkzeug besser kennenlernen möchten, schauen Sie einfach Kindern zu, wie sie völlig zweckfrei und konzentriert spielen. Durch dieses Herumspielen allein werden Sie zwar keine großen Werke erschaffen, aber Sie werden anderes erreichen: Erstens erhalten Sie sich Ihre Leidenschaft für die Materie. Zweitens üben Sie, in der Möglichkeitsform zu denken. Beides ist wesentlich für Ihr zukünftiges Schaffen. Und drittens entstehen aus solchen Versuchen wirklich oft Ideen, die Sie dann weiterentwickeln können. Wichtig ist dabei vor allem, dass Sie Nutzenüberlegungen hintanstellen. Deren großer Moment kommt danach. Denn letztlich ist jede noch so gute Idee wertlos, solange Sie sie nicht umsetzen. Das klingt vielleicht selbstverständlich, aber ich treffe noch immer zu viele Menschen, die glauben, dass es auf möglichst viele verschiedene Ideen ankommt. In Wahrheit kommt es auf wenige, aber entscheidende Ideen an, die während ihrer Umsetzung durch zahlreiche kleinere Ideen verdichtet werden. Und das ist wahrscheinlich die wichtigste vierte Funktion dieses Werkzeugs: Dass Sie nämlich Ihren Blick dafür schulen, welche Ideen es wert sind, weiterverfolgt zu werden. In anderen Worten, dass Sie in den neunundneunzig Prozent Schrott, die Sie durch Herumspielen produzieren, das eine Prozent Edelmetall entdecken, das in Ihren Händen Gestalt annehmen wird.

3. Ideen klauen

»Besser gut geklaut als schlecht komponiert«, sagt ein alter Spruch unter Musikschaffenden. Sich von anderen inspirieren zu lassen, Ideen und Lösungen – oder in der Managementsprache »Best Practice« – zu übernehmen, gehört zum Standardwerkzeug schöpferischer Menschen. Als Kind haben Sie schon eine erste Stufe des Schaffens erklommen, indem Sie Größere imitiert und kopiert haben. Auch als schöpferischer Erwachsener brauchen Sie von sich nicht zu erwarten, etwas gänzlich Neues erschaffen zu müssen. Das führt Sie bloß in die Irre und überfordert Sie am Ende. Übernehmen Sie ruhig Ideen. Allerdings will schöpferisches Klauen natürlich gelernt sein: Wenn Sie es so anstellen wie der Fälscher Konrad

Kujau, der in den 1980er-Jahren »Hitlers Tagebücher« für umgerechnet 4,5 Millionen Euro an die Illustrierte *Stern* verkaufte, um eine Woche später aufzufliegen, dann haben Sie nicht nur ethisch und rechtlich falsch gehandelt, sondern sich auch als ziemlich einfallsloser Schöpfer erwiesen. Wenn Sie es hingegen so machen, wie eben derselbe Konrad Kujau nach Absitzen seiner Strafe, dann beweisen Sie sehr wohl Einfallsreichtum: Er nutzte nämlich seine Bekanntheit aus und verkaufte »original Kujau-Fälschungen«. Als schöpferischer und mit einem funktionierenden Ethik-Kompass ausgestatteter Mensch werden Sie im Normalfall derlei Niederungen nicht interessieren. Was jedoch schon interessant für Sie sein sollte, ist die Frage, wie andere in ihrem Schaffen vorgehen und was davon für Sie inspirierend und lehrreich sein kann. Fremder Federschmuck macht Sie zwar noch nicht zu einem Häuptling, aber er zeigt Ihnen, wie Sie Ihren eigenen Federschmuck erschaffen können – und wie Sie als Häuptling aussehen würden.

4. Analogien bilden

Die größten schöpferischen Leistungen werden Sie womöglich gar nicht in Ihrem eigenen Fachbereich erbringen, sondern in einem anderen. Der Grund dafür liegt auf der Hand: In einer neuen Materie gehen Sie die Dinge mit einer unbelasteten Sichtweise an. Allerdings nur dann, wenn dieser Bereich nicht allzu weit von Ihrem angestammten entfernt ist. Denn nur dann können Sie auch aus Ihrem alten Erfahrungswissen schöpfen, und zwar indem Sie Analogien bilden. Agatha Christies Detektivin Miss Marple löste ihre Fälle genauso, nämlich indem sie Parallelen zu Geschehnissen in ihrem kleinen Heimatort St. Mary Mead herstellte. Wenn Sie sich also mit einer neuen Materie beschäftigen, nützen Sie alles, was Sie an ähnlich gelagertem Wissen und Können zur Verfügung haben. Aber bewegen Sie sich nicht zu weit von Ihrem Bereich weg. Denn dann können Sie Ihr altes Wissen am produktivsten einsetzen. Es gilt daher: Schuster bleib *nicht* bei deinen Leisten – aber beweg dich nicht zu weit von ihnen fort.

5. Jagen und Sammeln

Ich kenne nur wenige schöpferische Menschen, die in Bezug auf ihre Materie nicht auch Jäger und Sammler sind. Bei manchen ist es sogar zu stark ausgeprägt und wird zu einer zwanghaften Sammelwut. Andere wiederum tragen nur das Nötigste zusammen und vertrauen darauf, dass ihnen auch so nichts Wesentliches entgeht. Wo auch immer Sie sich zwischen diesen beiden Polen befinden, Sie brauchen irgendein System, um Gedanken, Ideen oder Informationen festzuhalten, sei es eine Mappe, ein virtueller Notizblock oder eine Krimskramskiste. Dabei ist es jedoch gar nicht einmal so wichtig, ob Sie Ihr Sammelsystem auch regelmäßig nutzen – es wirkt bereits dadurch, dass Sie es haben. Vor vielen Jahren gab es einen etwas umständlichen Werbeslogan für Bausparen, der lautete: »Geld macht glücklich, wenn man rechtzeitig drauf schaut, dass man's hat, wenn man's braucht!« Dieser Spruch hat mich zwar nicht zu einem Bausparer gemacht, aber er illustriert sehr gut, worum es bei so einem Sammelsystem im Wesentlichen geht: nämlich darum, zu wissen, dass Sie in schöpferischen Trockenzeiten nicht nur auf geistigen Brotrinden herumkauen müssen. Zudem hat das Werkzeug Jagen und Sammeln auch noch andere positive Nebeneffekte: Es verbessert auf längere Sicht Ihren Geschmack und Ihre Fähigkeit, Gutes von Schlechtem zu trennen. Werfen Sie doch einmal einen Blick in die Aufzeichnungen, die Sie vor Monaten oder Jahren gemacht haben. Sie werden Dinge entdecken, die Ihnen damals bedeutsam erschienen sind, die Sie einmal bewegt haben. Das kann etwas unheimlich sein, in jedem Fall ist es unheimlich lehrreich. Und zuletzt wird Ihnen dieses Werkzeug als gute Basis dafür dienen, unerwartete Verknüpfungen zwischen verschiedenen Elementen herzustellen und Ihre eigenen Werke vielschichtiger zu machen.

6. Zusammenbringen

Über kein schöpferisches Werkzeug ist wohl mehr geschrieben worden als über dieses. Als laterales oder vernetztes Denken, »out of the box« oder Querdenken, Assoziation oder Bisoziation wird es mystifiziert, als wäre es der Stein der Weisen. Doch in Wahrheit handelt es sich dabei um ein einfaches Werkzeug, das zum Standardrepertoire jedes Schaffenden gehört. Geht es doch dabei um nichts anderes als darum, dass Sie Elemente auf eine Weise zusammenfügen, wie es zuvor noch nicht geschehen ist. Dazu müssen Sie über Wissen verfügen, das sowohl in die Tiefe als auch in die Breite geht. Sie müssen also gleichzeitig an vielem oberflächlich interessiert sein und eine Materie überdurchschnittlich gut beherrschen. Dabei ist eine Art Bastlermentalität hilfreich: die neugierige Freude, unterschiedliche Dinge zusammenzufügen und so Synthesen zu bilden. Eine besondere Form dieses Werkzeugs beherrschen Sie, wenn Sie es schaffen, unterschiedliche Menschen so zusammenzubringen, dass sie einander inspirieren und sich ihr Wissen und Können zu etwas Größerem verdichtet. Auch das ist schöpferisches Tun.

7. Tauschen

Sicherlich kennen Sie die Firma Panini. Vielleicht können Sie sie jetzt nicht gleich zuordnen, aber wenn Sie an die Fußballerbilder denken, die seit ewigen Zeiten alle Jahre wieder einen globalen Tauschrausch erzeugen, fällt es Ihnen sicher gleich wieder ein. Ich bin zwar kein ausgewiesener Fußballexperte, aber ich weiß, dass schöpferische Menschen im Prinzip genau dasselbe tun wie all die Fans verwegener Fußballerfrisuren: Es gehört einfach zu ihrem Handwerkszeug dazu, den einen etwas zu geben, was diese für ihr Schaffen brauchen, und von anderen wiederum etwas zu erhalten, das für sie selbst von Nutzen ist. Auf dieselbe Weise funktionieren auch Internetforen, Stillgruppen, Netzwerke und die Anonymen Alkoholiker. Sie sind dabei, weil sie etwas brauchen, und sie geben gerne etwas her, solange es sie nichts kostet. Interessant ist, zu beobachten, dass es dabei immer drei Rollen zu geben scheint: Initiatoren, Mitmacher und Zaungäste. Als Initiator organisieren Sie das Ganze, Sie kennen die Welt und vielleicht auch Gott. Und Sie besitzen auch sonst so viel, dass Sie gerne ein wenig davon hergeben. Als Mitmacher übernehmen Sie Teilaufgaben und sorgen so dafür, dass die Initiatoren nicht zu bald das Handtuch werfen. Und als Zaungast sind Sie vor allem zahlreich und stellen so sicher, dass die kritische Masse zustande kommt. Im Zentrum des Ganzen steht dabei immer der Austausch zu bestimmten Problemstellungen innerhalb einer Materie.

8. Loslassen

Kaum ein Werkzeug wird Ihnen bessere Dienste leisten als dieses, wenn Sie schöpferisch tätig sind. Und kaum eines ist schwerer zu handhaben und zu pflegen. Hätte ich einen Laden, in dem ich alle Werkzeuge des Schaffens vermieten würde, ich würde das Loslassen nur an halbwegs erfahrene Schöpfer abgeben. Um mit diesem Werkzeug umgehen zu können, müssen Sie zwei wesentliche Voraussetzungen erfüllen: Sie dürfen Ideen generell, besonders aber Ihre eigenen nicht allzu ernst nehmen und Sie müssen selbstkritisch sein. Denn nur kreative Anfänger halten ihre Ideen für so weltbewegend, dass sie nicht verworfen werden dürfen. Doch Ideen müssen sich erst einmal ihren Platz auf Erden erkämpfen. Ich habe einmal auf einer Tropeninsel erlebt, wie frisch geschlüpfte Schildkröten zum Wasser krochen, um dort von hungrigen Katzenhaien dezimiert zu werden. Schließlich nahm ich ein Schildkrötenbaby, hielt es in die Luft und schwamm an den Haien vorbei ins tiefe Wasser, um es zu retten. Es war wahrscheinlich ein jämmerlicher Versuch eines Städters, in den Lauf der Natur einzugreifen, aber ich war danach glücklich. Vielen Schaffenden geht es ähnlich, wenn sie eine Idee retten wollen. Doch in Wirklichkeit müssen Sie gleichzeitig Schildkrötenmama und Hai sein. Sie müssen laufend Ideen gebären und wieder verwerfen, das macht den gesamten Schaffensprozess oft so schmerzhaft.

Schaffen Sie es nicht, loszulassen, ergeht es Ihnen womöglich wie dem Vater eines Jugendfreundes von mir, der Cembalos – die barocken Vorgänger der Klaviere – baute. Immer wieder passierte es, dass dieser Mann seine Instrumente auftragsgemäß fertigstellte, aber dann nicht wie vereinbart hergeben wollte. Der Kunde musste mit leeren Händen von dannen ziehen, weil sich der Schöpfer einfach nicht von seinem Werk trennen konnte. Geld gab es natürlich auch keines. Die Einwände seiner aufgebrachten Familie tat der Vater wortkarg ab: »Dann essen wir halt Kartoffeln!«

9. Sich ohrfeigen lassen

Während Ihres Schaffens oder danach werden Sie auch Kommentare und Kritiken von anderen erhalten. Wahrscheinlich haben auch Sie ein zwiespältiges Verhältnis zu Feedback, zumindest geht es so den meisten Schaffenden, die ich kenne: Ihr Kopf wird Ihnen sagen, dass das, was Sie da hören oder lesen, wichtig und vielleicht sogar richtig ist. Ihr Bauch wird sich jedoch zusammenkrampfen: Er wollte es ehrlich gesagt gar nicht so genau wissen. Gerade wenn Sie viel investiert haben, sind Sie besonders sensibel, was kritische Rückmeldungen betrifft. Zu Recht wollen Sie nach Ihrer Veröffentlichung, Aufführung, Ausstellung oder nach Ihrem Produkt-Launch die Ernte einfahren. Und die Kritiker Ihres Schaffens machen Ihnen genau hier einen Strich durch die Rechnung. Wie auch beim Lampenfieber gewöhnen sich nur die wenigsten daran. Wenn Ihnen nämlich kritische Rückmeldungen völlig egal sind, ist das entweder ein Zeichen dafür, dass Sie nicht ganz ehrlich zu sich selbst sind und Sie einen Schutzmantel um sich errichtet haben. Oder aber es bedeutet, dass sich bei Ihnen Routine einzuschleichen beginnt, und das ist vielleicht der größte Feind für Schaffende. So gesehen funktioniert dieses Werkzeug wie ein GPS: Es weist Ihnen den Weg, auch wenn es immer wieder nervt. Es gibt allerdings gewisse Situationen, in denen Sie weiterkommen, wenn Sie das Navi über Bord werfen und Ihrer Intuition vertrauen.

10. Scheitern

Besuchen Sie einmal eine Buchhandlung und sehen Sie nach, wie viele Bücher Sie zum Thema Erfolg finden. Danach vergleichen Sie, wie viele Bücher es zum Thema Scheitern gibt. Das Verhältnis ist schätzungsweise tausend zu eins, wenn nicht weit größer. Das liegt nicht daran, dass uns Misserfolge nicht interessieren, im Gegenteil: Stellen Sie sich eine Party vor, auf der Ihnen jemand gerade detailreich seinen letzten Geschäftserfolg schildert. Am Stehtisch nebenan erzählt jemand anders, wie er erfolglos versucht hat, seine Katze vom Nachbarbaum zu holen und dabei in den Pool gefallen ist. Welche Unterhaltung fänden Sie interessanter? Dass es so wenig Literatur zum Thema Misserfolg und Scheitern gibt, liegt einfach daran, dass dieses Thema ein Tabu ist. Nur wenige reden darüber oder würden sich gar Bücher zu diesem Thema kaufen. Dabei gehören Fehler, Irrtümer, Rückschläge und Misserfolge zum Schaffen wie die Nacht zum Tag oder der Tod zum Leben. Soichiro Honda sagt sogar: »Erfolg ist zu 99 Prozent Scheitern.« Ich empfehle Ihnen, Scheitern nüchtern als das anzusehen, was es ist: das wertvollste Werkzeug Ihres Schaffens. Scheitern ist wie ein Zauberspiegel, der Ihnen ein anderes Ich zeigt, das Sie erschreckend hässlich finden. Sie wehren sich innerlich gegen dieses Spiegelbild, gleichzeitig sind Sie verunsichert, weil Sie nicht wissen, ob Sie jetzt der Mensch im Spiegel oder der vor dem Spiegel sind. Erst wenn Sie erkannt haben, dass Sie beides sind, haben Sie den schmerzhaften Prozess des Scheiterns überwunden. Er gleicht einer Wiedergeburt. Bevor Sie sich also einen Erfolgsratgeber zulegen, nutzen Sie dieses Werkzeug. Es macht Sie schöpferischer. Wenn Sie zu Ihrer Erleichterung eines der wenigen Bekenntnisse des eigenen Scheiterns kennenlernen wollen, schauen Sie sich J. K. Rowlings Harvard Commencement Speech auf YouTube an. Ich kenne wenige Berichte, die ähnlich aufrichtig und berührend sind. Auch Steve Jobs hält an demselben Ort übrigens seine berühmte »Stay young, stay foolish«-Rede. Zum Thema Scheitern sagt er darin, bezugnehmend auf seinen Rauswurf bei Apple: »Ich liebte noch immer, was ich tat. Es stellte sich als das Beste heraus, was mir jemals hätte passieren können … ich war wieder Anfänger!«

6. Die Grundfragen des Schaffens

»Ich saß gerade in der Cafeteria, als irgendein Typ zum Spaß einen Teller in die Luft warf. Als sich der Teller in der Luft drehte, sah ich, dass er eierte, und mir fiel das rote Medaillon der Universität auf dem drehenden Teller auf. Es war ziemlich offensichtlich für mich, dass sich das Medaillon schneller drehte als die Taumelbewegung des Tellers. Ich hatte gerade nichts zu tun und so begann ich, die Bewegung des drehenden Tellers zu berechnen. Ich weiß nicht mehr, wie ich es tat, aber letztlich rechnete ich die Bewegung der Masseteilchen aus. Ich erinnere mich aber noch, wie ich zu meinem Chef ging und sagte: ›Hey Hans! Mir ist etwas Interessantes aufgefallen,…‹ und ihm die Beschleunigungen zeigte. Er sagte: ›Feynman, das ist zwar recht interessant, aber wozu soll das gut sein? Warum machen Sie das?‹ ›Ha!‹ sage ich, ›es ist zu überhaupt nichts gut. Ich mache das nur zum Spaß.‹ Seine Reaktion schreckte mich nicht ab; ich hatte mich schließlich entschieden, von nun an Spaß an der Physik zu haben und das zu tun, worauf ich Lust hatte. Ich arbeitete weiter Taumelbewegungen aus. Es war leicht, mit diesen Dingen zu spielen. Es war, wie wenn man eine Flasche entkorkt: Alles floss mühelos heraus. Ich versuchte fast, mich dagegen zu wehren! Das, was ich tat, schien zunächst keinerlei Bedeutung zu haben, letztlich aber doch. Die Diagramme und die ganze Sache, für die ich den Nobelpreis bekam, das alles kam von diesem Herumspielen mit dem eiernden Teller.«

So beschreibt der Physiker Richard Feynman den Prozess einer Entdeckung, die maßgeblich zu seinem Nobelpreis beigetragen hatte.[1] Beschreibungen wie diese entsprechen dem gängigen Bild kreativen Schaffens: Das Genie macht in einer Mußestunde beiläufig eine Entdeckung, die allen anderen entgeht, und verändert dadurch mit spie-

---

[1] Surely You Are Joking, Mr. Feynman, Übersetzung, Kürzungen und Anmerkungen durch den Autor

lerischer Leichtigkeit die Welt. Die Praxis schöpferischer Menschen gestaltet sich jedoch weit vielschichtiger. Egal, mit welcher Materie Sie sich beschäftigen und ganz gleich, ob Sie wissenschaftlich, künstlerisch oder unternehmerisch schaffen: Sie müssen – neben den Auseinandersetzungen, die ich im vorangegangenen Abschnitt besprochen habe – immer wieder aufs Neue grundsätzliche Entscheidungen zwischen widersprüchlichen Polen treffen. Sie müssen während des Schaffensprozesses laufend Fragen für sich beantworten, die ich die Grundfragen des Schaffens nenne. Sie müssen Prioritäten setzen und Entscheidungen treffen. Viele Schaffende tun dies ohnehin unbewusst, was nicht weiter problematisch ist. Kritisch wird es nur, wenn Sie diese Grundfragen überhaupt nicht stellen.

Sie müssen sich darüber im Klaren sein, dass Sie diese Grundfragen des Schaffens nie letztgültig werden auflösen können, sondern immer nur für den jeweiligen Moment. Gelingt Ihnen dies jedoch, verbessern und beschleunigen Sie dadurch den Schaffensprozess enorm und vermeiden viele unnötige Blockaden, weil Sie Ihre Aufmerksamkeit auf die richtigen Dinge lenken. Die Grundfragen sind somit für Sie handlungsleitend und niemand anders kann sie beantworten als Sie selbst. Die sieben Grundfragen des Schaffens lauten:

1. Spiel versus Ernst

2. Weg versus Ziel

3. Grenzen versus Freiheit

4. Wissen versus Nichtwissen

5. Eigenes versus Fremdes

6. Wollen versus Nichtwollen

7. Weglassen versus Hinzufügen

Zwischen diesen sieben Grundfragen bestehen natürlich Querverbindungen, etwa so, als ob Sie der Reihe nach durch die Fenster eines runden Turmes blickten: Aus jedem Fenster sehen Sie auch einen Ausschnitt dessen, was Sie aus dem Nachbarfenster sehen können, aber im Zentrum Ihres Sichtfeldes sehen Sie etwas anderes als in den übrigen Fenstern.

Spiel versus Ernst

Geschichten wie die des Physikers Feynman scheinen den Mythos zu belegen, dass Kreativität einfach entsteht, indem Sie spielen. Das Gegenteil von Spiel ist bekanntlich Ernst und folglich wären Sie als ernster Mensch kaum kreativ, was sich ja recht rasch durch einen Blick auf Leute wie Beethoven oder Kafka widerlegen lässt. Der Denkfehler liegt schlicht darin, dass die scheinbare Einfachheit und spielerische Leichtigkeit, die große Gedanken, Werke oder Darbietungen auszeichnet, auch ihrem Entstehungsprozess zugeschrieben werden. Es ist jedoch grundsätzlich so, dass so gut wie immer, wenn etwas einfach wirkt, es das Ergebnis harter Arbeit ist. Michelangelo sagte dazu: »Der Künstler muss im Schweiße seines Angesichts danach streben, sein Werk mit Eifer und mit Mühe derart zu gestalten, dass es scheint, als sei es schnell und leicht und ohne Anstrengung entworfen.« Karl Valentin drückt dasselbe etwas pointierter aus, wenn er sagt: »Kunst ist schön, macht aber viel Arbeit.«

Als schöpferischer Mensch müssen Sie sich darüber im Klaren sein, wann die richtige Zeit zum Spielen ist und wann nicht. Die Grundfrage, die Sie immer wieder beantworten müssen, lautet folglich: »Soll ich mich der Sache noch weiter spielerisch nähern oder ist jetzt Zeit für ernsthaftes, systematisches Arbeiten?«

Die Antwort ist gar nicht so einfach, wie es vielleicht scheint, denn als Gesellschaft sind wir dem Spielen gegenüber sehr ambivalent eingestellt: Wer während der Arbeit spielt, ist nicht produktiv, sondern müßig, lautet die vorherrschende Meinung. Und Müßiggang ist etwas, das bestenfalls nach der Arbeit erlaubt ist, gilt doch: »Erst die Arbeit, dann das Spiel!« Wer es allerdings geschafft hat, das Spielen zu seiner Profession zu machen wie etwa

Sportler, Künstler oder auch Wissenschaftler wie Feynman, dem zollen wir allergrößten Respekt – und übersehen dabei gerne, wie viel Ernst in diesen Tätigkeiten steckt. Dass Spielen oft nichts mit Müßiggang zu tun hat, sondern viel mehr mit Konzentration und vor allem Erkenntnisgewinn, können Sie besonders gut erkennen, wenn Sie Kindern zusehen, die allein spielen. Nicht umsonst nennt Gorki dieses Spiel »den Weg der Kinder zur Erkenntnis der Welt, in der sie leben«.

Selbstverständlich brauchen Sie in Ihrer schöpferischen Arbeit beides, Ernst und Spiel. Wahrscheinlich kämpfen Sie regelmäßig mit diesem Spannungsfeld aus spielerischem und ernstem Arbeiten. Sie müssen vielleicht gleichzeitig ernsthaft und verspielt, intelligent und unintelligent, verantwortlich und unverantwortlich, wissenschaftlich und unwissenschaftlich sein. Sie spüren diese Spannung vielleicht nicht nur in sich, sondern auch zwischen sich selbst und Ihrer Umwelt, die oft nicht beurteilen – geschweige denn anerkennen – kann, ob Sie gerade schöpferisch arbeiten oder nicht. In früheren Agrar- oder Industriegesellschaften war der Unterschied zwischen Ernst und Spiel leicht auszumachen. Bei den heutigen Wissensarbeitern ist das oft nicht möglich. Gleichzeitig lebt aber das Vorurteil vom Spiel als Müßiggang in unseren Köpfen weiter. Das treibt in den Seelen schöpferischer Menschen oft die seltsamsten Blüten: Ich habe von einem bekannten Schriftsteller gehört, der jeden Morgen einen Anzug mit Krawatte anzieht, anschließend in seinen Keller geht, dort den Anzug wieder auszieht, um sich dann – und erst dann – ans Schreiben zu machen. Er braucht das, um seiner Tätigkeit den nötigen Ernst zu verleihen, wie er sagt. Ein anderer Schöpfer, er ist Wissenschaftler, gibt sich die Erlaubnis zum Spielen dadurch, dass er sich vorstellt, er wäre im Gefängnis. Denn hier spielt es keine Rolle, wie lange etwas dauert.

Wenn Sie mit einer Materie spielen, erkunden Sie sie neugierig und konzentrieren sich auf den Moment. Es bedeutet, dass Sie gerade im besten Sinn Amateur – also Liebhaber – sind und der Lust an der Sache den Vorrang gegenüber Professionalität und Leistung geben. Sie spielen zwar nicht ziellos oder gar absichtslos, es ist jedoch meist nicht Ihr Ziel, etwas Konkretes hervorzubringen, sondern am ehesten eine vage Idee. Spielen ist wie Essen, Schlafen oder Sex: Sie tun es nicht um der Effektivität willen, sondern um sich Ihre Sinnlichkeit zu erhalten und damit Ihr Vermögen, sich berühren zu lassen. Spielen schafft daher die Voraussetzung für Ihr schöpferisches Tun. Ernsthaftigkeit wiederum brauchen Sie, damit aus dem entstandenen Ideenkeim etwas wachsen kann. Hier geht es also sehr wohl um Ihre Disziplin und um Ihre Leistung. Denn schließlich geht es um die Verwirklichung Ihrer Ideen, darum, dass Sie das ausdrücken, was ansonsten nur in Ihrem Kopf bleibt. Ob der Schaffensprozess gerade Spiel oder Ernst braucht und wie Sie beides in das richtige Verhältnis bringen, müssen Sie als erste Grundfrage des Schaffens immer wieder aufs Neue beantworten.

Weg versus Ziel

»Glücklich gemacht hat mich das Erlebnis des absolut perfekten Bewegungsablaufs«, sagt der Olympiasieger und Skiflug-Weltmeister Toni Innauer.[1] Und weiter: »Wenn die Synapsen, die sich jahrelang unglaublich angestrengt haben, im richtigen Moment so konzertieren, dass sich alles ideal zusammenfügt, dann kommt man beim Absprung und beim Fliegen in einen Flow. Der ist so schön, dass man nur schreien könnte vor Glück. Mit der Bewertung der Kampfrichter danach hatte das nichts zu tun. Das Glück war auch da, wenn ich ›nur‹ vor dem Trainer gesprungen bin.« Der Spitzensportler beschreibt ein Phänomen, das allen schöpferischen Menschen wohlbekannt ist: Sie finden Sinn, intrinsische Motivation oder eben das sogenannte Flow-Erlebnis im Tun selbst, unabhängig vom Ergebnis. Sie vertiefen sich so in ihr schöpferisches Tun, dass dieses zum Selbstzweck wird, und begründen das dann gerne mit dem konfuzianischen Spruch, dass der Weg eben das Ziel sei. Der Weg ist jedoch der Weg und das Ziel ist das Ziel. Franz Kafka drückt das noch drastischer aus: »Es gibt ein Ziel, aber keinen Weg; was wir Weg nennen,

[1]   Der Standard, 5.11.2011.

ist Zögern.« Es ist nämlich ein ganz maßgeblicher Unterschied, ob Sie sich im Hinarbeiten auf ein forderndes und gefordertes Ergebnis auf den Prozess des Schaffens konzentrieren oder ob Sie den Prozess selbst als den einzigen Zweck Ihres Tuns ansehen. Der Unterschied dieser beiden Haltungen gleicht dem Unterschied zwischen einem Profi und einem Amateur, zwischen einem echten Innovator und einem versponnenen Erfinder, zwischen einem echten und einem Pseudo-Künstler. Sie müssen selbstverständlich immer beides im Auge behalten, den Weg und das Ziel, den Prozess und das Resultat Ihres Schaffens. Die einzige sinnvolle Frage lautet: Worauf soll ich mich im Moment stärker konzentrieren? Soll ich jetzt besser weiter konzentriert vor mich hinarbeiten, weil mich eine zu starke Fixierung auf das Ergebnis einschränkt? Oder soll ich mich jetzt besser auf das Ziel konzentrieren, weil ich Gefahr laufe, mich im Kreis zu drehen und dabei zu verlieren? Für beide Entscheidungen werden Sie gute Gründe finden.

»Wer von Anfang an genau weiß, wohin sein Weg führt, wird es nie weit bringen«, sagte Napoleon. Und er spricht Ihnen sicherlich aus der Seele, wenn Sie sich durch Pläne, Zielvorgaben oder Abgabetermine einerseits und fordernde Manager, Agenten oder Kunden andererseits in Ihrem Schaffen eingeschränkt fühlen. Wer immer nur das Ergebnis – und nur das Ergebnis – vor Augen hat, wird wohl kaum je die Wachsamkeit für die vielen wichtigen Details entwickeln, die für das Schaffen essenziell sind. Wer immer nur auf der Autobahn fährt, dem werden die vielen Dinge entgehen, die sich am Rande kleiner Bergstraßen finden lassen. Andererseits laufen Sie Gefahr, nirgendwohin zu gelangen, wenn Sie nur die netten Bergstraßen befahren. Sie kennen vielleicht die Geschichte von dem Mann, der orientierungslos bei Nebel im Schnee umherstapft und plötzlich auf Spuren stößt, die offensichtlich in dieselbe Richtung gehen. Erfreut folgt er ihnen, und es werden immer mehr. Der gute Mann sieht sich hocherfreut bestätigt, bis er erkennen muss, dass all die Spuren seine eigenen waren und er die ganze Zeit im Kreis gegangen ist. Um weder dem einen noch dem anderen Schicksal zu erliegen, müssen Sie die zweite Grundfrage des Schaffens immer wieder für sich beantworten.

Grenzen versus Freiheit

Mit zwanzig, nach zehn Jahren Studium der klassischen Musik, wollte ich wissen, was ich eigentlich die ganze Zeit wirklich tat. Reichlich spät, werden Sie vielleicht denken. Natürlich war mir klar, was ich rein technisch die vergangenen zehn Jahre gemacht hatte. Ich wollte jedoch wissen, wie viel das eigentlich mit künstlerischem Schaffen zu tun hatte. Daher kaufte ich einige Bücher zum Thema Kunst, um darin die Antwort zu finden: unter anderem ein in jeder Hinsicht sperriges Werk über Musiksoziologie etwa oder Kandinskys Klassiker *Punkt und Linie zu Fläche*, das mir zwar meine Frage nicht beantwortete, aber erstmalig die abstrakte Malerei nahebrachte. Auch ein Buch des etwas weniger bekannten, aber ebenso interessanten Malers und Musikers Arik Brauer war mir in die Hände gefallen, *Das Runde fliegt*. Darin beschreibt der Künstler unter anderem, wie er ideenlosen Kunststudenten auf die Sprünge hilft: Wenn sie ein Haus zeichnen müssen und nicht wissen, wie sie es angehen sollen, empfiehlt er ihnen, bloß eine Mauer dieses Hauses zu zeichnen. Wenn sie es dann noch immer nicht wissen, rät er ihnen, einen Ziegel dieser Hausmauer zu zeichnen. Mit einem Wort schränkt der Lehrer die Freiheitsgrade seiner Schüler immer mehr ein, um sie kreativer zu machen. Das mag wie ein Widerspruch klingen. Ist denn nicht gerade Freiheit für Ihre Kreativität eine wesentliche Grundvoraussetzung? Sollte diese Freiheit nicht gefördert werden, anstatt eingeschränkt? Genau das ist die dritte zu beantwortende Grundfrage des Schaffens. Sie lautet: Soll ich bestehende Grenzen schöpferisch nützen oder mich über sie hinwegsetzen? Es ist wohl offensichtlich, dass Sie sich nie auch nur im Entferntesten gänzlich von Grenzen, Regeln oder Notwendigkeiten werden befreien können. Letztlich stimmt es vielleicht, dass Ihnen »nur die Angst Grenzen setzt«, wie der Regisseur Ingmar Bergmann meint. Doch auf einer praktischen Ebene sind Sie in Ihrem Schaffen ebenso durch innere wie äußere Notwendigkeiten und Einschränkungen begrenzt: etwa durch die Normen und Konventionen Ihres Metiers oder der Gesellschaft, durch die technischen Grenzen des Materials oder des Mediums, die Begrenztheit des Wissens und des Vorstellungsvermögens Ihrer Epoche und vieles mehr. Wissenschaftler, Künstler, Ärzte, Techniker, Entrepreneure und auch Leistungssportler müssen sich alle erst durch die Paradigmen, Normen und Konventionen ihres jeweiligen Metiers durcharbeiten und diese Begrenzungen anerkennen, bevor sie sich die Freiheit nehmen können, sie zu hinterfragen oder zu übertreten.

Alle diese Grenzen haben eine wichtige stabilisierende Funktion und entgegen dem gängigen Mythos sind Regelbrecher nicht erfolgreich, wenn sie sich zu weit von diesen Regeln entfernen, sondern sie scheitern. Apples Newton, der Vorgänger des iPhone in den 1990er-Jahren, setzte sich über damals etablierte Regeln hinweg, wie Personal Digital Assistants – so nannte man das damals – zu sein hatten. Aber er war eben seiner Zeit zu weit voraus, denn es brauchte erst die Mobilfunktechnologie sowie starke Prozessoren und Speichermedien, um in den Augen der Kunden stimmig zu sein.

Kreativität besteht eben entgegen der landläufigen Meinung viel weniger darin, dass Sie Grenzen überschreiten, sondern dass Sie bislang unbekannte Kombinationen innerhalb bestehender Grenzen finden. Es ist weniger die Freiheit, sondern die Not, die Sie erfinderisch macht. Not – im Sinne von Notwendigkeit, Zwängen und Einschränkungen – fordert Sie auf, aus dem Vorhandenen etwas zu schaffen, anstatt sich in unbegrenzten Möglichkeiten zu verlieren. Grenzen zwingen Sie dazu, das Hier und Jetzt als Ausgangspunkt Ihres Schaffens zu nehmen, daher ist es gut, diese Grenzen und ihren Wert anzuerkennen. Freiheit finden Sie mindestens genauso gut innerhalb von Grenzen wie außerhalb. Schöpferische Arbeit ähnelt der harten Meditationspraxis, durch die Zenmönche zur Erleuchtung gelangen. Gerade gute Ideen entstehen nicht im luftleeren Raum. Sie sind zumeist Neben- oder gar Abfallprodukte Ihrer intensiven Beschäftigung mit einer Materie als die Früchte Ihrer großen Freiheit.

Der Unterschied zwischen schöpferischen und nichtschöpferischen Menschen liegt nicht im Grade ihres Freidenkertums oder ihrer Rebellion gegen Grenzen. Er liegt vielmehr darin, dass Sie als schöpferischer Mensch die vorhandenen Grenzen im richtigen Gleichgewicht einerseits anerkennen und andererseits kritisch hinterfragen.

Denn natürlich werden Sie wohl kaum jemals etwas Eigenständiges erschaffen, wenn Sie sich ausschließlich im Rahmen bestehender Grenzen bewegen, vor allem aber, wenn Sie diese Grenzen nie infrage stellen. Beides, das Hinterfragen wie das Übertreten von Regeln, erfordert nicht nur einen stark entwickelten Möglichkeitssinn, sondern auch Mut.

Vor längerer Zeit verbrachte ich einmal einen Urlaub auf Kreta. Ich fuhr zwei Wochen lang allein mit dem Motorrad über die Insel und tat nichts anderes, als meine Freiheit zu genießen und einfach anzuhalten, wo es mir gerade gefiel. Bei einem dieser Stopps bemerkte ich neben einem Haus mit geschlossenen Fensterläden einen jüngeren Hund, der in der gleißenden griechischen Mittagssonne an einem Pflock angekettet war. Um ihn herum spielten und rauften einige Straßenköter und reizten den wehrlosen kleinen Hund dabei. Ich sah mich um, fand jedoch keine Menschenseele in der Nähe. Der Hund tat mir unendlich leid. Wie konnte man einen kleinen Hund anketten und dann noch in der Sonne seinem Schicksal und anderen, bösartigen Hunden überlassen? Ich beschloss, dem kleinen Hund seine wohlverdiente Freiheit zu schenken. Mit etwas Überwindung gelang es mir, trotz des Gebells rings um mich zu dem angeketteten Hund vorzudringen und ihn von seiner Kette zu befreien. Doch dann passierte Folgendes: Anstatt, wie ich es erwartet hätte, voller Freude Reißaus zu nehmen, tat der kleine Hund genau dasselbe, was er angekettet auch getan hatte: Er hielt sich dicht an seinen Pflock, verteidigte sich kläffend gegen die anderen und machte keinerlei Anstalten, sich seiner frisch gewonnenen Freiheit zu erfreuen. Ich war bitter enttäuscht. Nie wieder, so schwor ich mir, würde ich einem so dämlichen Wesen ein so nobles humanitäres Angebot machen, noch dazu unter Einsatz meiner Gesundheit! Ich fuhr mit meinem Motorrad weiter, doch an diesem Tag fiel es mir schwer, meine Freiheit zu genießen.

Wir Menschen sind dem kleinen Kettenhund nicht unähnlich: Es fällt uns in der Regel schwer, die uns möglichen Freiheitsgrade zu erkennen und zu nützen. Sogenannte Kreative sind hier nicht viel anders als alle anderen: Auch und gerade sie brauchen ihre Gewohnheiten und Rituale, manchmal sogar auf fast zwanghafte Weise, wie das Beispiel unseres Schriftstellers im Anzug zeigt. Allerdings müssen Sie als schöpferischer Mensch besser einschätzen können, wo Sie mutig sein müssen und wo nicht, welches Risiko Sie eingehen können oder sogar müssen und welches nicht, kurz: wie viel Freiheit sinnvoll ist. Das gilt für Entrepreneure genauso wie für Künstler, Wissenschaftler und gesellschaftliche Erneuerer. Bewegen Sie sich zu weit von den geltenden Grenzen weg, werden Sie nicht anschlussfähig sein und daher nicht verstanden werden – höchstens vielleicht in einer späteren Epoche, aber sicherlich nicht zu Lebzeiten, wie die Helikopter Leonardo da Vincis zeigen. Hinterfragen Sie die Grenzen überhaupt nicht, werden Sie keine Inspiration finden. Die dritte Grundfrage des Schaffens zu beantworten bedeutet, hier das richtige Maß zu finden.

Wissen versus Nichtwissen

Kürzlich traf ich einen alten Bekannten, den ich seit knapp zehn Jahren nicht mehr gesehen hatte. Zuletzt hatte er im Außendienst gearbeitet und sich in seiner Freizeit mit seinem Hobby, der Belebung von Wasser, beschäftigt. Er war auf die Spur eines Erfinders aus dem 19. Jahrhundert gestoßen und hatte auf dessen Wissensbasis begonnen, Apparaturen zu bauen, die »unbelebtes Wasser energetisieren« sollten. Damals hielt ich dies für eine etwas schräge esoterische Idee, musste aber zugestehen, dass bereits ein paar Leute recht viel Geld mit Ähnlichem verdient hatten. Daneben machte er leidlich Musik mit einer Band, für deren erste Aufnahme ich sogar einmal auf sein Drängen hin ein Keyboardsolo eingespielt hatte. Beides, seine Erfindungen und die Musik, hatte mein Bekannter mit großer Leidenschaft betrieben, und immer wenn wir uns trafen, erzählte er mir voller Enthusiasmus, wie er seinen Zielen wieder näher gekommen war.

Nun also trafen wir uns zufällig wieder, nachdem wir uns für zehn Jahre gänzlich aus den Augen verloren hatten. Wir freuten uns beide über das Wiedersehen und seine Freude steigerte sich zu großer Begeisterung, als er mich fragte, ob ich für seinen Welthit – wobei er eigentlich vor allem an den chinesischen Markt dachte – nochmals besagtes Keyboardsolo einspielen wollte. Vertraglich sei alles, vor allem die Aufteilung der Tantiemen, bereits sauber geregelt. Ich erwiderte, dass das Einspielen wohl jeder Dreijährige könne, doch er entgegnete, dass es doch um die persönliche Note, um »meinen unverwechselbaren Beitrag« ginge. Etwas enttäuscht drückte er mir die Demo-CD in die Hand, ich möge es mir doch überlegen. Daraufhin wechselte ich das Thema und fragte ihn, was sich sonst so täte in seinem Leben. Sofort war das enthusiastische Leuchten wieder da. Die Apparaturen zur Wasserbelebung! Es würde sicher etwas ganz Großes werden, das *wusste* er. Seinen Lebensunterhalt verdiene er sich nach wie vor im Außendienst, erzählte er und fügte hinzu, dass er damit zwar keine Familie erhalten könne, dass das Leben aber offensichtlich für ihn einen kreativeren Weg bereithielt. Ich wünschte ihm alles Gute und versprach, mir die CD anzuhören.

Diese Geschichte ist weder erfunden noch übertrieben, sie hat sich genauso abgespielt. Vielleicht denken Sie jetzt, dass es einfach unverbesserliche Träumer gibt, aber das würde zu kurz greifen. Denn ist es nicht genau diese Fähigkeit, an eine Sache mit Herzblut heranzugehen und sie auch konsequent weiterzuverfolgen, die wir an großen Schöpfern so bewundern? Die Frage, wie weit wir an unsere Idee glauben und wann wir besser skeptisch sein sollten, ist eine weitere Grundfrage, die Sie sich als schöpferischer Mensch immer wieder aufs Neue stellen müssen. Konkret lautet sie: *Soll ich meiner Überzeugung vertrauen oder sie kritisch hinterfragen?* Sollen Sie also dem Gefühl nachgeben, es innerlich zu wissen, oder wäre es jetzt besser für Sie, aus der Perspektive des Nichtwissens heraus zu handeln und zu zweifeln? Für die meisten schöpferischen Menschen ist diese Frage fundamental. Auch sie lässt sich weder von anderen noch allgemeingültig beantworten, im Gegenteil: Manchmal ist der Zweifel, die Skepsis, das Fragenstellen der bessere Ratgeber, dann wieder der Glaube an das Werk, die These oder die Idee. Und selbst wenn die Beurteilung von außen – siehe das Beispiel meines Bekannten – verhältnismäßig leichtfällt, so sieht die Sache aus Ihrer Innensicht als schöpferischer Mensch ganz anders aus.

Als innovativer Unternehmer sehen Sie sich im Dilemma zwischen Ihrer Vision, der Sie überzeugt folgen, und den Widrigkeiten der alltäglichen Verwirklichung. Als Wissenschaftler sehen Sie sich im Dilemma, bereits Antworten geben zu müssen, obwohl Sie noch gerne Fragen stellen würden. Als Künstler müssen Sie die Balance finden zwischen der Erhaltung Ihrer naiven Frische und Ihrer wachsenden Reife und Routine.

Die vierte Grundfrage des Schaffens zu beantworten bedeutet, die Grundpolarität zwischen Möglichkeitssinn und Wirklichkeitssinn zu akzeptieren und immer wieder neu zu beantworten. Die Spannung aus sturem Stolz einerseits und demütigem Zweifel andererseits kann dabei ganz schön anstrengend sein. Klar ist jedoch, dass es beides braucht: einerseits die innere Sicherheit und das Zutrauen, dass das eigene Schaffen letztlich zielführend ist, und andererseits den korrigierenden Zweifel, der uns hinterfragen lässt, ob der eingeschlagene Weg auch wirklich richtig ist. Hier das Wissen, dass etwas daraus wird, da das Nichtwissen, das uns wachsam bleiben lässt. Eine Garantie für Ihre richtige Entscheidung gibt es dabei nie – diese Grundfrage nicht zu stellen ist jedoch garantiert falsch.

Wollen versus Nichtwollen

Ähnlich wie die vorhergehende Grundfrage ist auch diese Polarität Wollen versus Nichtwollen Ihr ständiger Begleiter als schöpferischer Mensch. Die Frage lautet: Soll ich momentan meiner bewussten Absicht folgen oder soll ich oder den Dingen absichtslos ihren Lauf lassen? »Der Wille ist eine große Kraft«, schrieb der weltweit erste Professor für Psychiatrie, Johann Heinroth, im Jahre 1818 unter dem originellen Pseudonym Treumund Wellentreter[1]: »Der Wille ist das ursprünglichste Wesen der Schöpferkraft, welche die Welten schafft. Durch den Willen sind wir der Gottheit verwandt. Viele Menschen haben nur die Anlage zum Willen, aber nicht die als wirkender Wille ins Leben tretende Kraft.« Etwa hundert Jahre später

---

[1] *Gesammelte Bände*, 2. Band

schrieb die Schriftstellerin Marie von Ebner-Eschenbach Ähnliches etwas pointierter. Sie meinte: »Zwischen Können und Tun liegt ein großes Meer und auf seinem Grunde gar oft die gescheiterte Willenskraft.« Wollen und Wirken, Schöpferkraft und Willenskraft – der Zusammenhang scheint also schon lange offensichtlich. Gerade in der westlichen Kultur schreiben wir den Willen sehr stark dem Individuum und auch dem Göttlichen zu. In östlichen Kulturen ist das grundsätzlich anders. Vielleicht haben Sie sich mit indischer Philosophie beschäftigt und kennen den Begriff des All-Einen oder Sie haben vielleicht Laotses *Tao Te King* gelesen, wo es heißt: »Der Weise trachtet nie nach dem Großen, folglich erlangt er Größe.« Das liest sich doch etwas anders als westliche Sprüche wie: »Wo ein Wille ist, da ist ein Weg.«

Dass schöpferische Menschen sich durch die Kraft ihres Willens leiten lassen, ist eben nur die halbe Wahrheit. Selbstverständlich brauchen Sie für Ihre schöpferische Arbeit einen starken Willen. Die größere Gefahr besteht jedoch oft gar nicht in einer fehlenden, sondern in einer falsch verstandenen Willenskraft – nämlich dann, wenn Sie etwas erzwingen wollen und nicht loslassen können. Der Grund für diese Gefahr liegt auf der Hand: Als schaffender Mensch sind Sie durch Ihr Interesse und Ihre intensive Beschäftigung mit Ihrer Materie eng mit dieser verbunden. Sensiblere Naturen erleben dieses Verbundensein sogar als eine gewisse Hassliebe. Als professioneller Schöpfer unterscheiden Sie sich ja von Amateuren vor allem dadurch, dass Sie noch weiter schaffen, auch wenn Sie schon längst keine Lust mehr dazu haben. Ihr starker Wille wird jedoch an verschiedenen Stellen auf seine Grenzen stoßen. Genau dann ist eine völlig entgegengesetzte Fähigkeit gefragt, nämlich dass Sie loslassen können.

Diese Fähigkeit des Nichtwollens brauchen Sie ganz besonders, wenn beispielsweise inhaltlich einfach nichts weitergehen will, weil sich das Material oder die Materie Ihrem Willen zu widersetzen scheint. Sie brauchen sie auch, wenn Ihre Freude über etwas Geglücktes oder die Enttäuschung über etwas Missglücktes zu stark wird. Schließlich müssen Sie loslassen können, wenn Ihnen kritische Rückmeldungen von anderen unerträglich erscheinen. Vor allem aber ist es Zeit, sich in der Kunst des Nichtwollens zu üben, wenn sich bei Ihnen ein grundlegendes Gefühl der Orientierungslosigkeit, Identitätslosigkeit oder des Scheiterns einstellt.

Ich habe in meinen unterschiedlichen schöpferischen Tätigkeiten mindestens ebenso oft die Ohnmacht des Nicht-weiter-Wissens oder des Misslingens gespürt wie das Gefühl, die Welt aus den Angeln heben zu können. Die Kunst besteht dabei schlicht darin, »einmal öfter aufzustehen, als man umgeworfen wird«, wie es Churchill ausdrückte. Zwischen dem Umgeworfenwerden und dem Aufstehen empfehle ich Ihnen jedoch erst einmal, sich ein ruhiges Plätzchen zu suchen und dort ein Weilchen liegen zu bleiben – um Distanz zu gewinnen, wieder Kräfte zu sammeln, allein oder mit anderen die Sache zu reflektieren oder einfach wieder den Blick darauf zu lenken, wie schön das Leben auch abseits Ihres Schaffens sein kann.

Meist stellt sich dann die Frage recht radikal: »Soll ich weitermachen oder aufhören?« Es ist sicherlich besser, sie zuerst einmal etwas differenzierter zu stellen, nämlich: »Wie soll ich weitermachen und was brauche ich dazu?«, und erst in letzter Konsequenz die Gretchenfrage zu stellen. Und selbst dann, wenn Sie sich entscheiden müssen, einen Gedanken, eine Idee, ein Projekt, ein Werk nicht mehr weiterzuverfolgen, muss noch nicht aller Tage Abend sein. Wirklich gute Ideen tauchen oft an unvermuteter Stelle wieder auf und fügen sich – wenn auch vielleicht Jahre später – mit anderen Ideen zu einem noch besseren Ganzen. Gänzlich loslassen bedeutet daher, die Bereitschaft zu haben, sich völlig zu lösen, gleichzeitig aber wachsam zu bleiben für den Fall, dass scheinbar Verlorengegangenes oder Abgeschlossenes wieder in neuer Gestalt erscheint. Steve Jobs sagt dazu in seiner Stanford-Rede: »Du kannst die Dinge nicht vorausblickend zusammenfügen, erst rückblickend. Daher musst du vertrauen, dass sie sich in Zukunft irgendwie zusammenfügen, und das gibt dir die Zuversicht, deinem Herz zu folgen.«

Diese Balance zwischen Wollen und Nichtwollen zu finden ist vielleicht eine der schwierigsten Herausforderungen für schöpferische Menschen. Eine gute, gleichsam erfrischende wie schmerzhafte, aber vor allem lehrreiche Übung dafür ist es, wenn Sie sich frühere Ideen, Vorhaben oder Werke durchsehen. Erfrischend, weil Sie dann oft aus der Distanz erkennen werden, wie naiv Ihre Vorstellungen waren. Schmerzhaft, weil Sie zugeben werden müssen, dass vieles anders geworden ist, als Sie es gerne gehabt hätten. Lehrreich wird es schließlich sein, weil Sie sehen werden, wie lange gewisse Ideen bereits in Ansätzen vorhanden waren, bevor sie an ganz anderer Stelle Gestalt angenommen haben.

Ich erinnere mich noch gut an eine etwas bizarre Begegnung, die schon etwas länger zurückliegt. Über eine Kleinanzeige hatte ich ein Mikrofon entdeckt und machte mich auf, um es beim Verkäufer zu begutachten. Er war einige Jahre älter als ich und seine Wohnung war recht nett eingerichtet. Was mir jedoch sofort auffiel, war die Unmenge an Vinylplatten, die er besaß – es waren buchstäblich Wände voller Platten. Jetzt kannte ich natürlich einige Leute mit Unmengen von Vinylplatten, aber diese waren alle aus den 1980er-Jahren, und zwar ausnahmslos Disco-Hitsingles, jede in dreifacher Ausfertigung, damit jeder Song auch wirklich gut erhalten bleibe, wie mir ihr Besitzer erklärte. Heutzutage wäre das Ganze ein Vermögen wert und der Eigentümer eines solchen Schatzes in DJ-Kreisen hochgeehrt. Mein Mikrofonverkäufer jedoch war sofort sehr niedergeschlagen, als ich ihn darauf ansprach. Ja, meinte er mit traurigem Blick, diese Scheiben habe er alle aus Ibiza mitgenommen, wo er in den 80ern als Discjockey tätig war. Jetzt habe er ein Schulkind und müsse hier bleiben. Doch dann, plötzlich, funkelten seine Augen: »Aber irgendwann«, sagte er mit geheimnisvoller Entschlossenheit und sah auf seine Plattenwände, »irgendwann gehe ich wieder zurück und mache das wieder!« Ich will nicht ausschließen, dass das im Bereich des Möglichen hätte liegen können und sogar zu einem großen Comeback-Erfolg hätte führen können. Wahrscheinlich aber hätte der gealterte Diskjockey besser daran getan, mit dem Kapitel abzuschließen und sich ehrlicherweise einzugestehen: Diese Sache ist gestorben, mal sehen, ob sie einmal in irgendeiner anderen Form wieder reinkarniert. Er hatte jedoch an seinem Wunsch, an seinem Wollen über all die Jahrzehnte festgehalten.

Eigenes versus Fremdes

Ich muss an dieser Stelle ein Geständnis machen: Ich bin ein bekennender Fan von Hansi Hinterseer. Nicht unbedingt wegen seiner Musik. Auch nicht wegen seiner Frisur oder Fußbekleidung, beides ist sicherlich eine Sache für sich. Auch nicht wegen seiner durchaus beachtlichen Gabe der Alterslosigkeit. Und nicht wegen seiner offensichtlichen Leichtigkeit, sich in einem Genre zu bewegen, das durchaus in der Lage ist, körperlichen Schmerz hervorzurufen. Nein, ich bin ein Fan von Hansi Hinterseer, weil er es wie nur wenige schafft, völlig glaubwürdig er selbst zu sein und gleichzeitig die durchaus tiefen Bedürfnisse anderer zu befriedigen.

Ich habe bereits im letzten Kapitel über die Auseinandersetzung mit den Empfängern des eigenen Schaffens geschrieben, dass Sie sich als schöpferischer Mensch darüber klar werden müssen, was Sie bei wem auslösen wollen. Im Schaffensprozess selbst müssen Sie diese Grundfrage immer wieder ganz konkret entscheiden. Sie lautet: Soll ich jetzt meinen eigenen Prinzipien und Werten folgen oder soll ich mich an den Bedürfnissen und Vorstellungen anderer orientieren? In der zitierten Stanford-Rede empfiehlt Steve Jobs den Absolventen, »nicht das Leben anderer zu leben«, und betont damit klar den ersteren Aspekt. Diese Empfehlung klingt zwar gut, ist aber für die meisten Menschen weder möglich noch empfehlenswert. Bei allem Respekt frage ich mich, ob er das auch seinen eigenen kreativen Mitarbeitenden gesagt hat, denn: Nachdem Sie immer *für* jemanden schaffen, hat dieser Jemand, sei es ein Kunde oder Auftraggeber, der zuständige Manager oder Agent, die Fan- oder wissenschaftliche Gemeinschaft, meistens auch ein Wörtchen mitzureden. Das Bild, dass Sie als Kreativer ganz allein Ihren Weg gehen, ist zwar vielleicht ein verlockendes, aber wie gesagt ein romantisches Zerrbild. Vor dem Aufkommen des Bürgertums konnte davon keine Rede sein: Ein Mozart, ein Bruegel oder die Medici, sie alle arbeiteten für Auftraggeber, meist Kirche oder Adel. Und gerade heute finden Sie sich als schöpferischer Mensch in unterschiedlichsten Abhängigkeiten wieder, seien es Projektpartner, Förderstellen oder einfach Kunden. Der Anspruch, Sie könnten nur Ihre eigene Sache verfolgen, lässt sich daher nicht einlösen.

Die Grundfrage Eigenes versus Fremdes beginnt jedoch bereits viel früher im Schaffensprozess. Nämlich dort, wo Sie sich von den Ideen, Gedanken und Werken anderer inspirieren lassen. Dass Sie besser gute Ideen anderer verarbeiten als mittelmäßige eigene, habe ich schon erwähnt. Es geht ja wie gesagt nicht darum, dass Sie etwas nie Dagewesenes erschaffen, sondern darum, dass Sie bestehende Elemente zu einer neuen Stimmigkeit bringen. Die erste Computermaus hing nicht an einem Mac, sondern wurde bereits 1963 von Douglas Engelbart erfunden. Und wen das Design der Apfelmarke ob seiner Originalität begeistert, der schaue sich an, was Dieter Rams ebenfalls in den 1960ern für das deutsche Unternehmen Braun entworfen hat. Gutes zu übernehmen ist ja in keiner Weise verwerflich, solange daraus etwas Eigenständiges entsteht. Sie müssen jedoch die richtige Balance aus Eigenem und Fremdem finden, und zwar ebenfalls in allen Phasen des Schaffensprozesses. Sie werden sich immer wieder an Vorbildern orientieren und an anderen messen (lassen), gleichzeitig aber danach streben, etwas Eigenständiges zu schaffen. Das ist kein Widerspruch und auch nichts, was es zu vermeiden gilt, im Gegenteil: In den meisten Fällen wird das Ergebnis besser, je stärker beides ist: das Sich-Messen an und mit anderen einerseits und das Sich-Messen an und mit sich selbst andererseits.

Problematisch sind hier lediglich die beiden Extreme: wenn Sie nichts Eigenes beitragen, sondern nur plagiieren, oder aber wenn Sie sich verbiegen und sich quasi prostituieren, indem Sie ausschließlich die Wünsche anderer erfüllen. Das gilt natürlich auch für Entrepreneure und ihr Angebot am Markt, denn Kundenorientierung ist etwas völlig anderes als Anbiederung und Willfährigkeit. Aber auch das andere Extrem – ausschließlich die eigenen Vorstellungen zu verfolgen – wird Sie nicht produktiv machen, wenn Sie dabei die Gegebenheiten und vor allem die Kritik und die Bedürfnisse Ihrer

Adressaten, Partner, Kollegen oder Mitarbeiter völlig missachten. Wie gesagt müssen Sie die Grundfrage Eigenes oder Fremdes laufend neu beantworten.

Das ist in unterschiedlichen Metiers unterschiedlich schwierig. Ich erinnere mich noch, als ich mit einem New Yorker Philharmoniker über seine Kollegen aus Wien sprach. Er meinte, dass er ihren Sound liebe, aber er habe sie einmal in London getroffen und sie seien ihm ein wenig wie Ordenspriester vorgekommen. Wir diskutierten die Frage, was es in kulturellen Zentren mit großer Tradition erschwere, Eigenständiges zu erschaffen, und seine Erklärung war schlicht: »Too many dead artists« – zu viele tote Künstler. Hoch entwickelte Bereiche wie die klassische Musik, die etablierten Wissenschaften oder auch Organisationen mit einer ausgeprägten Kultur lassen Sie naturgemäß weniger Raum für Eigenes finden. Diese Regelwerke haben eine große Tradition und sind meist sehr detailliert. Die Leistungen vergangener Schöpfer werfen einen langen Schatten voraus und so müssen Sie sich vor der Kür des Eigenen durch einen Berg von Fremdem durcharbeiten. Dann allerdings – aber erst dann – wird jede noch so kleine persönliche Note hoch geachtet. In weniger entwickelten Bereichen ist es oft vergleichsweise einfacher, einen eigenen Weg zu gehen. Die Grundfrage Eigenes versus Fremdes jedoch müssen Sie in jedem Metier für sich klären.

Hinzufügen versus Weglassen

Das Weingut lag malerisch in den Hügeln nördlich von Wien, am Ende einer für diese Gegend typischen Kellergasse. Zwischen halb verfallenen und schick renovierten Weinkellern stiegen wir die gepflasterte, enge und steile Gasse hinauf, wo sich uns ein umwerfender Blick auf die Stadt bot. Die Weinlese war gerade vorüber, und zwar mit allem Drum und Dran, sprich: Drei Generationen und deren zahlreiche Freunde hatten bei der Lese mitgeholfen und als Lohn gab es jetzt ein traditionelles Buffet im Heurigen der

Winzerin. Dem ehemaligen Weinkeller sah man an, dass seine Eigentümerin in ihrem Ursprungsberuf Architektin war. Wir sprachen über die vielen Faktoren, die für die Qualität eines Weines verantwortlich sind – von der Rebe, dem Boden, Klima und Wetter über die Gärung und Lagerung bis hin zu Barrique-Ausbau und Schönung mit Eiklar, kurz: über alles Interessante, was ein Möchtegern-Connaisseur wie ich von einer echten Kennerin erfahren kann. »Das Wichtigste beim Wein ist aber nicht das Dazutun«, sagte sie, »sondern das Wegtun.« Mein Blick drückte offensichtlich meine Verwirrung aus, was ich daran merkte, dass sie lachte. »Ja klar, angefangen beim Rebschnitt, dann bei der Entblätterung und schließlich bei der Negativlese, dem Ausdünnen – immer tun wir etwas weg, damit das, was im Wein steckt, klarer zum Ausdruck kommt.«

Die letzte Grundfrage im Schaffensprozess lautet: *Soll ich noch etwas hinzufügen oder besser etwas weglassen?* Als schöpferischer Mensch kennen Sie die Schwierigkeit, diese Frage richtig zu beantworten. Und egal, ob Sie Mathematikerin, Komponist, Clown oder Softwarespezialistin sind – Sie wissen auch, dass elegante, einfach wirkende Lösungen genau dann entstehen, wenn nichts mehr weggelassen werden kann. Ein Gutteil Ihres schöpferischen Ringens besteht genau darin, möglichst viel mit möglichst wenig auszudrücken oder zu lösen. Mit vielen Worten viel zu sagen, ist nicht unbedingt schwer, aber mit wenigen Worten viel zu sagen, ist eine Kunst. Hierfür müssen Sie nämlich eine schöpferische Grundentscheidung treffen, nämlich: Leistet diese Idee, dieses Element einen Beitrag zum Grundgedanken? Wird dadurch der Kern des Werks klarer oder verwässerter? Lässt sich dieselbe Formel, Melodie, Dienstleistung einfacher ausdrücken, ohne an Kraft, an Stimmigkeit zu verlieren? Sollte ich daher etwas weglassen? Und wenn, was?

Mark Twain drückte diese Herausforderung wunderbar aus, indem er meinte: Schreiben ist ganz einfach, man muss nur die falschen Wörter weglassen. Natürlich ist die Entscheidung, ob wir noch etwas zu unserem Gedanken oder Werk hinzufügen oder eher etwas weglassen sollen, überhaupt keine einfache. Sie begegnet uns im Schaffensprozess unweigerlich. Sie können selbstverständlich nichts weglassen, wenn noch gar nichts da ist, wenn Sie also nicht zuvor schon etwas dazugetan haben. Die Frage des Weglassens stellt sich daher erst ab einem Zeitpunkt, den ich als Sättigungspunkt im Schaffensprozess bezeichne. Im nächsten Abschnitt über die Modi des Schaffens werden wir näher auf diese Punkte eingehen.

7. Die Modi des Schaffens

Wie der Schaffensprozess funktioniert und wie Sie den Gefahren beim Betreten von geistigem Neuland am besten begegnen.

Es war nur ein kleiner Unterschied, nicht mehr als ein Buchstabe. Statt 12A nahmen wir 12B, denn irgendwie dachte ich, so groß würde der Unterschied wohl nicht sein. Doch anstatt uns zur entspannten Abendgestaltung ins Stadtzentrum zu bringen, fuhr der 12B von dem Vorort, in dem unser kleines Hotel war, direkt in die Favelas, die Slums von San Salvador de Bahia. Dass wir die einzigen Weißen im Bus waren, fiel uns erst auf, als uns auch ein Blick aus dem Fenster bestätigte, dass Bahia das brasilianische Bundesland mit dem größten afrikanischen Einfluss ist. Meine Freundin und ich fühlten uns hier nicht nur fremd, sondern auch unpassend. Wir hatten nicht vorgehabt, Slum-Tourismus zu betreiben. Es wurde Abend und die jüngeren Bewohner begannen, sich in den Straßen an brennenden Autoreifen zu wärmen. Wir bemühten uns, möglichst selbstverständlich drein- und nur ja niemanden anzuschauen, nicht einmal einander. Schließlich entschieden wir, bei der nächsten Haltestelle auszusteigen und mit dem nächsten Bus wieder zurück zu unserem Hotel zu fahren. Die Alternative wäre gewesen, immer tiefer in die Favelas zu geraten, die gerade im Halbdunkel erwachten.

So standen wir an der Bushaltestelle, bleich, verunsichert und in jeder Hinsicht deplatziert. Die Hand auf meiner Schulter bemerkte ich erst, als sich auch die dazugehörige Stimme meldete. Sie war freundlich, etwas zu freundlich: »Hey, my friend …« – »Hi«, erwiderte ich so emotionslos, wie ich nur konnte. »My friend …‚« wiederholte der Mann, und aus dem Augenwinkel nahm ich Dreadlocks, Goldzähne und Hut wahr. Er legte seinen Arm um meine Schultern. Ich wand mich aus der freundschaftlichen Umklammerung und sagte trocken: »I'm not your friend.« Das war die falsche Antwort, wie ich unschwer am Wechsel seines Tonfalls, seiner Wortwahl und seiner Lautstärke merken konnte. Wüst beschimpfte er uns und fasste mich am Kragen meines Shirts. »Deixe-os em paz!« sagte plötzlich eine andere Stimme, *Lass sie in Ruhe!* Die Frau war klein, etwas älter und dicklich. Sofort ließ er von uns ab und verschwand. »Ihr kommt besser mit, heute geht kein Bus mehr.« Erleichtert folgten wir ihr in ihr Haus. Ihre Gelassenheit beruhigte uns. »Es passiert immer wieder, dass sich Touristen hierher verirren«, sagte sie, während sie uns ein einfaches Abendessen auftischte. Sie fragte, woher wir kämen, und dann erzählte sie uns von ihrem Leben. Es gehe ihr gut, ihr Mann hatte eine Arbeit und ihre Kinder gingen in die Schule. Aber ringsherum werde es nicht besser: »Ihr redet immer von der Dritten Welt. Bei uns gibt es eine vierte und fünfte. Habt ihr auf der Herfahrt die Zelte aus schwarzen Plastikplanen gesehen?« Wir hatten. »Das schenkt uns der Staat, als Unterkunft.« Wir unterhielten uns noch eine Weile, bis sie meinte, dass sie jetzt ins Bett müsse. Am nächsten Morgen könnten wir mit ihrem Sohn zurückfahren, sagte sie, er würde denselben Bus nehmen. Sie wollte zum Abschied natürlich kein Geld. Wir durften sie auch nicht fotografieren. Mit einer seltsamen Gefühlsmischung aus Dankbarkeit, Beschämung und Freude fuhren wir wieder zurück. Dieser Abend war nicht nur der spannendste, sondern auch der bewegendste auf der gesamten Südamerikareise, und noch heute schreiben Maria und ich einander.

Schaffensprozesse sind Entdeckungsreisen. Während Sie schöpferisches Neuland betreten, entdecken Sie Fragen hinter scheinbar klaren Antworten, erkennen Sie unerwartete Zusammenhänge zwischen scheinbar Unzusammenhängendem, lernen Sie unbekannte Aspekte Ihrer Materie kennen – und finden dabei einiges über sich selbst heraus. Selten nur haben Sie Gewissheit, ob Sie gerade den richtigen oder etwa den falschen Bus genommen haben. Oft sind Sie verunsichert oder haben sogar etwas Angst. Aber gelegentlich machen Sie Begegnungen, die so wertvoll sind, das sich allein ihretwegen die Reise gelohnt hat. Die folgenden vier *Modi des Schaffens* sollen Ihnen als Landkarte für das Bereisen von geistigem Neuland dienen. Sie soll Ihnen Orientierung bieten und es Ihnen erleichtern, sich in ungewohnter Umgebung sicherer zu bewegen. Und sie wird

Ihre Wachsamkeit erhöhen, damit Sie besser auf hilfreiche Bezugspunkte und mögliche Gefahren achten.

Schaffensprozesse sind ihrem Wesen so gut wie überall gleich: Sie verlaufen in dem ständigen Wechselspiel, das allen evolutionären Prozessen der Natur zugrunde liegt: Versuch und Irrtum. Ob Sie jetzt eine Amöbe sind oder ein Einstein, der Unterschied ist nach Karl Popper vor allem der, dass Sie als Amöbe einen Irrtum in der Regel nicht überleben, wohingegen Sie als Einstein lediglich Ihre Idee sterben lassen müssen, wenn Sie sich irren. Schaffensprozesse sind Annäherungen an eine Stimmigkeit, sie verlaufen in Iterationen, also in Wiederholungsschleifen. In kleinen Schritten nähern Sie sich Ihrem Ziel immer mehr an. Oftmals gehen Sie dabei zwei Schritte vorwärts und einen Schritt zurück. Und selbst wenn Ihr Schaffen rückblickend oder von außen betrachtet klar und linear zu sein scheint, kann kein Mensch je vorhersagen, ob diese Schleifen aus Versuch und Irrtum tatsächlich zum Ziel führen – weder ein Kolumbus noch eine Forschungsleiterin und schon gar kein Romanautor, selbst wenn sie im Nachhinein sagen würden, sie hätten es »immer schon gewusst«.

Während Ihrer schöpferischen Versuch-und-Irrtum-Schleifen bewegen Sie sich in einem pulsierenden Wechselspiel aus Auf- und Zumachen einerseits und aus Fokussieren und Defokussieren andererseits: Sie machen beispielsweise auf, um neue Ideen hereinzulassen – Sie fertigen Skizzen an, spielen mit Reimen oder befragen Kunden – und machen wieder zu, indem Sie Ihre Schlüsse daraus ziehen und neue Ideen in Ihr bestehendes Wissen oder Können integrieren. Sie bewegen sich also in einem ständigen Öffnen und Schließen vorwärts, das auch dem Wechselspiel aus Entfaltung und Erhaltung entspricht.

Gleichzeitig stellen Sie den Fokus Ihrer Aufmerksamkeit laufend um: Einmal stellen Sie ihn so ein, dass Sie die nahen Dinge scharf sehen, dann richten Sie den Fokus wiederum auf das große Ganze. Einmal haben Sie ein klares, detailliertes Bild vor Augen und sehen dafür den Wald vor lauter Bäumen nicht mehr, dann wieder sehen Sie das ganze Bild, erkennen aber dafür die Details nur unscharf, *fuzzy*. Das entspricht dem Wechselspiel aus Absicht und Absichtslosigkeit.

Aus diesen zwei Achsen – Auf- und Zumachen einerseits und Fokussieren und Defokussieren andererseits – ergeben sich die vier Modi, durch die Sie sich als schöpferische Menschen hindurchbewegen, in einem atmenden, zyklischen Prozess, in dem Ihr Werk immer konkretere Gestalt annimmt, immer stimmiger wird. Diese vier Modi bilden also Ihre Landkarte für schöpferische Entdeckungsreisen. Auch auf Problemlösungs- und Entscheidungsprozesse lässt sich diese Landkarte anwenden, da diese ja letztlich nur eine Unterform von Schaffensprozessen sind.

Die vier Modi, in denen Sie sich während Ihres Schaffens abwechselnd befinden, sind in ihrer Natur völlig unterschiedlich, ja zum Teil gegensätzlich. Sie verlangen daher eine jeweils unterschiedliche Haltung. Die Werkzeuge und die Grundfragen, die ich in den letzten Abschnitten behandelt habe, tauchen in den verschiedenen Modi in unterschiedlicher Weise auf. Daher müssen Sie in jedem Modus andere Herausforderungen lösen, andere Gefahren überwinden und andere Entscheidungen treffen. Den meisten schöpferischen Menschen sind diese Gefahren als persönliche Schwierigkeiten im Schaffensprozess nur zu gut bekannt, aber kaum jemand erkennt, dass es sich um grundsätzliche Themen handelt, die allen Schaffensprozessen innewohnen. Neben den spezifischen Gefahren der einzelnen Modi besteht die größte Gefahr für den Schaffensprozess darin, in dem jeweiligen Modus zu verharren und sich dadurch selbst in seinem eigenen Schaffen zu blockieren. Wie bei Reisen in unbekannte Gegenden gilt auch hier, dass Sie Gefahren bereits dadurch stark verringern können, dass Sie sich ihrer bewusst sind.

Sättigungspunkte

In der Praxis sind die vier Modi natürlich nicht sauber voneinander trennbar. Vielmehr nähern Sie sich in jedem Modus langsam einem Sättigungspunkt, der Ihnen nahelegt, in einen anderen Modus zu wechseln. Wechseln Sie nicht, ergeht es Ihnen vielleicht wie einer Tante von mir, die ein besonderes Hobby hatte: Sie hat sich zeitlebens in der Kunst geübt, die richtige Diät zu finden. Sie war richtig gut darin. Jährlich, wenn nicht halbjährlich, erzählte sie vom letzten Schrei und den neuesten Erkenntnissen auf dem Schlankheitsmarkt. Die besten Diäten waren die, bei der man – quasi ohne nass zu werden – gewaschen wurde. Meine Tante schaffte es jedoch auch, sich temporär zu kasteien. Bloß geholfen hat es niemals. Und zwar aus dem einfachen Grund, weil sie immer aß, wenn sie gar keinen Hunger hatte. Natürlich ging es dabei auch um etwas anderes, tiefer Liegendes. Ich sagte immer scherzhaft zu ihr, der Zweite Weltkrieg sei vorbei, es gebe wieder zu essen, und zwar genügend, aber das half natürlich nichts. Denn sie wollte ihren Sättigungspunkt nicht wahrhaben – den Punkt, an dem es heißt: Jetzt ist es genug, jetzt lasse ich das, ich löse mich davon, immer mehr zu wollen, auch wenn es mich gerade anlacht. Genau das müssen Sie aber tun, wenn Sie sich der Gefahr gegenübersehen, in einem der Modi zu verharren. Sollten Sie allerdings selbst gerne gutes Essen genießen, können Sie natürlich auch den nächsten Modus einfach als den nächsten Menügang sehen – aber bitte lassen Sie in diesem Fall den Kellner Ihren alten Teller abservieren und halten Sie ihn nicht fest.

Die vier Schaffensmodi folgen zwar grundsätzlich einer gewissen Abfolge, einem Rhythmus, allerdings bedeutet das nicht, dass Sie sie immer der Reihe nach durchschreiten müssen. Sie können das so ähnlich betrachten, wie wenn Sie Tanzschritte lernen: Gehen können Sie bereits, trotzdem müssen Sie jeden Tangoschritt erst einmal einzeln lernen, bis Sie alle Schrittfolgen flüssig beherrschen. Danach können Sie sich mehr und mehr Freiheiten in der Gestaltung Ihrer Choreographie nehmen. Auf jeden Fall sollten Sie jedoch in Ihrem Schaffensprozess sicherstellen, dass Sie sich das Wechselspiel aus Auf- und Zumachen, aus Fokussieren und Defokussieren bewusst machen und die jeweiligen Gefahren und Sättigungspunkte erkennen. Denn dann werden Sie Ihr Schaffen erleichtern, beschleunigen und verbessern. Ich habe den vier Modi folgende kurze Namen gegeben, die jeweils den wesentlichsten Aspekt hervorstreichen:

> Der erste Modus: Zulassen

> Der zweite Modus: Sich einlassen

> Der dritte Modus: Weglassen

> Der vierte Modus: Loslassen

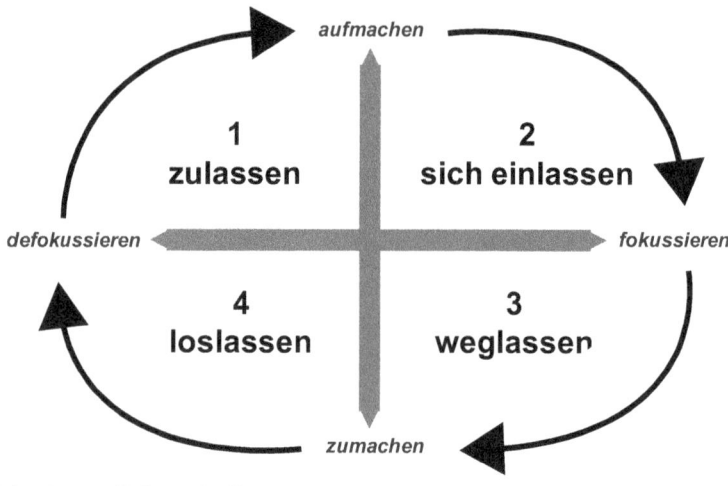

Die vier Modi des Schaffens

Der erste Schaffensmodus: Zulassen

Wann immer Sie einen neuen Schaffensprozess oder einen neuen Abschnitt darin beginnen, tun Sie das normalerweise in einem Zustand, in dem Sie noch keinen klaren Fokus haben und Ihre Sinne für Neues öffnen. Dieser Modus wird gerne etwas verklärt dargestellt – mit Hermann Hesses Worten, dass jedem Anfang ein Zauber innewohne – oder gar fälschlich mit Kreativität überhaupt gleichgesetzt. Doch gerade in diesem tastenden Modus erleben Sie oft eine große Unsicherheit, die sich in der Suche nach »einer Idee« niederschlägt. Sie haben in diesem Modus zwar vielleicht bereits einen ersten Gedanken, aber dieser ist noch sehr amorph, sehr unkonkret. Sie spüren, dass Sie den Einstieg in den Schaffensprozess nicht erzwingen können, daher versuchen Sie, absichtslos den Dingen ihren spontanen Lauf zu lassen. Phasen der leichten Trance oder des Halbschlafs – wie Leonardos Bäckerschlaf – sind hier oft förderlich, weil Sie an der Schwelle zwischen Bewusstsein und Unbewusstem auf besonders reiche Schätze stoßen können. Ähnliches leistet aber jede Tätigkeit, die unseren bewussten Geist ablenkt, solange sie ihn nicht einschläfert, wie spazieren gehen, shoppen oder im Berner Patentamt arbeiten.

Dieser Modus kann sehr spielerisch sein, voller entdeckerischer Neugier und interessanter Zufälle. Im Englischen wird dafür gerne der Begriff *Serendipity* verwendet. Das Wort beschreibt das Phänomen, dass Sie oft auf etwas völlig Unerwartetes stoßen, während Sie nach etwas Bestimmtem suchen. Sie befinden sich in Bereitschaft, Dinge auf sich wirken zu lassen, sie zuzulassen. Sie suchen vielleicht nach einer Umgebung, die es den Musen Ihres Metiers erleichtern, Sie zu beflügeln. Sie lassen sich inspirieren und verknüpfen Elemente aus den unterschiedlichsten Bereichen mittels Assoziationen oder Metaphern. Dabei versuchen Sie, einen ersten Blick auf ein möglicherweise entstehendes Ganzes zu gewinnen. In diesem Modus gleichen Sie einer Kletterin, die den richtigen Einstieg in eine Wand finden will. Hierbei ausschließlich auf Ihre innere Stimme hören zu wollen wird Ihnen selten weiterhelfen, zumindest wenn es Ihnen so geht wie mir. Ich höre immer zumindest zwei dieser inneren Stimmen und muss mir regelmäßig die Frage stellen, auf welche ich hören soll. In jedem Fall brauchen Sie gleichermaßen Ihre Vorstellungskraft und Ihre Erfahrung, die sich gemeinsam zu Intuition verdichten können. Aber niemand kann Ihnen in Ihrem Tasten und Ausprobieren vorhersagen, ob Sie den Einstieg auch finden werden.

Wenn Sie sich in diesem Schaffensmodus befinden, haben Sie keinen konkreten Fokus, sondern Sie sind, wie ich es nenne, defokussiert. Gleichzeitig öffnen Sie Ihre Sinne für das, was da kommen mag. Die Kernfrage in diesem Modus lautet daher: Wie steige ich in den schöpferischen Fluss ein? Es gilt hier, etwas zu finden, das für Sie genügend Bedeutung hat, um schöpferisches Momentum aufzubauen. So gesehen finden Sie keine Lösungen, sondern Probleme, und zwar solche, die – siehe Feynmans Geschichte – für andere oft überhaupt nicht sichtbar sind. Im schlimmsten Fall halten andere Sie für versponnen und im allerschlimmsten Fall haben sie sogar Recht. Denn Sie erkennen buchstäblich Dinge, die andere nicht wahrnehmen: Muster oder Abweichungen von Mustern, Un-Stimmigkeiten, Probleme oder Spannungen. Wenn Sie Künstler sind, brauchen Sie dabei Ihre Sensibilität, sind Sie Wissenschaftlerin, hilft Ihnen Ihr Wissensdrang, und als Entrepreneur Ihre Lust auf eine gute Gelegenheit für einen Geschäftserfolg.

Wie gesagt kenne ich keinen schöpferischen Menschen, der in diesem Modus sogenannte Kreativitätstechniken anwendet. Jeder von ihnen hat jedoch seine persönlichen Wege, sich in den Zustand ergebnisoffener Konzentration zu bringen, der dem kindlichen Spiel so verwandt ist. Die Balance zwischen Wollen und Nichtwollen ist hier besonders wichtig, weil es ja darum geht, dass Sie eine für den Schaffensprozess wesentliche Idee finden – und die lässt sich bekanntlich nicht erzwingen, sondern nur ermöglichen. Sie müssen es also zulassen. Oft genug sind Ideen schlicht Abfallprodukte der täglichen Routine. Wie ein Witz, wie eine Pointe tauchen sie plötzlich scheinbar aus dem Nichts auf und bringen Klarheit: Ein für Sie ganz wesentlicher Punkt scheint auf einmal zu stimmen. Als erfahrener Schöpfer wissen Sie jedoch nur zu gut, dass dieser Ein-Fall ebenso schnell in der Bedeutungslosigkeit verschwinden kann, wie er aufgetaucht ist. Sie vertrauen daher nie auf die erste Euphorie, das erste Heureka-Gefühl, denn meistens gilt: Je fundamentaler die Idee, desto stiller macht sie sich bemerkbar. Mitunter sogar am sprichwörtlichen stillen Örtchen, wie der Autor Janwillem van de Wetering den Moment seiner Zen-Erleuchtung beschreibt.

Die Gefahren

Der erste Modus birgt vier besondere Gefahren für Sie. Die ersten drei sind typisch für diesen Modus, begegnen Ihnen also nur hier.

Die letzte Gefahr finden Sie zwar auch in anderen Modi, dort hat sie aber jeweils eine andere Ausprägung. Die Gefahren in diesem ersten Schaffensmodus sind:

➤ Die Gefahr, Relevantes nicht zu erkennen

➤ Die Gefahr, Entstehendes zu früh zu zerstören

➤ Die Gefahr, sich zu verzetteln

➤ Die Gefahr, in diesem Modus zu verharren

Die Gefahr, Relevantes nicht zu erkennen, ist zumeist eine Scheingefahr oder besser gesagt: eine oft unbegründete Angst, der Sie relativ leicht beikommen können. Es geht um die Angst davor, keine Idee zu haben beziehungsweise keinen wachen Sinn für Wesentliches. Ich kenne einige schöpferische Menschen, die Schwierigkeiten haben, einen Einstieg in den Schaffensprozess zu finden. Die »zündende Idee« will sich einfach nicht einstellen. Selbstverständlich ist eine gute Einstiegsidee in vielen Metiers wichtig. Der Normalfall ist jedoch, dass solche Zündfunken aus der intensiven Beschäftigung mit dem Thema oder Problem entstehen. Was um ein Vielfaches wichtiger ist, sind die unzähligen kleineren und größeren Ideen, die es danach braucht. Es hat also wenig Sinn, die zündende Idee so wichtig zu nehmen. Allerdings hat es auch einen Vorteil. Denn so kann ich meine mangelnde Effizienz und Disziplin jederzeit damit begründen, dass ich gerade auf den zündenden Funken warte.

Wenn Sie mögliche, bedeutsame Ideenquellen nicht erkennen, liegt das eher daran, dass Sie bereits zu fokussiert sind und buchstäblich den Wald vor lauter Bäumen nicht mehr sehen. Um das große Ganze zu erkennen, müssen Sie daher ein paar Schritte zurücktreten und das kann nicht gelingen, wenn Sie nach vorwärts streben und schon weiter sein wollen, als es dem Prozess guttut. Hier müssen Sie sich also zwingen innezuhalten, um Distanz zu gewinnen. Das gestaltet sich besonders schwierig, wenn Sie unter Zeit- oder Erwartungsdruck stehen. Dann nämlich gleicht unsere Situation der eines Affen in der südindischen Affenfalle: Durch ein Astloch legt der Reisbauer in einen hohlen Baum etwas Reis. Der Affe entdeckt den

Reis und will ihn herausholen. Doch mit Reis gefüllt, kriegt er seine Hand nicht mehr durch das Astloch. Den Reis aufgeben will er jedoch auch nicht. So sitzt er in seiner eigenen Starrheit fest, bis er von den Reisbauern gefangen wird. In unserem Fall sind die Reisbauern der Termin, und wir können nichts Sinnvolleres tun, als uns möglichst rasch vom Reis, also unserem Druck, zu lösen. Viel eher als Kreativitätstechniken braucht es hier Loslasstechniken, die uns helfen, das zu tun, was dem Schaffensprozess – und somit meistens auch uns selbst – dient.

Die Gefahr, Entstehendes zu früh zu zerstören, besteht genau genommen aus zwei Gefahren. Die eine zerstört die Ideen anderer, ich nenne sie die Ja-aber-Gefahr. Die zweite zerstört die eigenen Ideen, ich nenne sie die Wieder-nichts!-Gefahr. Die Ja-aber-Gefahr ist die bekanntere, aber weitaus ungefährlichere. Sie finden sie häufig in Brainstormingsessions. Dort wird versucht, dem gegenseitigen Ja-Aber entgegenzusteuern, indem Sie Ideen grundsätzlich nicht bewerten dürfen. Schließlich sollen Ideen, so die Annahme, frei fließen und sich gemeinsam mit anderen Ideen entfalten können. Zu frühe Bewertungen jedoch würden jede Idee im Keim ersticken. In der Praxis schöpferischer Menschen ist das zwar nicht unrichtig, aber selten in dieser Form relevant, ganz im Gegenteil: Der Konflikt, der sich durch ein Ja-Aber ausdrückt, ist weit öfter für die Weiterentwicklung Ihrer Ideen verantwortlich als für deren Vernichtung. Schöpferischer Diskurs besteht sogar zum Gutteil aus Ja-Aber. Dieses Anzweifeln ist quasi die erste Qualitätskontrolle Ihrer Idee. In einer produktiven, aber gleichzeitig vom nötigen Grundvertrauen geprägten Umgebung sind solche Bewertungsverbote somit entbehrlich, wenn nicht gar kontraproduktiv. Dort ist auch der Ton oft ein rauer: Wertende Kommentare wie »So ein Unsinn!« oder »Was soll denn das sein?« können Sie als Ideenbringer ebenso dazu anregen, Ihre Idee mit mehr Nachdruck zu vertreten. Ein Ja-aber-Verbot kann natürlich sinnvoll sein, allerdings vor allem in ungeübten oder von Misstrauen geprägten Umgebungen. Als Schaffensprofis wissen Sie, dass sich die »schöpferische Zerstörung«, wie es der Ökonom Schumpeter nannte, zumeist in unterschiedlichen Auffassungen zeigt, die aufeinanderprallen.

Die unbekanntere, aber weitaus gefährlichere Gefahr, Entstehendes zu früh zu zerstören, liegt oft in Ihnen selbst verborgen und ist daher viel weniger offensichtlich: Ich nenne sie die Wieder-nichts!-Gefahr. Wenn Sie Künstler sind, wird es Ihre Umgebung wahrscheinlich als legitime Nähe zum Wahnsinn abtun, wenn Sie beispielsweise Ihre eigenen Bilder übermalen oder sich selbst Ohren abschneiden. Aber auch als Technikerin oder Unternehmer kann es sehr leicht passieren, dass Sie die Flinte ins Korn werfen, wenn Sie den Eindruck haben, dass es Ihre Idee schon gibt. Sie übersehen dabei, dass es so gut wie gar nicht darum geht, ob etwas Ähnliches bereits existiert, sondern eben darum, dass Sie eine einzigartige Stimmigkeit erzeugen – und zwar aus Sicht der Empfänger. Allerdings bedeutet das auch, dass Sie den Mut und die Konsequenz aufbringen müssen, Ihre erste Idee trotz ähnlicher Ideen weiterzuverfolgen und darauf zu vertrauen, dass sie noch an Gestalt und Eigenständigkeit gewinnen wird. Eventuell werden Sie irgendeine Form der Begleitung oder Unterstützung von außen brauchen, damit Sie leichter entscheiden können, welche Idee eine Weiterverfolgung lohnt und welche nicht. Etablierte Unternehmen bezahlen in der Regel viel Geld für Strategieberatung, um genau diese Entscheidung sicherer zu treffen. Einzelpersonen oder kleinen Teams bleibt nur das Feedback von fachkundigen Vertrauenspersonen, wenn sie sich selbst nicht sicher sind.

Die Gefahr, sich zu verzetteln, ist ebenfalls typisch für diesen Modus. Je nachdem, wie Sie ihr begegnen, entscheidet sich, ob Sie überhaupt eine gute Idee weiterentwickeln oder nicht. Denn gerade wenn Sie sich in Ruhe öffnen und defokussieren, nehmen Sie dermaßen viel wahr, dass Sie kaum dazu kommen werden, alles zu integrieren und zu verarbeiten. Sich die Unterscheidungskraft zu bewahren, um Relevantes von Irrelevantem zu trennen, kann sehr schwierig sein. Und im Vorhinein wird es Ihnen selten klar sein, ob Ihre Beschäftigung mit einem bestimmten Inhalt oder der Austausch mit einem bestimmten Menschen zu wichtigen Ideen, Verknüpfungen oder Erkenntnissen führt. Fachzeitschriften, Internetforen oder Expertengespräche können ganz hervorragende Inspirationsquellen sein. Gleichzeitig sind sie aber auch verführerische Zeitdiebe, weil der Übergang zur geistigen Selbstbefriedigung ein fließender ist. Der Verzettelungs-gefahr können Sie in diesem Modus relativ gut begegnen, wenn Sie sich fragen, ob Sie gerade dabei sind, etwas zu suchen oder etwas zu vermeiden. Wenn Sie nach etwas Wesentlichem suchen, müssen Sie zwar nicht genau wissen, wonach Sie suchen. Aber Sie müssen si-cherstellen, dass Sie sich auf etwas hinbewegen und nicht von etwas fort – dass Sie also möglicherweise vor dem Transpirationsteil flie-hen. Mit anderen Worten: Umkreisen Sie den Schaffensberg wirk-lich auf der Suche nach dem besten Aufstieg oder umkreisen Sie ihn, weil Sie sich nicht überwinden können, ihn zu besteigen, und lie-ber im geistigen Flachland Pflanzen bewundern? Das erfordert von Ihnen natürlich eine gewisse Ehrlichkeit sich selbst gegenüber, aber ohne diese werden Sie kaum einen wesentlichen Schritt tun. Es gibt einen kleinen, aber wirksamen Trick, dieser Vermeidungsfalle und dem unproduktiven Warten auf »den Einfall« zu entgehen: Wenn Sie sich nicht sicher sind, ob Sie gerade suchen oder flüchten, erle-digen Sie einfach belanglose Dinge – irgendetwas, das getan werden muss und Sie nicht sonderlich beansprucht, vielleicht sogar lang-weilt. Hat sich zuvor gerade eine wirklich gute Idee angebahnt, lässt sie Sie dabei höchst wahrscheinlich nicht los. War die Idee hingegen belanglos, wird sie sich auch nicht weiter bemerkbar machen.

Die Gefahr, in diesem Modus zu verharren, finden Sie wie gesagt in allen vier Modi, doch hat sie hier ihre ganz spezielle Ausprägung. Wenn Sie es nicht schaffen, diesen Modus des Zulassens und somit Offen-für-alles-Seins zu verlassen, laufen Sie Gefahr, in der Beliebig-keit zu versinken. Ich kenne einige »Kreative«, die diese Art der Un-verbindlichkeit zum Lebenskonzept, ja beinahe zum Kult erhoben haben: Sich bloß nicht festlegen, meinen sie, denn das hieße, den falsch verstandenen Freiheitsdrang zu gefährden. Bloß nicht den Zauber des Anfangs mit schweißtreibender Arbeit beschmutzen, um sich als ewiger Anfänger auch ewig jung fühlen zu können.

Was ich etwas sarkastisch skizziert habe, ist in der Tat eines der größten Missverständnisse zum Thema Kreativität: die Annahme – und viel schlimmer noch: das Selbstbild –, als »Kreativer« dürf-ten Sie sich keiner Ordnung, keinen Regeln oder Notwendigkeiten unterwerfen, denn das würde Ihre Kreativität vernichten. Bloß keine schöpferischen Entscheidungen treffen oder gar Verantwortung für Ihr Werk übernehmen, denn das würde bedeuten, dass Sie sich festlegen und sich somit abhängig machen würden. Wahr ist, dass eine derartige Einstellung einen gewissen Lebenskünstlertyp hervorbringt. Wahr ist allerdings auch, dass dieser Typus zumeist in seinem Schaffen oberflächlich und in seiner Zusammenarbeit unzuverlässig bleiben wird. Es macht nämlich einen großen Unterschied, ob Sie Chaos als wertvolles Element Ihres Schaffensprozesses verstehen oder es zum Lebensprinzip erheben. Denn mit dem Chaos ist es ungefähr so, wie es im Volksmund über das Geld, die Liebe oder den Alkohol heißt: Es ist ein guter Diener, aber ein schlechter Herr. Die Gefahr, in diesem ersten Modus zu verharren, hat besondere Ähnlichkeiten mit Suchtverhalten. Wenn Sie nicht auf diesen ersten Sättigungspunkt achtgeben, werden Sie gewissermaßen zu einem Input-Junkie. Sie nehmen geistige Kalorien auf, die Sie nicht verbrennen können. Genau dazu dient der zweite Schaffensmodus, in den Sie rechtzeitig wechseln sollten.

Der zweite Schaffensmodus: Sich einlassen

Anfang zwanzig studierte ich ein halbes Jahr in Granada und hatte das große Glück, auf dem Albaicin zu wohnen. Hinter diesem malerischen, von den Mauren begründeten Altstadtteil führten damals kleine Wege zu dem von Gitanos bewohnten Sacromonte. Das Besondere an diesem Viertel oberhalb der Stadt ist, dass es aus Höhlen besteht. Die dort ansässigen Roma gruben sich ihre Behausungen in den Berg, was bei Temperaturunterschieden von unter null bis über vierzig Grad Celsius eine durchaus vernünftige Idee ist. Wenn nun Nachkommen zu erwarten waren, wurde so eine Höhle natürlich etwas eng. Die Gitanos fanden für solche Situationen jedoch eine praktische Lösung: Sie gruben einfach von der Haupthöhle weg weitere Räume in den Berg und vergrößerten so ihre Behausung. So entstanden, von außen so gut wie nicht erkennbar, Raumstrukturen, die durchaus in der Lage waren, Großfamilien zu beherbergen.

Genau das passiert in diesem Modus auch: Während Sie explorieren und entdecken, schaffen Sie neue Räume für Ihre Ideen und errichten ein Gebäude, das Ihre Gedanken und Einfälle beherbergt. Sie schaffen die Struktur Ihres Werks innerhalb der Rahmenbedingungen Ihres Metiers. Diese Rahmenbedingungen sind in der Regel so unverrückbar wie für die Gitanos ihr Sacromonte – der »heilige Berg«, in dem sie ihre Wohnstrukturen errichteten: Ein Popsong muss in der Regel ebenso formale Kriterien erfüllen wie eine Dissertation, und selbst wenn Sie, wie der Künstler Christo, einen Fluss verpacken, müssen Sie zumindest das Formalkriterium »Das ist Kunst« erfüllen, um nicht wegen Umweltverschmutzung vor dem Richter zu landen.

Ihre Ideenlandschaft ist im zweiten Modus naturgemäß kleinteiliger als im ersten, zumindest werden Sie es so empfinden. Erscheinen Ihnen dort Einfälle als Schlüssel zu ganzen Märchenschlössern, so öffnen sie hier lediglich weitere Räume. Sie entdecken verborgene Verbindungsgänge zwischen bekannten Zimmern, und wenn Sie sich gerade geistig an eine Wand lehnen, um zu verschnaufen, gibt diese nach und eröffnet Ihnen völlig neue Dinge. Woran Sie jedoch – im Unterschied zum ersten Modus – die ganze Zeit, merklich oder unmerklich arbeiten, ist die Struktur Ihres Werks. Analog zu dem Spruch, dass der Weg im Gehen entsteht, gilt: Die Struktur entsteht im Tun.

Das Ziel des ersten Modus, dass Sie einen Einstieg in Ihr Schaffen finden, ist in der Regel der Ausgangspunkt des zweiten Modus. Im ersten Modus haben Sie Dinge passieren lassen, Sie hatten keinen bestimmten Fokus und haben sich allem Möglichen geöffnet. Im zweiten Schaffensmodus sind Sie zwar noch immer offen, aber Sie haben bereits einen recht klaren Fokus. Sie schaffen also nicht mehr absichtslos, sondern erweitern und vertiefen Ihr Tun auf ein Ziel hin. Dieses Ziel kann sich – und wird es aller Wahrscheinlichkeit nach – natürlich noch ändern. Aber allein die Tatsache, dass Sie sich ein Ziel gesetzt haben, verändert Ihre Wahrnehmung und die Art und Weise Ihres Schaffens grundlegend. Sie bewegen sich nicht mehr absichtslos, sondern absichtsvoll vorwärts, während Sie Ihre Idee mit Ihrer Materie in einen Dialog treten lassen.

Im vorherigen Modus haben Sie einen passenden Eingang in Ihr Ideengebäude gefunden. Jetzt, im zweiten Modus, lautet die Kernfrage: Wie weit vertiefe ich die Idee? Sie arbeiten also viel weniger in die Breite, sondern vor allem in die Tiefe. Nachdem der gesamte Schaffensprozess in Schleifen verläuft, werden Sie immer wieder auch auf andere Modi ausweichen, aber in der Regel wird dem Zulassen das Sich-Einlassen folgen. Sie halten eine Idee für so gut, dass Sie sie weiterverfolgen, selbst wenn sich das in der nächsten Schleife als falsch herausstellen sollte – das ist Ihr schöpferisches Risiko. Sie versuchen im zweiten Modus, den gesamten Ideenraum zu explorieren, um die Idee anzureichern, gehaltvoller zu machen und letztlich den roten Faden, die Leitidee Ihres Werks möglichst klar herauszuarbeiten. In diesem Modus zeigt sich, ob Ihr erster Heureka-Moment, Ihr erstes Aha-Erlebnis oder das erste Gefühl wunderbarer Klarheit des vorhergehenden Modus nur vorübergehende Erscheinungen waren oder ob sie es wirklich wert sind, weiterverfolgt und ausgedrückt zu werden. Fokussieren bedeutet in diesem Fall also, dass Sie versuchen, das Wesentliche Ihres Gedankens, Ihrer Idee festzumachen. In dieser Hinsicht ist der zweite Schaffensmodus der wichtigste. Hier drücken Sie zum ersten Mal eine gewisse Konsistenz, eine Stimmigkeit aus, die Sie später, im dritten Modus genau genommen nur noch schärfen müssen.

Die Gefahren

Im diesem Modus begegnen schöpferische Menschen wieder vier Gefahren, von denen die ersten drei typisch für diesen Modus sind, und zwar:

➤ Die Gefahr, zu stark fokussiert zu sein

➤ Die Gefahr, das Rad neu zu erfinden

➤ Die Gefahr, sich in die eigene Idee zu verlieben

➤ Die Gefahr, in diesem Modus zu verharren

Die Gefahr, zu stark fokussiert zu sein, ist wahrscheinlich die typischste Gefahr in diesem Modus. Schließlich unterscheidet ja gerade diesen zweiten Modus vom vorangehenden, dass Sie einen Fokus haben und sich ihm nähern. Sie lassen sich auf etwas für Sie Bedeutsames ein und die Gefahr ist dabei, dass Sie alles links liegen lassen und möglichst vehement in Ihre neu gefundene Richtung stürmen wollen. Dabei verengt sich naturgemäß Ihr Blickfeld auf Tunnelformat und Sie laufen Gefahr, wichtige Dinge am Wegesrand nicht mehr wahrzunehmen. Selbstverständlich bedeutet Fokussierung immer auch, dass Sie Prioritäten setzen und daher gewisse Dinge als weniger bedeutsam erachten oder gar ausblenden. Sie können es jedoch auch übertreiben und sich in Ihrem Streben verrennen. Als schöpferischer Mensch werden Sie, bei allen Zweifeln, die Sie begleiten, von Ihrer Sache überzeugt sein. Da kann es passieren, dass Sie sich selbst und andere in Richtung eben dieser Sache drängen. Wenn Sie zu einer gewissen Getriebenheit neigen, sind Sie besonders anfällig für diese Gefahr. Quasi eine Berufskrankheit ist dies für Entrepreneure und Manager, weil diese zumeist besonders resultatorientiert denken. Doch für wirkliche Resultate, zumindest im schöpferischen Sinn, ist in diesem Modus die Zeit noch nicht gekommen, höchstens für grobe Entwürfe. Und selbst wenn Sie noch so gerne bereits am Ziel wären, müssen Sie sich zur Geduld mahnen – oder von anderen mahnen lassen. Denn im Schaffensprozess gibt es meist keine Abkürzungen, zumindest keine planbaren.

Die Gefahr, das Rad neu zu erfinden, ist in diesem zweiten Modus am größten. Es kann zwar auch an anderen Stellen im Schaffensprozess passieren, dass Sie Dinge entwickeln, die Sie viel einfacher von anderswo hätten übernehmen können. Aber in keinem Modus ist das Risiko so groß wie hier, Ressourcen zu verschwenden, und zwar aus zwei Gründen: Erstens haben Sie bis hierher schon einiges an Arbeit und Hirnschmalz in Ihr Werk investiert und zweitens vernachlässigen Sie in Ihrer starken Fokussierung allzu leicht bereits Existierendes, das Ihnen viel Arbeit ersparen könnte.

Natürlich können Sie nie gänzlich ausschließen, dass Sie in irgendeiner Form das Rad neu erfinden. Redundanzen und Parallelentwicklungen können ja auch oft sinnvoll sein. Die Frage ist jedoch, welche Redundanzen im Schaffensprozess wann und wofür sinnvoll sind. Als Faustregel können Sie hier nehmen: Es ist nicht gefährlich, wenn Sie etwas entwickeln, von dem Sie schon wissen, dass es in ähnlicher Form existiert, denn dann können Sie auf die nötige Eigenständigkeit achten. Gefährlich ist es, etwas zu verfolgen, von dem Sie nicht wissen, dass es in ähnlicher Form existiert. Und diese Gefahr ist eben dann besonders groß, wenn Sie auf ein Ziel hinstürmen, ohne dabei nach links oder rechts zu schauen. Als erfahrener Schöpfer lassen Sie sich daher nie zu hundert Prozent auf Ihr Schaffen ein, sondern bleiben mit einem Teil Ihrer Aufmerksamkeit immer auch offen für Dinge, die für Ihr Werk nützlich sein könnten. Sie sind fokussiert und gleichzeitig offen für womöglich Wertvolles. Mit anderen Worten verstehen Sie es, eine sinnvolle Balance zwischen Wollen und Nichtwollen aufrechtzuhalten.

Die Gefahr, sich in die eigene Idee zu verlieben, ist ebenfalls in diesem zweiten Modus besonders groß. Zwar kann es bereits im ersten Modus passieren, dass Sie von Ihrer Idee begeistert sind. Allerdings wird diese Begeisterung dort relativ rasch als Strohfeuer verglühen. Im zweiten Modus hingegen kann sie sich zur echten Manie auswachsen und relativ großen Schaden anrichten. Der Grund für diese Gefahr ist offensichtlich: Ihre Ideen sind wie Ihre Babys. Und als Eltern sind Sie nun einmal in Ihr eigenes Baby am allermeisten verliebt – mit diesem Defekt hat die Natur uns zur Sicherheit, und letztlich zur Sicherung, unserer Nachkommenschaft ausgestattet. Frischgebackene Eltern sind gelegentlich wie aufgescheuchte Hühner, wenn auch etwas müder. Sie schauen verzückt und geben sinnfreie Silben wie »Bu, bu, bu« oder »Gutschi, gutschi« von sich und zeigen allen ihren ganzen Stolz. Vielleicht ist es ja bei Ihnen ganz anders, aber als unser erstes Kind ganz klein war, war es für mich fraglos das schönste Kind der Welt. Wenn ich mir jetzt die Kinderfotos anschaue, sehe ich ein durchaus wohlgenährtes, glückliches, mitteleuropäisches Durchschnittskind – zwar meines, aber ansonsten ein normales Kleinkind. Dieses seelische Hyperventilieren kann auch schöpferischen Menschen im zweiten Modus passieren, und zwar nicht nur den dramabegabten und extravertierten unter uns, sondern auch den stillen, in sich zurückgezogenen. Dann nämlich kann es etwas Verschwörerisches an sich haben im Sinne von: Ich habe etwas ganz Großes vor und dann wird die Welt sehen, wer ich bin.

Eine gewisse Begeisterungsfähigkeit ist natürlich immer hilfreich. Sie müssen sich jedoch im Klaren darüber sein, dass Schaffen eine professionelle Marathondisziplin ist und kein Sprint für Gelegenheitsläufer. Und als Profi kennen Sie zumeist die Höhen und Tiefen Ihres Metiers zu gut, als dass Sie sich eine zu lange Euphorie leisten würden. Sie wissen, dass es einen langen Atem und keine kurze Hyperaktivität braucht. Sie haben also einen großen Respekt und damit eine gewisse Demut vor Ihrer schöpferischen Arbeit entwickelt. Sie stoßen sich quasi regelmäßig selbst vom Thron eines überhöhten Selbstbildes und neutralisieren die Gefahr, sich in der eigenen Vision zu verrennen. Letztlich werden selbst die euphorischsten Eltern angesichts der nächsten Duftwindel wieder auf den Boden der Realität zurückgeholt.

Die Gefahr, in diesem Modus zu verharren, ist weit verbreitet und besonders tragisch. Sie kennen sie vielleicht als das Verkannte-Genie-Syndrom. Sie entsteht gewissermaßen, wenn alle in diesem Modus beschriebenen Gefahren chronisch werden. Das kann vor allem dann passieren, wenn es Ihnen gar nicht um das schöpferische Tun selbst geht, sondern dieses nur dazu herhalten muss, von etwas tiefer Liegendem abzulenken. Sigmund Freud bezeichnete diesen seelischen Mechanismus als Sublimieren und auch heute sind viele »Kreative« der Ansicht, sie brauchten eine gewisse Portion seelischer Spannung, um schöpferisch zu sein. So meiden sie jede Auseinandersetzung mit den seelischen Ursachen dieser Spannung wie der Teufel das Weihwasser. Denn sie befürchten, dass sich durch diese Auseinandersetzung nicht nur ihre Seelenspannung, sondern auch ihre Inspiration auflöst. Das ist zumeist ein großer Irrtum. Es geht wohl eher um die Befürchtung, das aufgebaute Selbstbild als »Kreativer« könnte zerfallen. Diese Befürchtung ist natürlich nicht ganz unbegründet. Wenn Sie diese Gefahr für sich erkennen, sollten Sie sich fragen, ob Sie lieber in einem geborgten Schloss oder in einem geschenkten Haus leben möchten, wenn Sie für deren Instandhaltung verantwortlich sind. Im Falle des Schlosses verbringen Sie eben den Großteil der Zeit mit der Instandhaltung der Fassade, beim Haus haben Sie auch Zeit, an der Substanz zu arbeiten. Spätestens dann, wenn sich in Ihnen über längere Zeit das Gefühl verfestigt, dass Ihr Können nicht ausreichend gewürdigt wird, sollten Sie sich ehrlich und selbstkritisch die grundsätzliche Frage stellen, warum Sie das, was Sie tun, wirklich tun. Wenn Ihre Antwort lautet, dass Sie etwas Besonderes sein wollen, ist das als anfängliche Triebfeder durchaus legitim. Dieser Wunsch muss sich jedoch irgendwann in eine professionelle Haltung verwandeln. Das Werkzeug dafür haben Sie bereits kennengelernt, es heißt »sich ohrfeigen lassen« und tut weh. Allerdings ist es weitaus weniger schmerzhaft, als wenn Sie nach vielen Jahren feststellen müssen, dass Sie die ganze Zeit einem falschen Bild von sich selbst nachgelaufen sind. Die Rückmeldungen von Freunden, Kollegen und Ihren Adressaten zeigen Ihnen schon, ob Sie auf dem richtigen Weg sind. Sie müssen dieses Feedback allerdings wahrnehmen und im Sinne der Grundfrage Wissen versus Nichtwissen versuchen, richtig einzuordnen.

Es gibt jedoch noch einen weiteren Grund, in diesem Modus zu verharren. Er ist ähnlich gelagert, denn auch ihm liegt ein tieferer Aspekt zugrunde. Ich arbeitete einmal mit einem Fotografen zusammen, dessen Leitspruch war: Ein Segelboot ist am stabilsten, wenn es schnell fährt. Ich bin zwar kein Segler, aber wenn ich die physikalischen Gesetze des Fahrradfahrens aufs Segeln umlege, klingt das für mich durchaus schlüssig. Interessant ist jedoch vor allem, was diese Metapher empfiehlt, nämlich: Je schneller Sie arbeiten, desto stabiler ist Ihr Seelenzustand. Oder mit anderen Worten: Je mehr Sie leisten, desto weniger müssen Sie Angst haben unterzugehen – weil Sie etwa keine Aufträge bekommen könnten oder auch, weil sich eine große Leere auftun könnte, wenn Sie nicht möglichst schnell etwas dagegen tun. In jedem Fall wollen Sie mit Ihrem Tun etwas vermeiden, Sie wollen also wieder einmal weg von etwas und nicht hin zu etwas. Im rechten Maß ist das unbedenklich, es kann sogar Ihrem Schaffen einen zusätzlichen Energieschub verleihen. Wenn dieses Weg-Von, diese Flucht ins Tun sich verselbstständigt, sind Sie allerdings nicht mehr schöpferisch aktiv, sondern höchstens aktionistisch. Und das ist, abgesehen von der gleichnamigen Kunstrichtung, sicher nicht produktiv. Vor allem ist diese Angst vor der Leere gefährlich, weil sie wirklich zu einer Leere führen kann, die viel schlimmer ist, nämlich dem Ausgebranntsein. Es gibt daher auch in diesem zweiten Modus einen Sättigungspunkt, den Sie beachten müssen. Anders als im ersten Modus bedeutet Sättigung jetzt jedoch nicht, dass Sie einer Art geistiger Fresssucht Einhalt gebieten. Vielmehr müssen Sie erkennen, dass es nicht gut ist, wenn Sie weiter nach immer mehr Neuem und Interessantem streben, sondern dass Sie erst das vollenden sollten, was Sie bereits in den Händen halten.

Als Junge liebte ich es, im Sommer im Meer zu schnorcheln. Ich konnte im Wasser Ewigkeiten damit verbringen, Fische und Pflanzen zu beobachten und nach Muscheln zu tauchen. Eines Tages sah ich einen anderen Jungen mit einer Harpune und wollte natürlich sofort auch eine. Ich bekam sie ein Jahr später, es war eine einfache Gummizugharpune, die jedem Fisch seinen strategischen Vorteil ließ. Was sie aber bei mir auslöste, war interessant: Ab diesem Zeitpunkt ging ich nicht mehr als Betrachter ins Wasser, sondern als Jäger. Wieder und wieder lief ich voller Jagdgier ins Wasser, suchte mit scharfem Blick die ganze Bucht ab. Ich zielte, traf oft genug und schwamm dann voller Begeisterung mit meinem Fang zurück. Natürlich erzählte ich allen meine tollen Jagderlebnisse, wobei die Fische jedes Mal eine Nummer größer wurden. Wir konnten gar nicht so viel Fisch essen, wie ich fing, ich musste ihn sogar verschenken. Mit der Zeit veränderte sich jedoch in mir etwas und am Ende des Urlaubs ließ ich die Harpune zurück. Nicht aus einem plötzlichen Anfall von Tierliebe heraus, sondern weil ich genug davon hatte, geradezu zwanghaft als Jäger ins Wasser gehen zu müssen. Ich wollte lieber wieder schwimmen, beobachten und nach Muscheln tauchen. Ich hatte einen Sättigungspunkt erreicht.

Am Sättigungspunkt des zweiten Schaffensmodus müssen Sie Ihrem inneren Pioniergeist Geduld beibringen. Natürlich fordert dieser Sie voll Jagdfieber dazu auf, neue Welten zu entdecken und zu erobern, das ist gewissermaßen sein Job. Dieser Geist kann sehr unruhig werden, ja sogar richtiggehend ungemütlich, wenn er das Gefühl hat, dass er zum Erbsenzählen in ein Kämmerlein eingesperrt wird. Aber eben genau das verlangt der Schaffensprozess als Nächstes: handwerkliche Feinarbeit, Reduktion und Verdichtung. Das gibt zwar selten Stoff für große Eroberungsstorys, aber Sie müssen der gierigen Versuchung widerstehen, in diesem Modus immer noch weiter zu drängen. Denn ohne die Liebe zum Detail wird es Ihrem Werk immer an Tiefe, an Aussagekraft und an Vielschichtigkeit mangeln. Um diese Detailarbeit geht es im dritten Schaffensmodus.

Der dritte Schaffensmodus: Weglassen

Im dritten Modus sind Sie zwar noch immer fokussiert wie im zweiten, zum ersten Mal im Schaffensprozess jedoch machen Sie nicht auf, sondern zu. Dieser dritte Modus bildet gewissermaßen den Gegenpol zum ersten Schaffensmodus: Dort der Reiz des Neuen, das absichtslose Hereinlassen von allem, was Sie irgendwie inspiriert, hier der letzte Feinschliff am Detail, die vielen kleinen Ideen, die Ihren Grundgedanken erst richtig zum Funkeln bringen. Naturgemäß wirkt sich das auch auf Ihr gefühltes Arbeitstempo aus: Haben Sie sich im ersten Modus langsam an den Kern Ihrer Idee herangearbeitet, um im zweiten Modus so richtig in Fahrt zu kommen, so verlangsamen Sie jetzt Ihr Tempo wieder, um die vielen Kleinigkeiten zu perfektionieren und so Ihr Werk zu vollenden. Die Kernfrage ist demnach auch: Wann ist es fertig? – Und damit meine ich nicht das Drängen Ihres Auftraggebers, Vorgesetzten oder Lebensabschnittspartners, sondern den Punkt, an dem sich in Ihnen selbst das Gefühl der Stimmigkeit einstellt, die Klarheit nämlich, dass es jetzt stimmig ist, dass Sie jetzt alles aus der Idee herausgeholt haben, was Ihnen zu diesem Zeitpunkt möglich war. Doch bis zu diesem Punkt ist noch ein weiter Weg, und nicht immer werden Sie ihn erreichen oder zumindest nicht in dieser Klarheit. Allerdings werden Sie in der Regel Ihre Arbeitstechnik verfeinern.

Ich vergleiche diesen Modus gerne mit dem Reduzieren von Saucen. Wenn Sie gerne kochen oder das Glück haben, in Ihrem Freundeskreis einen professionellen Koch zu haben, wissen Sie, dass Saucen zu den größten Meisterwerken der Kochkunst zählen. Ich erinnere mich noch an ein Abendessen, zu dem ich vor vielen Jahren eingeladen war. Es gab das zarteste Filetsteak, das Sie sich vorstellen können, mit Schoten, Ofenkartoffeln und allem, was dazugehört. Der wahre Star des Abends jedoch war die dunkle Sauce, die das Steak begleitete. Von dieser Sauce erzählt noch heute der gesamte Freundeskreis und gerät dabei ins Schwärmen. Der Koch hatte seinem Kunstwerk aus aktuellem Anlass einen leicht indischen Einschlag gegeben, was durchaus nicht unriskant war, doch die Rechnung war aufgegangen. Selbstverständlich wollten wir sofort wissen, wie so eine Sauce zustande kommt, und ebenso selbstverständlich war die Erklärung des Kochs: Man müsse ganz einfach nur diese und jene Zutaten nehmen, anrösten, aufgießen und dann vor allem eines tun – reduzieren, reduzieren, reduzieren. Erst wenn das unnötige Wasser verdunstet sei, entstehe diese nachhaltige Dichte und Vielschichtigkeit.

Genau das trifft den Kern dieses Modus. Sie müssen die Grundfrage »Dazutun versus Weglassen« zwar auch in anderen Modi entscheiden, aber in keinem Modus ist sie so wesentlich wie hier. Wenn Sie Ihrem Werk, Ihrer Aussage, Ihrem Produkt in dieser Phase des Schaffens noch etwas hinzufügen, müssen Sie sich ganz besonders streng die Frage stellen, ob dies Ihrer Grundidee auch wirklich dient oder nur entbehrliches Beiwerk ist. Gerade in dieser Phase des Schaffens haben kleine Veränderungen oft große Auswirkungen auf die Gesamtbalance. Sie müssen daher besonders bewusst entscheiden, ob Sie wirklich noch einen Akzent setzen, eine Aussage mit hineinnehmen oder ein Feature hinzufügen wollen oder das besser sein lassen. In vielen Metiers können Sie das, was Sie einmal dazugetan haben, allerdings nicht mehr so einfach zurücknehmen. Wenn Sie eine Sauce versalzen, einen Film überbelichtet oder unnötige Töne in Ihrem Solo gespielt haben, können Sie das nicht mehr ungeschehen machen. Geht es Ihnen auch so, dass Sie, wenn Sie viel am

Computer arbeiten oder im Internet recherchieren, auch im realen Leben eine Zurück-Taste suchen? Leider ist die noch nicht erfunden. In der Regel können Sie daher meistens nur entscheiden, ob Sie beim nächsten Mal etwas von dem weglassen, was Ihnen diesmal zu viel war. Das nützt zwar Ihrem momentanen Werk nichts mehr, aber Sie haben in diesem Moment viel über die drei Grazien des Schaffens gelernt: Eleganz, Klarheit und innere Notwendigkeit.

Der Architekt Adolf Loos schrieb 1908 in seiner Streitschrift *Ornament und Verbrechen*, Ornamente seien vergeudete Arbeitskraft, vergeudete Gesundheit, vergeudetes Material und daher vergeudetes Kapital und im übrigen Verbrechen, weil sie der modernen Kultur nicht entsprächen. Dieser damals radikale Ansatz wandte sich gegen die klassizistische Ästhetik und entsprach ganz dem Geist der Moderne, deren Grundsätze gestalterische Berufe bis heute prägen: Grundlegende Aussagen wie die, dass die Form der Funktion folgt, oder auch, dass weniger mehr ist, sind heute noch weithin gültig. Egal, in welchem Bereich Sie schöpferisch tätig sind: Je mehr Ihr Werk oder Ihre Lösung auf Eleganz, Klarheit und innerer Notwendigkeit basiert, desto länger wird es in der Regel stimmig bleiben. Und das erzielen Sie eher, indem Sie Dinge weglassen als noch etwas hinzuzufügen.

Die Gefahren

Hier, im dritten Modus, ist kleinteilige Feinarbeit und Blick aufs Detail erforderlich. Das lässt drei ganz spezifische Gefahren für Sie entstehen, die vierte kennen Sie wiederum bereits aus den vorhergehenden Modi. Die Gefahren sind:

➤ Die Gefahr, das Falsche richtig zu tun

➤ Die Gefahr, die Grundidee zu verlieren

➤ Die Gefahr, Entstehendes zu ersticken

➤ Die Gefahr, in diesem Modus zu verharren

Die Gefahr, das Falsche richtig zu tun, ist die für den vierten Modus typischste Gefahr. Dieser Schaffensmodus ist die Domäne des Perfektionismus, den Sie brauchen, um Ihr Werk auf hohem Niveau fertigzustellen. Das kann jedoch in direkter Linie dazu führen, dass Sie sich in diesem Perfektionismus verlieren und sich immer mehr an der Perfektionierung selbst erfreuen anstatt an der Vollendung Ihres Werkes. In Ihrem Metier immer besser zu werden ist wahrscheinlich ein wesentlicher Antrieb für Sie. Gefährlich wird es jedoch dann, wenn sich diese Triebkraft verselbstständigt. Ganze Unternehmen und sogar Branchen sind untergegangen, weil sie zwar alles, was sie gemacht haben, richtig gemacht haben. Sie haben nur leider die falschen Dinge richtig gemacht. Denken Sie beispielsweise an die Fotoindustrie und Unternehmen wie Kodak: Einst unumstrittener Marktführer, werden sie bedeutungslos, weil sie immer nur dasselbe weiter verbessert haben, ohne zu hinterfragen, ob es noch irgendjemanden interessiert. Die Gefahr besteht darin, dass Sie sich von der irrigen Überzeugung blenden lassen, alles richtig zu machen, wenn Sie nur alles immer perfekter machen. Doch das ist leider falsch. Ewiges Verbessern desselben führt zumeist zu Pedanterie, zu Überregulierung oder Bürokratie – und letztlich zu Starrheit und Niedergang.

Was Ihnen hilft, ist die einfache 80/20-Regel, auch als Pareto-Prinzip bekannt. So einfach sie ist, wird sie doch nur von den wenigsten schöpferischen Menschen berücksichtigt. Und sie entscheidet wie kaum eine andere Faustregel über Ihren Erfolg oder Misserfolg. Die 80/20-Regel besagt, dass Sie mit zwanzig Prozent Ihres Aufwands achtzig Prozent des Ergebnisses erzielen. Sie empfiehlt Ihnen also einen gewissen Mut zur Lücke. Sie legt Ihnen nahe, bewusst zu entscheiden, ob es wirklich in allen Details auf höchste Perfektion ankommt oder ob Sie nicht auch ein überragendes Ergebnis erzielen können, wenn Sie sich mit Beinahe-Perfektem zufriedengeben. Wenn Sie zu detailverliebter Tüftelei neigen, werden Sie wahrscheinlich einwenden, dass das überhaupt nicht infrage kommt. Sie werden vielleicht unzählige Beispiele aus der Geschichte zitieren, die allesamt belegen, dass nur der höchste Perfektionsanspruch zum Erfolg führt, ja ethisch vertretbar ist.

Selbstverständlich waren ein Bach oder ein Michelangelo Vollender in höchster Perfektion. Aber auf jeden dieser Giganten kommen Tausende, die besser daran täten, sich zu überlegen, ob sie ihre Ressourcen wirklich in die hundertprozentige Perfektionierung jeder Detailidee stecken oder vielleicht etwas Sinnvolleres mit ihrer Zeit und Energie tun sollten. Denn die Gefahr, dass Sie aus diesem inneren Zwang heraus die falschen Dinge richtig tun, kann Ihnen als schöpferischem Menschen das Genick brechen.

Die Gefahr, die Grundidee zu verlieren, ist ähnlich typisch wie die eben besprochene Gefahr, das Falsche richtig zu tun. Ihre Grundidee ist der rote Faden Ihres Werks, seine Kernaussage und letztlich seine Konstante, die Sie nur verändern sollten, wenn Sie dafür sehr gute Gründe haben. Die Grundidee ist somit das Wesentliche, das Sie niemals gänzlich aus den Augen verlieren dürfen. Sie haben sie im ersten Modus grob umrissen und im zweiten vertieft. Im dritten Schaffensmodus verdichten Sie diese Grundidee in mühsamer Kleinarbeit, daher ist die Gefahr in dieser Phase besonders groß, dass Sie dieses Wesentliche aus den Augen verlieren. Der beste Weg, um das zu vermeiden, ist, sich immer wieder zu fragen: Was will ich eigentlich ausdrücken? Entspricht das, woran ich gerade im Detail herumfeile, auch dem Wesentlichen, dem Zweck meines Werks? Diese Antwort sollte Ihnen so klar wie möglich sein, dann können Sie sich ohne Sorgen auf die Detailarbeit einlassen. Ein klein wenig bewegen Sie sich mit dieser Frage schon in Richtung des vierten Modus, *Loslassen*. Sie bleiben allerdings noch immer in einem Zustand, in dem Sie einen klaren Fokus haben und den Sack zumachen.

Die Gefahr, Entstehendes zu ersticken, wird meistens von Ihrem Umfeld stärker erlebt werden als von Ihnen selbst. Diese Gefahr wird daher auch besonders deutlich in der Zusammenarbeit mit schöpferischen Menschen, die sich gerade in einem anderen Modus befinden. Dann nämlich zeigt sich deutlich, wie unterschiedlich, ja gegensätzlich die verschiedenen Modi sind. Im dritten Modus geht es darum, dass Sie die Dinge abrunden und abschließen. Sie sind in einem Erhaltungsmodus. Aus dieser Perspektive bedeutet für Sie alles Neue, alles Entstehende einen Mehraufwand, wenn nicht sogar eine Gefahr. Sie wollen zuerst die offenen Dinge abschließen und sich erst dann Neuem zuwenden. Sie sind so nahe an den Dingen, so ins Detail vertieft, dass Sie befürchten, das bisher Geschaffene könnte wie ein Kartenhaus in sich zusammenfallen, wenn jemand plötzlich mit neuen Ideen kommt. Sie wollen nicht, dass jemand Ihre Kreise stört, wie es Archimedes ausgedrückt hat.

Im ersten Schaffensmodus, Zulassen, ist Ihnen eine ähnliche Gefahr begegnet, nämlich die Gefahr, Entstehendes zu früh zu zerstören. Im Unterschied dazu befürchten Sie jedoch jetzt nicht, dass eine Idee bereits existieren könnte, sondern sie erscheint Ihnen als nicht vernünftig, nicht realisierbar oder nicht sinnvoll. Sie tun diese Ideen vielleicht sogar mit sogenannten Killerphrasen ab, ohne es zu merken. Dies nicht etwa, weil Sie nicht offen für Ideen wären, sondern weil Sie sich gerade in diesem Modus besonders schwertun, Entstehendes zu erkennen oder gar einen spielerischen Zugang zu fördern. Sie fühlen sich gerade sehr ernst und da sollen die kindlichen Impulse nach draußen spielen gehen – auch Ihre eigenen. Im schlimmsten Fall führt das dazu, dass das Entstehende, bildlich gesprochen, zu wenig Sauerstoff bekommt und erstickt. Dann haben Sie zwar Ihre Arbeit sorgfältig erledigt, aber Sie haben auch sichergestellt, dass Sie keine neuen Betätigungsfelder mehr finden. Hier ist es hilfreich, wenn Sie sich selbst und anderen gegenüber nicht allzu radikal darauf pochen, alle Dinge genau jetzt restlos fertigzustellen. Vielmehr sollten Sie sich eine Art Meilenstein setzen, bis zu dem Sie arbeiten und bei dem Sie sicher sein können, dass Wesentliches abgeschlossen ist. Dann verfügen Sie über mehr Ruhe und innere Sicherheit, um sich neuen Ideen zu öffnen.

Die Gefahr, in diesem Modus zu verharren, besteht darin, dass Sie eine diffuse Angst vor dem befällt, was nach der Beendigung Ihres Werkes folgen könnte. Diese Angst vor dem Abschließen hat nichts damit zu tun, dass Sie noch Details Ihres Werks perfektionieren müssen, und sie ist nicht zu unterschätzen. Sie schadet nämlich Ihnen, Ihrem Werk und Ihrer Umgebung. Wenn Sie je einen Studenten in Diplomarbeitslähmung erlebt haben, kennen Sie diese Gefahr aus der Nähe, doch natürlich kann jeder schaffende Mensch davon betroffen sein. Die Symptome sind dabei vielgestaltig: Sie reichen von unnötigen Detailarbeiten über Ablenkungsaktivitäten bis hin zu apathischen Zuständen – alles letztlich nur, damit Sie den bösen Geistern namens *Stehdazu!* und *Wasnun?* nicht begegnen müssen. Letztlich führt aber kein Weg an ihnen vorbei. Denn selbst wenn Sie alles fallen lassen und sich dazu entscheiden, in einem anderen Metier von Neuem zu beginnen, werden Sie wahrscheinlich irgendwann wieder bei demselben Punkt landen. Wenn Sie Glück haben, haben Sie sich bis dahin persönlich so weit entwickelt, dass Ihnen beim nächsten Anlauf diese Gefahr nicht mehr begegnet. Dann haben Sie einfach etwas länger gebraucht, um das passende Metier zu finden, wie mein erster WG-Mitbewohner, der mit dreißig, kurz vor seinem Ingenieursdiplom, darauf gekommen war, dass er als Musikpädagoge mehr Sinn finden würde. Haben wir Pech, finden wir uns in einer Endlosschleife aus Beginnen, Entwickeln und Abbrechen wieder. Dass in einem solchen Fall noch tiefere seelische Vorgänge am Werk sein können, ist durchaus naheliegend. Aus der Perspektive des Schaffens jedoch geht es schlicht darum, den Sättigungspunkt dieses dritten Modus zu erkennen. Dieser lässt Sie spüren, wann es genug ist, und fordert Sie auf, zwei Dinge zu akzeptieren: Erstens, dass jedes Werk letztlich ein *Work in Progress* und somit nie wirklich vollendet ist, dass Sie es jedoch dennoch irgendwann beenden, damit einer Kritik aussetzen und dazu stehen müssen. Zweitens, dass mit jeder Beendigung ein Abschied verbunden ist und eine gewisse Leere entstehen kann. Beides ist notwendig, damit Sie sich wieder auf Unvorhergesehenes einlassen können und sich Ihre Erneuerungsfähigkeit erhalten. Clint Eastwood meinte auf die Frage, wie er seine Produktivität als Regisseur erhalte, einmal schlicht: »Don't let the old man in.« Der Sättigungspunkt dieses Modus ist besonders schwer zu erkennen und vor allem zu akzeptieren. Idealerweise fühlt er sich als Gewissheit an, dass Sie nichts mehr weglassen können, dass Sie alles aus Ihrem Werk herausgeholt haben, was Ihnen zurzeit möglich war. Oft genug müssen Sie sich aber in einem unbefriedigenden Zustand von Ihrem Werk verabschieden, in dem Sie noch so gerne dieses und jenes verändert oder verbessert hätten. In diesem Modus hilft nur, dass Sie nicht als Maßstab nehmen, ob das Werk

Ihrem Ideal nahekommt, sondern ob es schlicht gut genug ist. Am klarsten und bodenständigsten zeigt sich der Sättigungspunkt dann, wenn Sie Ihr eigenes Werk vor lauter Detailarbeit so satt haben, dass Sie froh sind, wenn Sie es endlich los sind. Zu Ihrer Erleichterung kommt danach jedoch zum Glück etwas völlig anderes, nämlich der vierte Modus des Schaffens.

Der vierte Schaffensmodus: Loslassen

Der vierte Schaffensmodus, Loslassen, wird zumeist entweder vernachlässigt oder idealisiert, selten jedoch als ein den anderen ebenbürtiger Modus verstanden. Wenn Sie die vier Schaffensmodi als Kreislauf verstehen, bildet dieser vierte Modus den Abschluss. Selbstverständlich ist es im gesamten Schaffensprozess immer wieder notwendig, dass Sie ein wenig loslassen, wie es der Grundfrage von Wollen versus Nichtwollen entspricht. Jetzt jedoch tun Sie in Bezug auf Ihr gesamtes Werk nichts anderes, als loszulassen. Sie sind nicht mehr fokussiert, machen jedoch auch noch nicht auf, sondern noch immer zu. Die Kernfrage ist: Wie lasse ich los? Sie scheint der Gefahr zu ähneln, in einem der Modi zu verharren. Doch nun geht es nicht bloß um das Loslassen eines Arbeitsmodus, sondern um das Loslassen Ihres gesamten Werkes, der Grundidee und des Schaffensprozesses als Ganzes. Sie treten einige Schritte zurück und versuchen, aus kritischer Distanz das Gesamtbild zu sehen. Es ist wie ein Blick zurück auf eine Insel von einem ablegenden Schiff aus: Mehr und mehr Buchten und Silhouetten der Insel geraten in Ihr Blickfeld, während gleichzeitig die Details immer unkenntlicher werden. Vielleicht beginnen Sie schon, neue Luft zu atmen und andere Dinge wahrzunehmen. Vielleicht wollen Sie, wie gesagt, auch Ihr Werk gar nicht mehr sehen, weil Sie so viel Zeit mit Detailarbeit verbracht haben, dass es Ihnen schon richtiggehend zuwider ist. In jedem Fall ist Ihr Werk abgeschlossen und das, was Sie ausdrücken wollten, nun ausgedrückt und damit kritisierbar. Und in jedem Fall führt Ihr Werk jetzt, wie ein von Ihnen unabhängiges Wesen, ein Eigenleben und entzieht sich somit weitgehend Ihrem direkten Einfluss – wie ein

Kind, das sein Elternhaus verlässt. Es ist nun auf sich allein gestellt und muss sich in Bewertungssituationen bewähren. Und Sie müssen zurücktreten und haben letztlich nur noch Beobachterstatus. Dies alles fällt vielen schöpferischen Menschen schwer. Natürlich kann es auch sein, dass Sie sich sowohl mit Kritik als auch mit Abschied leichttun, aber dann sind Sie meiner Erfahrung nach eher die Ausnahme. Und selbst dann müssen Sie letztlich einen Umgang für den Zustand finden, der Sie im vierten Modus ereilen kann und der einem Niemandsland gleicht. Sich möglichst schnell ins nächste Projekt zu stürzen ist zwar ein gangbarer Weg, er schlägt sich nur irgendwann auf die schöpferischen Ressourcen nieder und dann stehen Sie am Ende wirklich einmal ohne Einfälle da.

Vor vielen Jahren lud mich ein alter Kollege ein, ich solle doch als Musiker bei seiner Theaterproduktion mitwirken. Ich hielt die Idee erst für verrückt, fand dann aber rasch Gefallen an der Vorstellung, von einem Tag auf den anderen meine berufliche Identität zu wechseln. Eine dreimonatige Auszeit vom Berateralltag kam mir damals ebenfalls sehr gelegen. Also ließ ich mich auf dieses Zwischenspiel ein. Statt dem Moderatorenkoffer trug ich nun den Geigenkoffer und statt vor Menschen in Seminarräumen zu stehen, saß ich jetzt unterhalb von ihnen, im Orchestergraben. Die drei Monate vergingen wie im Flug. Vor der letzten Vorstellung, der Dernière, erfuhr ich von der Praxis der Dernièren-Streiche: Ohne dass es das Publikum merkt, ändern Schauspieler kleine Textpassagen, verstecken Utensilien oder verändern ihre Kostüme, um ihre Kollegen aus dem Konzept zu bringen. In dieser Produktion gab es jedoch viele junge Schauspieler, die nichts mehr fürchteten als solche Scherze. So veranlassten sie einen Streich-Waffenstillstand. Wir Musiker fanden, dass dieser unmöglich auch für uns gelten könne.

Das Stück verlief ohne Zwischenfälle bis zu seinem dramatischen Höhepunkt. An dieser Stelle hatte die Regie vorgesehen, dass alle Schauspieler vorn an der Bühnenrampe standen. Ihre ernsten Blicke waren auf die endlose Weite des dunklen Theatersaals konzentriert, die das Meer darstellte. Man hörte es rauschen und jeder Schauspieler sagte einen bedeutsamen Satz, ohne seine Miene zu verändern.

Unser Dernièren-Streich war denkbar einfach: Leise, aber klar wahrnehmbar, unterlegten wir diese Szene mit dem markanten Leitmotiv aus dem Weißen Hai – *dum dam dum dam dum dam dum dam*. Die Schauspieler mussten ihren ernsten Gesichtsausdruck recht lange beibehalten, denn das bekannte Motiv kam wieder und wieder, bis jeder Satz gesprochen und die quälende Szene an der Rampe endlich zu Ende war.

Es erübrigt sich, anzumerken, dass die jungen Schauspieler uns umgehend lynchen wollten. Was unsere Haut rettete, war ein psychologischer Taschenspielertrick: Wir versicherten, dass wir das Ganze nur zum Wohle der Debütanten getan hätten. Diese hätten schließlich jetzt etwas, worüber sie lange reden könnten, und das würde sie vor der gefürchteten Dernièren-Depression bewahren – dem seelischen Loch nach Ende einer Theaterproduktion, in das viele Schauspieler fallen. Diese Leere ist jedoch nicht nur Schauspielern bekannt. Wenn Sie schon einmal intensiv mit anderen an einer gemeinsamen Sache gearbeitet haben, kennen Sie diese Mischung aus Abschiedsstimmung und fehlendem Halt nach Projektende. Viele flüchten dann nach Möglichkeit gleich ins nächste Projekt, aber das ist nur die zweitbeste Lösung.

Es kommt nicht von ungefähr, dass es in den großen Religionen Ruhetage gibt, im Christentum und im Judentum fordern die Schöpfer sie sogar von ihren Anhängern ein. Der Prophet Mohammed empfiehlt regelmäßiges Ausruhen und der höchst produktive Theologe Thomas von Aquin meint, der »wahrhaft Weise« müsse ab und zu »die gespannte Schärfe seines Geistes lockern«. Dies geschehe am besten »durch spielerisches Tun und Denken«. Es geht in diesem Modus also darum, dass Sie Ihren Geist lockern, um Ihren Blick wieder auf das lenken zu können, was da kommen möge. Sie brauchen sich jedoch noch nicht wieder Neuem zu öffnen. Es genügt, wenn Sie sich vom gerade Geschaffenen und von Ihrem Schaffen insgesamt defokussieren. Ob Sie das durch Ablenkung, also »Zerstreuung«, erreichen oder durch Abschiedsrituale, durch besinnliches Innehalten oder durch absichtslose Beschäftigung mit interessanten fachfremden Dingen, ist eine Frage Ihrer persönlichen Präferenz –

wobei viele besonders produktive Menschen die letzte Variante bevorzugen, so sie nicht einfach schlafen gehen wie Einstein.

Auch wenn Sie selbst glauben, keine Ruhepausen zu brauchen: Der Schaffensprozess braucht sie. Ihr Unbewusstes arbeitet ohnehin pausenlos. Sie können also darauf vertrauen, dass in den Tiefen Ihres Geistes fleißig gearbeitet wird, falls Sie das beruhigt. Ihre Aufgabe ist es in diesem Modus nicht, den Fluss aus Ihrer unbewussten Inspirationsquelle andauernd neu zu regulieren, sondern ihn seine eigenen Wege suchen zu lassen. Dann wird diese Quelle eher sprudeln und Sie brauchen nicht zu befürchten, dass sie versiegt.

Der vierte Modus ist auch derjenige, in dem Ihnen die Vergänglichkeit Ihres Schaffens bewusst wird, wenn Sie es zulassen. Als ich früher Kreativitäts-Workshops machte, gab es immer wieder Auftraggeber, die unbedingt jede einzelne irgendwann geäußerte Idee protokollieren wollten. Auch das ist eine Form des Nicht-loslassen-Könnens. Nichts gegen sinnvolle Protokolle, aber Sie können darauf vertrauen, dass gute Ideen einen gewissen hartnäckigen Überlebenswillen haben – wie Unkraut, das seinen Weg durch die Ritzen im Beton findet. Das erleichtert es Ihnen vielleicht, anzuerkennen, dass Ideen naturgemäß flüchtig und somit schnell vergänglich sind. Wesentlich ist es eben nicht, möglichst viele Ideen festzuhalten, sondern für Rahmenbedingungen zu sorgen, die den natürlichen Ideenfluss fördern. Zu diesen Rahmenbedingungen trägt der vierte Modus entscheidend bei. Er ist derjenige Modus, in dem Sie die größten kreativen Sprünge machen können, aber auch derjenige, in dem Sie sich am verlorensten fühlen können. Und er ist der Modus, in dem Sie am meisten lernen und die grundlegendsten Entscheidungen treffen können, aber nur wenn Sie bewusst die Perspektive des Zumachens und Defokussierens einnehmen.

Die Gefahren

In diesem vierten Modus sind es ebenfalls vier Gefahren, die Ihnen begegnen können. Von diesen vieren sind wieder die ersten drei typisch für diesen Modus, die vierte Gefahr kennen Sie bereits, zumindest dem Titel nach. Die Gefahren in diesem Modus sind:

❯ Die Gefahr, keine Ideen mehr zu haben

❯ Die Gefahr, mit Bewertungen anderer falsch umzugehen

❯ Die Gefahr, sich zu sehr mit sich selbst zu beschäftigen

❯ Die Gefahr, in diesem Modus zu verharren

Die Gefahr, keine Ideen mehr zu haben, ist wohl die bekannteste und die am meisten gefürchtete in diesem Modus, obwohl sie bei Weitem nicht die größte Gefahr für Sie darstellen wird. Doch die Angst vor einer Ideenblockade lässt die Gefahr größer erscheinen, als sie tatsächlich ist. Entscheidend ist allerdings bei dieser Gefahr, dass Sie auch die Bereitschaft haben, nötigenfalls drei Felder zurückzugehen und sich die möglichen Ursachen für das Versiegen Ihres Ideenflusses anzusehen. Es kann nämlich im Wesentlichen nur zwei Ursachen haben: Entweder haben Sie sich zu lange überfordert und leiden daher unter einer fundamentalen Erschöpfung, die über das konkrete Projekt oder Werk hinausgeht. Oder Sie befinden sich gerade in einer für Ihr Schaffen hinderlichen Lebenssituation. Beides ist nicht von heute auf morgen zu ändern und beides braucht, wie gesagt, vor allem Ihre Bereitschaft, hinter die Symptome Ihrer Ideenblockade zu blicken, den Ursachen nachzugehen und letztlich auch die nötigen Konsequenzen zu ziehen.

Ich erinnere mich an eine Phase, in der ich mich derartig gefangen in meinem Hamsterrad fühlte, dass ich nicht in der Lage war, auch nur irgendeinen schöpferischen Gedanken zu fassen. Ich nahm neue Wege in meine Arbeit, um dem Trott zu entkommen. Ich versuchte Übungen aus dem Improvisationstheater, um die Routinen zu durchbrechen. Aber nichts half. Also nahm ich ein Coaching in Anspruch, was damals noch etwas fast Anrüchiges an sich hatte, zumindest in unseren Breiten. Innerhalb weniger Sitzungen wurde mir klar, was die Ursache – und vor allem der nötige Veränderungsschritt – war: Ich hatte einfach dasselbe Schaffensmuster zu oft ausgereizt und mich auf das beschränkt, von dem ich sicher sein konnte, dass es funktionierte. So hatte ich mich nur noch selbst wiederholt, ohne mich darum zu kümmern, dass ein Teil von mir nach Weiterentwicklung schrie. Im Nachhinein oder von außen betrachtet war das alles keine großartige Erkenntnisleistung. Aber in jenem Moment war es das Allerwichtigste, dass ich mich überhaupt einmal mit diesen Ursachen beschäftigte. Denn plötzlich öffneten sich die schöpferischen Schleusen und die Ideen sprudelten wieder, als wäre nichts gewesen.

Die Gefahr, sich zu sehr mit sich selbst zu beschäftigen, ist gewissermaßen die Übertreibung dessen, was ich soeben beschrieben habe. Denn so essenziell es für Ihr Schaffen auch sein kann, in Ihr Inneres zu blicken, so groß scheint auch für manche die Verlockung zu sein, sich in einer Endlosschleife namens Selbstfindung zu verfangen. Diese Gefahr ist im vierten Schaffensmodus am allergrößten. Im Extremfall gleicht sie einer Hochschaubahn aus Hoffnung und tiefem Fall, über deren Eingang in großen Lettern das Wort Selbstmitleid, und über deren Ausgang Selbstzerstörung steht.

In den letzten Jahrzehnten hat sich eine große Industrie der Selbstbeschäftigung entwickelt, die jedem Suchenden ein Stückchen Seelenheil verspricht. Selbstverständlich gäbe es die ganze Branche nicht, wenn nicht so viele Menschen auf Sinnsuche wären. Und zu den mitunter besten Kunden gehören schöpferische Menschen wie Sie. Sie sind gerade im vierten Modus besonders suchend und daher anfällig für eine unechte Beschäftigung mit sich selbst. Mir scheint es manchmal förmlich so, als wäre ein Selbstfindungsangebot umso erfolgreicher, je weniger es seine Kunden mit unnötiger Selbstreflexion belästigt. Ein Freund meiner Eltern – ein höchst einfallsreicher Unternehmer – hatte lange Zeit einen persönlichen Wahrsager, mit dem er jede, aber auch jede Entscheidung würfelte. Das war vor vierzig Jahren. Unlängst erzählte mir eine Bekannte, eine diplomierte Ernährungswissenschaftlerin, dass sie jede ihrer Entscheidungen mithilfe einer Familienaufstellung trifft. Zuletzt stellte sie in dieser Runde den Namen ihres ersten Kindes auf. Es scheint sich in den letzten vierzig, vielleicht auch vierhundert oder viertausend Jahren an dem Bedürfnis vieler Menschen, möglichst keine Verantwortung für sich selbst zu übernehmen, kaum etwas geändert zu haben.

Als privates Hobby wird Ihnen eine derartige Flucht vor sich selbst wahrscheinlich nicht sonderlich schaden, wenn auch nicht viel nützen. Als schöpferischer Mensch nehmen Sie sich jedoch durch derartige Eso-Eskapaden die Chance, Ihr schöpferisches Potenzial wirklich auszuschöpfen.

Wohl eines der frustrierendsten Erlebnisse als schöpferischer Mensch ist es, wenn Sie nach wochen-, monate- oder sogar jahrelangem Ausprobieren und Verwerfen erkennen müssen, dass all Ihre vielversprechenden Ansätze im Nirgendwo geendet haben und Sie die ganze Sache besser bleiben lassen. Selbstverständlich brauchen Sie dann erst einmal Zeit, um Ihre Wunden zu lecken und wieder Ihre Kräfte zu sammeln. Irgendwann müssen Sie jedoch die Phase der Selbstbeschäftigung abschließen. Ich kenne zu viele schöpferische Menschen, die diesen Punkt nicht erkennen oder diese Entscheidung nicht treffen. Viele von ihnen gleiten in Zynismus und eine grundsätzliche Abwertung von allem ab. Sie haben Angst davor, sich überhaupt wieder auf irgendetwas einzulassen, weil die letzte Erfahrung – ähnlich dem unglücklichen Ende einer Beziehung – so schmerzhaft war. Oft geht dies sogar mit Schuldgefühlen nach dem Motto »Ich sollte eigentlich wieder etwas tun« einher. Aber wenn die Kraft für die wirklich nötigen Schritte fehlt, bleibt es bei der fruchtlosen Beschäftigung mit der eigenen Befindlichkeit.

Die Gefahr, mit Bewertungen anderer falsch umzugehen, ist weit verbreitet. Eigentlich kenne ich nur ganz wenige, die ein angemessenes Verhältnis zu Bewertungen von anderen haben, und ich denke nicht, dass Sie mir glaubhaft machen können, dass Sie Kritik völlig kalt lässt. Es sei denn, Sie sind bereits so abgebrüht, dass Sie ohnehin nichts Schöpferisches mehr zuwege bringen, was ich nicht hoffe. Diese Gefahr hat zwei Ausformungen: Entweder Sie lassen Kritik zu nahe an sich heran, dann wirft sie Sie am Ende aus der Bahn, oder aber Sie berücksichtigen sie überhaupt nicht, dann verzichten Sie auf wertvolle Hinweise für Ihr weiteres Schaffen. Beides ist schlecht, aber immer noch einfacher, als den Mittelweg zu gehen, der da heißt: differenzieren. Sie dürfen um die Grundfrage Zweifel versus Überzeugung nicht einfach einen Bogen machen und so tun, als gäbe es sie nicht. Vielmehr müssen Sie mitten durch sie durch und das entsprechende Werkzeug »sich ohrfeigen lassen« nützen.

Ein Kollege von mir zeigt in seinen Seminaren gerne den Filmausschnitt aus *Alexander der Große*, in dem Brad Pitt einen ungefähr doppelt so großen Widersacher besiegt. Diese Szene soll die Empfehlung illustrieren, dass wir uns an Helden orientieren sollten. Ich finde die Filmszene hervorragend gemacht, allerdings sind für mich die größten Helden diejenigen, die den richtigen Umgang mit der Grundfrage Zweifel versus Überzeugung gefunden haben. Das bedeutet nämlich nicht, dass Sie das eine oder andere niederringen, sondern dass Sie immer wieder aufs Neue das richtige Maß zwischen diesen beiden Polen finden. Kritik ist die Aufforderung dazu, das zu tun. Letztlich müssen Sie eine für sich angemessene Balance zwischen innerer und äußerer Bewertung finden. Die äußere Bewertung ist zwar für Ihren Erfolg wesentlich, Ihre innere Bewertung jedoch für Ihre Sinnfindung.

Die Gefahr, in diesem Modus zu verharren, wird Ihnen zum Glück nicht allzu häufig begegnen. Denn wenn sie es tut, sind die Folgen meistens fatal. In diesem Zustand des Loslassens zu verharren bedeutet nichts anderes, als dass Sie sich ohne Fokus und ohne Offenheit für Neues dem Stillstand preisgeben. Die Gefahr besteht letztlich darin, dass Sie sich in völliger Haltlosigkeit verlieren und nicht mehr zurückfinden. In letzter Konsequenz führt dies zu Chaos und zu Zerfall, der mit psychotischen Zuständen vergleichbar ist.

Vor ein paar Monaten war ich nach längerer Zeit wieder einmal auf einer Party von alten Berliner Bekannten aus der Kreativszene. Ich saß gemütlich auf der Couch, als mich plötzlich ein früherer Freund, ein hoch begabter Schriftsteller ansprach. Wir hatten einige Projekte gemeinsam gemacht und der Austausch mit ihm war für mich immer besonders inspirierend gewesen. Ich freute mich sehr, ihn zu sehen, und er begrüßte mich ebenfalls überschwänglich. Wie es denn gehe und was ich so tue, fragte er, und ich erzählte. Schließlich war er an der Reihe zu berichten. Mehr und mehr merkte ich, dass er sich in anderen Bewusstseinssphären bewegte und dass das Leuchten in seinen Augen eher chemische als soziale Ursachen hatte. Die Essenz seiner Geschichte: Er war seelisch, körperlich und wirtschaftlich in die völlige Haltlosigkeit abgeglitten. Ich verließ das Fest in recht betrübter Stimmung. Etwa drei Monate vergingen, als ich auf meiner Mobilbox eine Nachricht einer gemeinsamen Freundin fand. Die Nachricht war kurz, sie fragte mich, ob ich zu seiner Beerdigung kommen würde. Ich rief sie zurück und sie erzählte, dass er kein einziges Schriftstück hinterlassen hatte, weil er alles auf seinem Computer gespeichert hatte und dieser mitsamt seinem Hab und Gut gepfändet und versteigert worden war. Bis auf seine Artikel in einem Berliner Szeneblatt und das eine Gedicht von ihm, das ich mir gemerkt hatte, war von seinem Schaffen nichts übrig geblieben. Zum Glück kenne ich nicht viele solcher Biografien, aber dennoch mehr, als mir lieb ist. Denn selbst das halbe Ausmaß dieser Tragödie würde ausreichen, um Ihnen und Ihrem Umfeld ein sorgenreiches, unproduktives und zu kurzes Leben zu bescheren. Neben der ganzen persönlichen Tragik ist es gerade in einer Zeit, in der wir als Gesellschaft mehr und mehr von schöpferischen Menschen abhängen, besonders essenziell, solche Verläufe zu verhindern.

Das bedeutet, dass Sie in diesem Modus den Sättigungspunkt ganz besonders klar erkennen müssen. Den Punkt nämlich, an dem Sie nicht mehr weiter loslassen, sondern es vielmehr wieder zulassen sollten, dass etwas Neues in Ihnen, mit Ihnen und um Sie herum entstehen kann. Zwar hat in allen vier Modi die jeweils letzte Gefahr – im jeweiligen Modus zu verharren – mit falschen Prioritäten und mangelndem Realitätssinn zu tun. In keinem der anderen Modi jedoch können die Folgen so drastisch sein, wenn Sie diese Gefahr ignorieren, und nur in den seltensten Fällen kommen Sie aus eigener Kraft wieder heraus.

8. Unkreatives Problemlösen

Wie Sie die vier Modi des Schaffens verwenden können, um besser Probleme zu lösen und Entscheidungen zu treffen.

Stellen Sie sich vor, Sie haben ein wirklich kniffliges Problem zu lösen oder eine große Entscheidung zu treffen. Beispielsweise möchten Sie herausfinden, wie Sie neue Kunden ansprechen können, oder eine Entscheidung darüber treffen, ob Sie eine neue Räumlichkeit kaufen oder anmieten sollen. Wahrscheinlich werden Sie beginnen, das Für und Wider aufzulisten, eventuell mit Freunden und Ihrem Partner darüber zu reden, und Sie werden vielleicht Kriterien formulieren, die eine mögliche Lösung erfüllen muss – zumindest wenn Sie sich nicht mit Methoden des »kreativen Problemlösens« befasst haben. Hinter dieser Bezeichnung finden Sie eine Vielzahl ähnlicher Methoden, die besonders im Managementbereich großen Anklang finden, aber grundsätzlich an kein Metier gebunden sind – sie sind also quasi Kreativität in Reinkultur. Allerdings hat das »kreative Problemlösen« einen Haken: Es ist völlig unkreativ. Bei all diesen Methoden handelt es sich schlicht um eine definierte Abfolge von Schritten, durch die Sie eine möglichst gute Lösung für ein Problem finden sollen.

Wenn Sie hingegen schöpferisch tätig sind, werden Sie so gut wie niemals nach definierten Schritten – also algorithmisch – vorgehen, sondern sich in Schleifen durch die vier Modi hindurch einer Stimmigkeit annähern. Zumeist folgen Sie ohnehin dem beschriebenen pulsierenden Lösungsweg aus Auf- und Zumachen, aus aktiver Beschäftigung und Loslassen, allerdings unbewusst und unstrukturiert. Sie tun das selbst bei gänzlich unkreativen Entscheidungen wie der, welche Küche oder welches Auto Sie kaufen sollen. Wenn Sie sich diesen Prozess allerdings einmal bewusst machen, werden Ihre Entscheidungen oder Lösungen besser und Sie werden gleichzeitig weniger Zeit darauf verwenden.

Problemlösungen mit den vier Modi des Schaffens

Im *ersten Modus* beginnen Sie nicht damit, sich in dieses Problem zu vertiefen, vielmehr machen Sie auf und defokussieren Sie. Das bedeutet konkret, dass Sie ganz zu Beginn dieses Prozesses erst einmal zurücktreten und das Problem oder Thema in seiner Gesamtheit zu sehen versuchen. Gerade wenn Sie den Druck verspüren, eine rasche Lösung finden zu müssen, ist dieser Schritt besonders wichtig. Die Kernfrage ist ja, wie Sie einen Einstieg finden. Das bedeutet, dass Sie sich die Frage stellen müssen, was überhaupt das Problem ist. Das klingt vielleicht banal, aber an diesem Punkt passieren oft die entscheidendsten Fehler. Reservieren Sie daher unbedingt genügend Zeit für die Frage, wie Sie das Problem benennen. Sie werden merken, dass es unterschiedlichste Blickwinkel gibt, die alle wichtig sind – einschließlich dem, dass es gar kein Problem gibt. Aus jedem Blickwinkel sieht das Problem naturgemäß anders aus.

In diesem ersten Modus geht es ums Zulassen, daher sollten Sie alle unterschiedlichen Blickwinkel fürs Erste gelten lassen. Danach ist es jedoch wesentlich, dass Sie festlegen, wie Sie das Problem richtig eingrenzen und benennen – worauf Sie somit den Fokus legen wollen, dem Sie im zweiten Modus folgen. Ich empfehle Ihnen, dieses Problem als offene Frage in der Ich- oder Wir-Form zu formulieren, also immer in der Art: »Wie kann ich …?«, »Wie schaffen wir …?«, »Was muss ich tun, um …?« oder »Wie erreichen wir …?«. Bleiben Sie lange genug in diesem Fragemodus und erlauben Sie sich oder anderen keine vorschnellen Antworten, vor allem wenn diese durch ihre Brillanz beeindruckend oder besonders eloquent vorgetragen werden. Denn vorschnelle Antworten behindern Sie dabei, Wesentliches zu erkennen. Im schlimmsten Fall zerstören Sie gerade Entstehendes, wenn Sie sich zu sicher sind, dass Sie das Problem oder die Lösung bereits kennen. Wenn Sie diesen ersten Modus abgeschlossen haben, haben Sie schon so gut wie den halben Weg zurückgelegt. Denn Sie wissen jetzt, worauf Sie sich im zweiten Modus einlassen werden. Sobald Sie allerdings Ihre Frage exakt gestellt haben, ändern Sie nichts mehr daran. Nach dem vierten Modus können Sie wieder entscheiden, ob Sie noch eine Iterationsschleife durch alle Modi machen wollen.

Der *zweite Modus* hat im Unterschied zum ersten also einen klaren Fokus, nämlich Ihre Fragestellung. Unverändert zum vorhergehenden Modus ist jedoch, dass Sie nach wie vor aufmachen: Sie stellen weitere Fragen, suchen nach Ideen, Möglichkeiten und Alternativen. Die erste Frage allerdings, die Sie sich stellen sollten, ist die, welche Anforderungen denn Ihre ideale Lösung wirklich erfüllen muss. Im ersten Modus haben Sie sich gefragt, was genau das Thema ist und so quasi das Problem erschaffen. Im zweiten Modus fragen Sie danach, wie Ihre ideale Lösung aussehen müsste und woran Sie sie erkennen würden. Sie sollten zu diesem Zeitpunkt allerdings noch immer Acht geben, dass Sie keine vorschnelle Antwort auf die Frage geben, was genau diese Lösung sein soll. Das kann mitunter anstrengend sein, verbessert jedoch in der Regel das Ergebnis ganz maßgeblich. Es ist vielleicht verlockend, es historischen Gestalten wie Kolumbus mit seinem Ei oder Alexander mit dem Gordischen Knoten gleichzutun. Nur bringt es Sie nicht weiter. Bleiben Sie vielmehr weiter im Fragemodus, in der Ideenfindung, im Explorieren und vor allem im Möglichkeitssinn – auch wenn Sie vielleicht am liebsten das ganze Thema verwerfen oder anderen zur Lösung überlassen würden. Wichtig ist gerade in diesem Modus, dass Sie auch bereits existierende Lösungen oder Ideen in Ihre Überlegungen miteinbeziehen. Niemand verlangt von Ihnen, dass jede Idee ausschließlich und zur Gänze von Ihnen kommen muss. Anders gesagt: Erfinden Sie gerne neue Räder, aber erfinden Sie nicht das Rad neu. Klarerweise müssen Sie auch in diesem Modus erkennen, wann es genug des »fokussierten Aufmachens« ist. Irgendwann ist der Punkt erreicht, an dem Sie sich fürs Zumachen entscheiden müssen. Das ist der wesentliche Unterschied zwischen dem zweiten und dem dritten Modus.

Im *dritten Schaffensmodus* bleiben Sie weiterhin auf Ihre Fragestellung fokussiert, allerdings machen Sie den Sack jetzt – und zwar erst jetzt – endlich zu und entscheiden sich für eine Lösung. Jetzt ist die Zeit der Antwort gekommen und Sie werden merken, dass Ihnen eine stimmige Lösung leichter fällt, wenn Sie bis hierher konsequent in einem Zustand der Offenheit geblieben sind. Schließlich haben Sie genügend Zeit damit verbracht, Ihr Problem auch wirklich zu bestimmen und die Kriterien für die möglichen Lösungen zu modellieren. Jetzt können Sie alle möglichen Alternativen oder Kombinationen durchspielen. Vielleicht entscheiden Sie sich jetzt auch für gar keine dieser Optionen, was oft ein besonders mutiger Schritt ist. Oder Sie gehen aus Zeitgründen einen Kompromiss ein.

Vor allem aber werden Sie merken, dass die Antwort auf Ihre Frage weitere Fragen aufwirft, wie zum Beispiel: »Wie gehe ich konkret vor?«, »Was brauchen wir dazu?«, »Wie erkenne ich, ob ich mich vielleicht doch geirrt haben?« oder »Was tun wir, wenn sich die Lösung doch nicht als gut herausstellt?«. Das ist der eigentliche Teil der Arbeit in diesem Modus, nämlich den Weg abzusichern, der zum Ziel führt. Das Ziel, die Lösung, das Wohin ist Ihnen hier bereits ebenso klar wie der Weg, das Wie. Jetzt müssen Sie nur noch das konkrete Was beantworten oder besser: das Was, wenn? Dabei ist es wichtig, dass Sie nicht der Versuchung erliegen, jede Eventualität bis ins kleinste Detail zu planen. Es genügt in der Regel, dass Sie die wesentlichen Dinge einmal durchdacht haben. Danach sollten Sie diesen Modus wieder verlassen und sich in den vierten Schaffensmodus begeben, um Distanz zu gewinnen. Wenn sich Ihnen in diesem Modus plötzlich große Einwände auftun, ist es zumeist besser, dass Sie trotzdem diese erste Iterationsschleife beenden. Nach dem vierten Modus können Sie besser beurteilen, ob Sie vielleicht Ihre Ausgangsfrage anders stellen und eine neue Schleife um Ihr Thema ziehen wollen.

Im *vierten Modus* machen Sie nicht nur weiterhin zu, sondern Sie defokussieren auch. Sie lassen Ihre Frage also bewusst los. Sie treten zurück und betrachten Ihren bisherigen Weg zu Ihrer Lösung oder Entscheidung aus einer gewissen Distanz. Sicher kennen Sie es, dass Sie wichtige Entscheidungen überschlafen oder sich sonst irgendwie »setzen lassen«. Wenn Sie das tun, sind Sie gerade im vierten Modus. Dieses Loslassen ist deshalb so wichtig, weil es Ihre Intuition sprechen lässt. Oft wird geraten, vor der Problemlösung eine solche

»Inkubationszeit« einzulegen, damit nachher die große Idee aus dem Unbewussten auftaucht. Meiner Erfahrung nach kommen gute Ideen jedoch meist wie ein Treppenwitz mit gewisser Verzögerung, wenn es eigentlich schon zu spät ist. In den vier Modi bauen Sie dies bewusst ein: Sie arbeiten zuerst Ihre Lösung aus und treten dann zurück, um einen Blick auf sie zu werfen. Es ist also eigentlich bereits alles entschieden, aber jetzt lassen Sie nochmals Ihre innere Stimme sprechen. Intuition ist ja nichts anderes als verdichtete Erfahrung, die ins Unbewusste gerutscht ist. Sie sollten daher nur auf sie hören, wenn Sie in diesem oder einem ähnlichen Bereich auch über Erfahrung verfügen, ansonsten mischen sich zu leicht Ihre Wünsche und Hoffnungen hinein und führen Sie gekonnt in die Irre.

Nachdem Sie also auf diese Weise den gesamten Prozess aus der Distanz betrachtet haben, nachdem Sie auf Ihre innere Stimme gehört haben, müssen Sie entscheiden, ob Sie bei dieser Lösung bleiben oder noch eine Iterationsschleife durch alle vier Modi ziehen. Dabei besteht die Gefahr, dass Sie alles zu stark in Zweifel machen und die Schritte verzögern, die jetzt als Konsequenz aus Ihrer Lösung oder Entscheidung notwendig sind.

Wenn Sie allerdings an diesem Punkt wirklich nicht sicher sind, sollten Sie eine weitere Iterationsschleife durchführen und nochmals alle vier Modi durchwandern. Sie werden merken, dass dies beim zweiten Mal eine andere Qualität hat und auf gewisse Weise einfacher ist. Es ist ungefähr so, als würden Sie einen Berg auf einem Pfad besteigen, der stetig um den Berg herumführt. Bei der zweiten Umrundung sind Sie schon höher oben und sehen bereits viel mehr als bei der ersten. Und es ist einfacher geworden, weil Sie schon einiges an Weg zurückgelegt haben. Beim dritten Mal wird es noch einfacher, allerdings wird die Luft auch langsam dünner. Sie müssen daher entscheiden, wie viele Umrundungen Sie vollführen und wie weit Sie sich dem Gipfel nähern wollen.

Die zweite Iteration bedeutet, dass Sie im ersten Modus hinterfragen, ob Sie Ihre Ausgangsfrage richtig formuliert haben: Haben Sie sie zu eng oder zu weit gefasst oder vielleicht einen wesentlichen

Aspekt übersehen? Im zweiten Modus überprüfen Sie, ob Sie Ihre Ideallösung richtig skizziert haben: Sind weitere wichtige Kriterien aufgetaucht, die Ihre Lösung unbedingt erfüllen muss? Sind Sie auf etwas bereits Existierendes gestoßen, das Ihnen die Lösung erleichtern würde, sodass Sie es berücksichtigen oder einbauen sollten? Im dritten Modus fragen Sie sich, ob Sie auch wirklich alle Varianten und Kombinationen gut durchdacht haben: Gibt es andere Kombinationsmöglichkeiten? Sind mögliche Hindernisse oder Erleichterungen aufgetaucht, die andere Lösungen ermöglichen oder behindern? Im vierten Modus schließlich betrachten Sie alles erneut aus gewisser Distanz: Ist das jetzt stimmig? Meldet sich eine Stimme oder ein Störgefühl oder können Sie das Thema jetzt guten Gewissens abschließen?

So nähern Sie sich Schritt für Schritt, Modus für Modus, Ihrer Lösung an. Der Prozess ist derselbe wie bei jedem Schaffensprozess. Hier wie dort nähern Sie sich einer Stimmigkeit an. In diesem Fall ist es eben eine stimmige Lösung oder Entscheidung – eine, die Sie auf gänzlich *un-kreative* Weise erzielt haben.

9. Die Organisation des Schaffens

Wie Sie die Zusammenarbeit von schöpferischen Menschen so organisieren, dass sie Sinn stiftet und langfristig funktioniert.

Schöpferische Zusammenarbeit

»Ich schenke sie Ihnen«, sagte ich zu dem freundlichen Zollbeamten, »wollen Sie sie haben?« Die Ausreise aus Kroatien gestaltete sich etwas einfacher als meine Einreise drei Jahre zuvor, was auch daran gelegen haben mag, dass sich das Land damals noch im Krieg befunden hatte. »Nein, danke«, antwortete er lachend, als er mir meinen Pass mit dem Eintrag der Firmengründung zurückgab, »ich habe schon zwei GmbHs.« Genau zweieinhalb Jahre zuvor hatte ich ein Unternehmen gegründet, um exakt eine Woche vor meiner Ausreise die offiziellen Papiere zu erhalten. Es war mein erstes Beratungsunternehmen, gegründet als Notlösung, weil ich meinen ursprünglichen Plan nicht umsetzen konnte. Meine Dienstleistung war keineswegs innovativ: Ich half lokalen Firmen, ihre durch den Krieg verlorenen Geschäftskontakte wieder zu etablieren. Als ich begann, hatte ich keine Ahnung von Unternehmens- oder Mitarbeiterführung. Dennoch verdiente ich innerhalb kürzester Zeit ein Vielfaches des Durchschnittseinkommens und hatte zuletzt eine Handvoll Mitarbeiter. Nach der geplanten Zeit kehrte ich wieder nach Hause zurück, und da der nette Zollbeamte meine Firma nicht wollte, bin ich wahrscheinlich noch heute im Besitz einer Geister-GmbH in dem schönen Balkanstaat. Es war Mitte der 1990er-Jahre und die Dotcom-Ära war noch klein und schillernd, wie es Seifenblasen sind. Die Internet-Agentur, bei der ich gleich nach meiner Rückkehr angedockt hatte, war ein bunter Haufen aus IT-Nerds, Marketing-Wizards und Design-Freaks. Was uns verband, war die Gewissheit, Pioniere zu sein, Pioniere in einer völlig neu entstehenden Welt: dem World Wide Web! Wenn es damals so etwas wie eine Avantgarde unter den Entrepreneuren gab, dann gehörten wir sicherlich dazu. Wir waren *kreativ*, das sah man sofort, wenn man unseren Büroloft betrat, und ich glaube, ich hatte sogar blond gefärbte Haare. Geführt wurde das Start-up von einem meisterhaften Kommunikator. Er unterhielt in seinen monatlichen Talk-Runden alles, was in der regionalen Wirtschaft Rang und Namen hatte, und sollte noch vor der Jahrtausendwende ein erstes Mal in Konkurs gehen.

An diese Lebensphase im ausgehenden 20. Jahrhundert muss ich immer zurückdenken, wenn ich heute gefragt werde, wie denn Kreativität und Innovation zu managen sei. Hatte ich in Kroatien eine innovative Firma gemanagt? War ich selbst in der Kreativschmiede gemanagt worden? In beiden Fällen hatten wir jeweils unsere Projekte und taten unser Bestes, um sie im Dreieck von Zeit, Qualität und Kosten fertigzustellen. Jeder hatte seine gewisse Fachkompetenz, und wo diese endete, fragten wir so lange herum, bis wir eine sinnvolle Antwort hatten. Natürlich überlegten wir uns Dinge, die unsere Kunden zufriedenstellen, wenn nicht gar begeistern sollten. Doch das alles fühlte sich weder da noch dort »kreativ« an, sondern eher wie ein Haufen Arbeit, viel Verantwortung und jede Menge Konflikte. Im Wesentlichen bestand darin kein Unterschied zu der schöpferischen Arbeit, die ich von verschiedensten Musikensembles her kannte, ob es jetzt Orchester oder Jazzbands waren.

Wenn Sie in einem »kreativen« Beruf arbeiten, ist das für Sie höchst wahrscheinlich ebenfalls ganz normale Arbeit. In der Regel werden Sie sich in Ihrem »kreativen Team« als ganz normaler Mensch fühlen, zumindest solange Sie nicht zu schnell erfolgreich oder berühmt werden. In der Außensicht werden jedoch nicht nur Kreative und ihre Arbeit verklärt, sondern auch die kreative Arbeitsweise in Teams. Natürlich entwickeln sich viele Ideen in Teams. Sie tun dies aber nicht wegen der Teams, sondern schlicht weil Team- und Projektarbeit heute, im Gegensatz zu früher, eine gängige Arbeitsform ist. Teams sind einfach Werkzeuge der produktiven Zusammenarbeit. Dabei ist es müßig, zu hinterfragen, ob die Kreativität nun in den Köpfen einzelner Teammitglieder zu Hause ist oder im »kreativen Feld«, das in einem Team entstehen mag. Ebenso ist es kaum praxisrelevant, ob die Teammitglieder gewisse Rollen einnehmen, die angeblich für kreative Teamarbeit erforderlich sind. Sie können sich nämlich die Teammitglieder meistens nicht aussuchen. Außerdem können Sie sich als schöpferischer Mensch heute in der Regel nicht leisten, ausschließlich als Einzelkämpfer oder nur im Team zu arbeiten.

Es klingt vielleicht banal, aber schöpferische Zusammenarbeit entsteht einfach dort, wo Menschen schöpferisch zusammenarbeiten. Das passiert zumeist in Projekten. Was dabei zuerst da sein muss, die kreativen Köpfe oder eine förderliche Konstellation von unterschiedlichen Menschen, ist letztlich ein Henne-Ei-Problem. Denn Ideen entstehen überall dort, wo eine konstruktive Auseinandersetzung stattfindet, sei es mit einer Materie oder mit anderen Menschen.

Die kreative Organisation gibt es nicht

Etablierte Unternehmen blicken oft neidvoll auf kreative Start-ups und versuchen, deren Kreativitätsniveau im eigenen Unternehmen durch Trainings zu erreichen. Das geht meistens schief. Denn das Bild von Start-ups wird gerne verzerrt: Den meisten fehlt es an einer soliden Kundenbasis, an Kapital und an professioneller Führung. Zudem sind gerade Start-ups in ihren kreativen Ideen – selbst oder gerade wenn sie von Universitätsprofessoren gegründet werden – oft derart blauäugig, dass ich ihnen immer rate, besser eine möglichst langweilige Geschäftsidee zu haben. Wenn Sie also in einer großen Organisation arbeiten und diese »kreativ« machen wollen, sollten Sie sich nicht unbedingt Start-ups oder sonstige Kreativschmieden zum Vorbild nehmen. Überspitzt gesagt, muss Ihre Organisation nicht kreativ sein, um innovativ zu sein, und sie muss nicht innovativ sein, um erfolgreich zu sein. Klassische Orchester gehören sicherlich nicht zu den innovativsten, wohl aber zu den hierarchischsten Organisationen, die es gibt: Ein durchschnittlicher Orchestergeiger wird sich beispielsweise hüten, eine Anweisung des Dirigenten zu hinterfragen. Trotzdem sieht sich eine Milliarde Menschen das Neujahrskonzert der Wiener Philharmoniker an und würde das wohl nicht tun, wenn plötzlich Jimi Hendrix auf dem Programm stünde.

Unternehmen müssen also nicht unbedingt kreativ oder innovativ, sehr wohl aber lebensfähig sein. Das sind Sie dann, wenn Sie Ihren Kunden langfristig einen klaren Nutzen stiften. Selbstverständlich setzt das unter anderem voraus, dass Sie auch lern- und anpassungsfähig sind, und das können Sie dann auch Kreativität oder Innovationskraft nennen. Vor allem aber müssen Sie über einen klar definierten Geschäftszweck, klare Ziele und effiziente Prozesse verfügen. Das sind die Hausaufgaben, die Ihre Organisation machen muss, bevor Sie die Kreativität anderer Unternehmen bewundern. Organisationen »kreativ« machen zu wollen endet meist mit dem, was ich Tanzbärensyndrom nenne: Die Mitarbeitenden werden zum Gaudium einiger Unkundiger dazu gezwungen, etwas zu vollführen, das für sie völlig artfremd ist. Meistens haben diese Unternehmen dann übrigens auch kein Kreativitäts-, sondern ein Führungsproblem. Professionelles Management ist nämlich kein Widerspruch zu Kreativität, nur schlechtes Management ist es.

Wenn Sie sich die Frage dieses schöpferischen Zusammenspiels schon einmal gestellt haben, haben Sie sich höchstwahrscheinlich mit zwei Organisationsformen befasst, zu denen viel Missverständliches im Umlauf ist. Es handelt sich um Netzwerke einerseits und um Hierarchien andererseits, die gewissermaßen zwei extreme Pole bilden. Daher möchte ich kurz auf diese beiden Organisationsformen eingehen.

Netzwerke und Hierarchien

Vor einiger Zeit besuchte ich eine Veranstaltung, die sich mit der Bedeutung von Netzwerken als Organisationsform befasste. In den Diskussionsrunden herrschte weitgehend die einhellige Meinung, dass Netzwerke wesentlich für den Erfolg von Einzelnen wie von ganzen Unternehmen seien. Doch nicht nur das: Netzwerke hätten auch das Zeug, die Hierarchie als vorherrschende Form der organisierten Zusammenarbeit abzulösen. Untermauert wurde diese Ansicht mit der Verbreitung sozialer Netzwerke, aber auch mit ihrer Funktionsweise, die der des menschlichen Gehirns als einer Art Vernetzungsmaschine ähneln würde.

Selbstverständlich ist es für Ihren Erfolg nicht unwesentlich, dass Sie sich auf Basis ergänzender Interessen oder gegenseitiger Wertschätzung ein Netz von Beziehungen zu Menschen aufbauen. Das war noch nie anders. Klar ist auch, dass wir Menschen heute weit mehr Vernetzungsmöglichkeiten haben als vor der Internet-Ära und dass diese Möglichkeiten heute noch immer recht neuartig und interessant sind. Daraus jedoch abzuleiten, dass Netzwerke die Organisationsform der Zukunft darstellen, ist für mich so, als hätte man nach der Erfindung des Telefons gemeint, die künftige Organisationsform sei das Sprechen, weil man es ja nun mit jedem auf der ganzen Welt tun konnte.

Als Organisationsform sind Netzwerke nicht viel höher entwickelt als Grünalgen, weil sie wesentliche Voraussetzungen für eine lebensfähige Organisation nicht aufweisen: Erstens genügt anstelle einer klaren Zwecksetzung meist der Verweis auf die »Vernetzung« als Selbstzweck. Zweitens begeben sich die Mitglieder eines Netzwerks kaum auf Kosten der eigenen Autonomie in Abhängigkeit von anderen. Drittens passiert die Weiterentwicklung mangels gemeinsamer Ziele, wenn überhaupt, meist unkoordiniert. Und viertens gibt es keine Verhandlung über die Aufteilung und Optimierung der Ressourcen. Oft habe ich den Eindruck, diese darf es gar nicht geben, weil sonst ein hierarchisches Element zum Tragen käme, das viele Kreative fürchten wie der Teufel das Weihwasser.

Dabei ist die Hierarchie als Organisationsform ein Erfolgsmodell: Wann immer Menschen sich nachhaltig organisieren, tun sie es auf

Basis einer Hierarchie. Die Organisationen der meisten Verwaltungen, der Wissenschaften, der Religionen und der großen Unternehmen folgen diesbezüglich demselben Strickmuster und auch jede amorphe Massenbewegung muss irgendwann eine hierarchische Struktur annehmen, will sie überleben. Hierarchie bedeutet ja im Kern nichts anderes, als dass es eine Über- und Unterordnung und somit eine Priorisierung gibt. Sie strukturiert, was in Ihrem gemeinsamen Schaffen übergeordnet und was untergeordnet ist, was Ihnen mehr und was weniger wichtig ist und wer von Ihnen letztlich wem gegenüber den Vorrang hat. Genauso wie schöpferische Arbeit bedeutet, dass Sie Ihre Ideen strukturieren und zuordnen, bedeutet schöpferische Zusammenarbeit, dass Sie Ihr gemeinsames Schaffen strukturieren. Ohne Über- und Unterordnung wird Ihnen das auf lange Sicht nicht gelingen.

Dass hierarchische Strukturen besonders unter schöpferischen Menschen heute so negativ besetzt sind, hat nichts mit diesem Ordnungsprinzip zu tun. Vielmehr ist es darauf zurückzuführen, dass die klassischen Hierarchien wie Kirchen, Armeen, Großkonzerne oder Orchester typischerweise mit Rigidität, unzeitgemäßen Werten und einseitigen Dominanzen verbunden werden, was ja auch nicht ganz von der Hand zu weisen ist. Wenn Sie deshalb aber die Hierarchie als Strukturierungshilfe für schöpferische Zusammenarbeit verwerfen, schütten Sie das Kind mit dem Bade aus. Das Gegenteil von Hierarchie ist nämlich Anarchie, und diese hat wohl in den seltensten Fällen schöpferische Leistungen erbracht, nicht einmal in den 1970er-Jahren.

Nicht hierarchische, sondern rigide Organisationen sind also das Problem, weil diese es nicht vermögen, sich den Veränderungen ihrer Umwelt anzupassen. Dass rigide Organisationskolosse wiederum sehr lange überleben können, liegt einerseits an ihrer schieren Größe und andererseits daran, dass informelle Strukturen sehr lange deren Funktionieren aufrechterhalten. Genau diese informellen Strukturen sorgen dafür, dass die wesentlichen Funktionen erfüllt werden, und dafür werden letztlich »informelle Netzwerke« gerne gerühmt. Diese verdeckten und direkten Verbindungen scheinen für viele – und gerade für Freigeister – die einzige Lösung zu sein, um sich in rigiden Strukturen hierarchiefrei zu organisieren. Bis zu einem gewissen Grad sind sie ja auch nützlich. Wenn jedoch die formale Organisation ohne die informellen Netzwerke nicht mehr überleben kann oder diese zu viel Macht ausüben, wird die Sache gefährlich. Dann ist es ähnlich wie bei der Banyan-Feige, einem Tropenbaum, dessen Früchte zahlreichen Tierarten als Nahrung dient: Sie setzt sich auf einem Wirtsbaum fest – fürs Erste, ohne ihm zu schaden – und bildet sogenannte Luftwurzeln in Richtung Boden. Sobald diese Fangarme den Boden erreichen, hat die Banyan-Feige Zugang zu weit mehr Nährstoffen als zuvor. Dadurch wird sie so stark, dass sie letztlich den Wirtsbaum umbringt. Wie die Banyan-Feige den Tieren stiften auch informelle Netzwerke in Organisationen einen Nutzen. Ebenso wenig wie diese Pflanze sind Netzwerke allerdings allein lebensfähig. Vor allem aber bringen sie das System, das sie ernährt, in Gefahr, wenn sie Zugang zu den wesentlichen Ressourcen erhalten und zu stark werden.

Die Organisation des Schaffens

Schöpferische Zusammenarbeit ist keine Frage der Größe, sondern der Struktur. Es gibt zahlreiche Beispiele für die verschiedensten schöpferischen Arbeitsweisen, die alle sinnvoll sind und maßgeblich vom jeweiligen Metier abhängen: Bildhauer, Außendienstprofis oder Stabhochspringer schaffen naturgemäß allein, Anästhesisten, Consultants und Fußballer hingegen zumeist in Teams. Zwischen der kleinsten Form schöpferischer Zusammenarbeit – Duos wie etwa John Lennon und Paul McCartney – und den großen Wissensorganisationen werden Sie alle Abstufungen finden. Überall jedoch gilt, dass die Zusammenarbeit in einer bestimmten Struktur erfolgt, ja sogar auf gewisse Weise Struktur ist. Das folgende Rätsel illustriert diesen Gedanken. *Was ist das? Es besteht aus 15kg Kohle, 4 kg Stickstoff, 1 kg Kalk, 500 g Phosphor und Schwefel, 200 g Salz, 150 g Kali und Chlor und 15 weiteren Materialien sowie aus 4–5 Eimern*

Wasser? Richtig erkannt, das sind Sie selbst. Oder besser: Ihre Rohmaterialien, aus der Struktur Ihres Körpers und Geistes herausgelöst. Dass Sie gehen und sprechen, schauen und denken, lieben und schaffen können, verdanken Sie der Struktur, der Ordnung dieser Materialien. Und wer oder was immer für diese Organisationsform namens Mensch verantwortlich ist, hat etwas Beeindruckendes geschaffen.

So komplex strukturiert wie der menschliche Körper und Geist brauchen Ihr Team, Ihr Unternehmen oder Ihre Organisation zum Glück nicht zu sein. Wenn Sie allerdings Ihre schöpferische Zusammenarbeit mit anderen strukturieren, so müssen Sie sechs wesentliche Aufgaben erfüllen, um Ihre produktive Zusammenarbeit im Fließgleichgewicht zu halten – und zwar unabhängig davon, welche Bezeichnungen auf Ihren Visitenkarten stehen oder welche Namen in den Kästchen Ihres Organigramms stehen. Mit diesen Aufgaben gestalten Sie ein Umfeld, das schöpferische Zusammenarbeit ermöglicht, und prägen eine Kultur des Schaffens, mit anderen Worten: Sie managen schöpferische Menschen und Prozesse.

Diese sechs Aufgaben sind:

1. Erhaltung und Entfaltung ausbalancieren

2. Auseinandersetzungen fördern

3. Die Logik des Schaffens anwenden

4. Schöpferische Menschen produktiv machen

5. Ideen in Werte transformieren

6. Die vier Deals aushandeln

1. Erhaltung und Entfaltung ausbalancieren

Erstens müssen Sie eine angemessene Balance aus Erhaltung und Entfaltung finden. Die Faustregel ist dabei wieder: ein Viertel Entfaltung, drei Viertel Erhaltung. Auch in den innovativsten Unternehmen wird ein Gutteil der Zeit auf erhaltende Tätigkeiten verwendet. Bei den entfaltenden Tätigkeiten können Sie noch einmal unterscheiden zwischen Aktivitäten, die der Verbesserung von Bestehendem dienen, und solchen, die kaum oder gar nicht in Zusammenhang mit Erhaltungsaufgaben stehen. Erhaltung und Entfaltung auszubalancieren bedeutet auch, dass Sie akzeptieren müssen, dass diese beiden Kräfte miteinander konkurrieren und einander durchaus bedrohen können. Beide sind jedoch Teil des schöpferischen Prozesses, der sich hinter Bezeichnungen wie Change Management oder auch Innovationsmanagement verbirgt.

Innovationsmanagement wird in der Regel als das Management technischer Neuentwicklungen betrachtet, ist aber als Balance zwischen Bestehendem und Entstehendem Kernaufgabe des Managements jeder Organisation. Change Management wird zwar üblicherweise als die Kunst verstanden, Mitarbeitende für eine Veränderung zu gewinnen, ist aber in der Regel nur die andere Seite der Medaille. Innovationsmanagement beantwortet die Frage, mit welchem Angebot Sie morgen noch auf dem Markt sein werden, Change Management die Frage, was Sie an Ihrer Struktur und Kultur ändern müssen, um morgen noch erfolgreich zu sein. Beides hat seinen Ursprung letztlich im Umfeld Ihrer Organisation, beides ist nichts anderes als Ihre Reaktion auf Veränderungen in Ihrer Umgebung: Sie balancieren Erhaltung und Entfaltung neu aus. Genügte es früher, wenn Sie derlei Anpassungen von Zeit zu Zeit vornahmen, so müssen Sie das heute viel häufiger, zum Teil sogar permanent machen, und sowohl in Bezug auf Ihr Angebot als auch auf Ihre Struktur – Kultur. Die richtige Balance zu finden bedeutet dabei immer auch, Dinge wegzulassen, um Raum für Entstehendes zu schaffen.

Hilfreich ist es bei diesem Ausbalancieren, wenn Sie nicht erwarten, dass sich das neu Entstehende linear entwickelt, sondern in Form einer S-Kurve. Alles Entstehende braucht im Normalfall anfangs eine Anlaufphase, in der Sie viel hineinstecken, aber noch kaum eine Entwicklung sehen werden. In dieser Phase zieht die Entfaltung am meisten Ressourcen von der Erhaltung ab, hier wird der Konflikt also am stärksten. Sie müssen daher das Entstehende schützen und womöglich abschotten, damit es in Ruhe wachsen kann. War diese Anlaufphase erfolgreich, kommt eine Phase stärkeren Wachstums, in der Sie vor allem laufende Verbesserungen vornehmen müssen. Die Abläufe werden routiniert, Sie gewinnen an Erfahrung und haben dadurch wieder mehr und mehr Ressourcen frei. Diese Ressourcen sollten Sie bereits jetzt dafür nützen, weitere Entfaltungsvorhaben zu starten. Denn wenn Ihr erstes Entfaltungsprojekt in die Endphase gelangt, müssen Sie bereits dafür gesorgt haben, dass das nächste Projekt aus der Anfangsphase heraus ist.

2. Auseinandersetzungen fördern

Zweitens müssen Sie Auseinandersetzungen als integralen Bestandteil des Schaffens sehen und sie fördern. Besonderes Augenmerk sollten Sie dabei auf die Auseinandersetzung mit sich selbst, die Auseinandersetzung mit anderen Experten und die Auseinandersetzung mit den Empfängern richten. Auf die erste, damit Sie die individuellen Stärken, Arbeitsweisen und Werte Ihrer Leute erkennen und einsetzen können. Auf die zweite, damit Sie ein Klima schaffen, das von gegenseitigem Lernen und Vertrauen, aber gleichzeitig von hoher Professionalität und Leistung geprägt ist. Und auf die letzte Auseinandersetzung, weil Sie schlicht die Brücke zu Ihren Empfängern beziehungsweise Kunden sind. Je klarer Sie sich der Bedeutung dieser Auseinandersetzungen sind, desto eher werden Sie Vorbild sein können, desto besser wird es Ihnen gelingen, eine schöpferische Kultur entstehen zu lassen und letztlich auch einen wirtschaftlichen Erfolg zu erzielen.

3. Die Logik des Schaffens anwenden

Drittens müssen Sie die Grundfragen, die Werkzeuge und die vier Modi des Schaffens verstehen. So können Sie Ihre Mitarbeitenden dabei unterstützen, die typischen Herausforderungen in ihrem Schaffen zu überwinden. Den Schaffensprozess zu verstehen wird für Sie dann einfach sein, wenn Sie selbst schöpferisch tätig waren oder sind. Der schwierigere Teil ist daher der, wie Sie andere in ihrem Schaffen unterstützen können. Denn dafür brauchen Sie das richtige Verständnis für Ihre Rolle als Führungskraft. Wenn Sie, wie viele schöpferische Menschen, nebenbei lehrend tätig waren, werden Sie vielleicht auch als Führungskraft eine ähnliche Rolle wie ein Lehrer – oder neudeutsch: ein Coach – einnehmen wollen. Das greift jedoch zu kurz, denn letztlich sind ja Sie, und nicht Ihre Schützlinge, für die Ergebnisse und den Erfolg Ihres Teams verantwortlich. Sie müssen daher in beiden Denkwelten zu Hause sein: in der Ihrer Mitschaffenden, die wie gesagt Fachdiven sein können, und in der Ihrer Auftraggeber, egal ob das Ihre Kunden oder Vorgesetzte sind. Sie müssen zwischen diesen beiden Welten übersetzen und vermitteln. Dazu helfen Ihnen die sieben *Grundfragen des Schaffens*. Mit den *Werkzeugen* und den vier *Modi des Schaffens* wiederum können Sie Gefahren im Schaffensprozess besser erkennen und gegebenenfalls steuernd eingreifen. Sie wissen beispielsweise, wann Sie von Ihren Leuten mehr desselben verlangen können, und wann es sinnvoller ist, den Modus zu wechseln. Sie halten es besser aus, im offenen Fragezustand zu bleiben und keine vorschnellen Antworten zuzulassen, oder können auch mit Rückschlägen besser umgehen.

4. Schöpferische Menschen produktiv machen

Wenn Sie den gängigen Büchern und Artikeln zum Thema Management Glauben schenken, dann geht es dieser Disziplin heute ungefähr so, wie es – zumindest laut Frank Zappa – der Jazzmusik geht: Sie ist vielleicht nicht tot, aber sie riecht ein wenig komisch. Die einen wollen Management neu erfinden, die anderen würden es am liebsten ganz abschaffen. Kaum einer kommt dabei jedoch auf die Idee, zu überlegen, ob es denn wirklich eines neuen Managements bedarf oder ob nicht vielleicht eher das, was an Sinnvollem zu dem Thema entwickelt wurde, einfach nur praktiziert werden sollte. Um es kurz zu machen: Sie brauchen kein neues Management und Sie brauchen schon gar kein spezielles Management oder Leadership, wenn Sie schöpferische Menschen, Kopfarbeiter, Experten oder wie immer Sie sie nennen, führen. Sie müssen sich nur mit Management als dem Handwerk befassen, mit dem Sie Menschen produktiv machen. Allerdings ist eben diese Produktivität in der heutigen Wissens- oder Unternehmergesellschaft etwas anderes als in agrarischen, industriellen oder Angestellten-Gesellschaften, nämlich keine Re-Produktivität, sondern eine schöpferische Produktivität, eben eine Produktivität des Wissens.

Dazu ist es hilfreich, wenn Sie sich bewusst machen, dass wir heute parallel in vier Gesellschaftsformen mit jeweils unterschiedlichen Produktivitäten arbeiten. In der agrarischen Gesellschaft geht es um die Produktivität der Natur. Dort herrscht die Logik der Fruchtbarkeit, meist im kleinen Verband der Familie und Gemeinde. Produktivität bedeutet hier nichts anderes, als dass Sie eine möglichst gute Ernte einfahren. In der industriellen Gesellschaft geht es um die Produktivität der Arbeitsmittel. Hier folgen Sie der Logik der Arbeitsteilung in einer letztlich einfachen, tayloristischen Organisation. Produktivität bedeutet in diesem Zusammenhang Effizienz, also einen möglichst hohen Output bei möglichst geringem Input zu erreichen. In der Angestellten-Gesellschaft wiederum geht es um die Produktivität der Zeit. Hier folgen Sie der Logik der Effektivität, und zwar zumeist in komplexen Organisationen. Produktivität bedeutet, dass Sie in einer 40-Stunden-Woche möglichst viele Ergebnisse erbringen. In der Wissens- oder Unternehmergesellschaft hingegen geht es um die Produktivität des Wissens. Hier folgen Sie der Logik des Schaffens in temporären Projekten, und zwar innerhalb, außerhalb oder zwischen komplexen Organisationen. Wie produktiv Sie oder Ihre Mitarbeitenden sind, können Sie kaum mehr rein an quantitativen Kennzahlen messen, sondern im Prinzip nur beurteilen, und zwar danach, wie stimmig das Geschaffene ist, wie gut es ausgedrückt ist und wie groß seine Wirkung ist. Wissen ist somit erst dann produktiv, wenn es eine Erkenntnis auslöst, eine Veränderung bewirkt, ein Problem löst oder sonst einen Nutzen stiftet.

Menschen zu führen bedeutet, dass Sie sie in ihrem Schaffen fördern. Ihre schöpferische Tätigkeit als Führungskraft besteht vor allem in der Gestaltung geeigneter Rahmenbedingungen und weniger in den schöpferischen Inhalten selbst. Sie arbeiten sozusagen am System und weniger im System. Gerade schöpferische Menschen brauchen eine besonders professionelle Führung, um produktiv zu werden. Das Gute daran ist, dass Sie ihre Kreativität nicht zu fördern brauchen – es genügt bereits, wenn Sie sie nicht behindern. Sie brauchen auch nicht die »kreativsten Köpfe« im Team, sondern müssen vor allem einen geeigneten Mix aus unterschiedlichen Persönlichkeiten zusammenstellen. Wenn es Ihnen gelingt, dass sich Ihre Leute ganz auf ihr Schaffen konzentrieren können, und wenn Sie gleichzeitig den Schaffensprozess durch klare Standards und Prozesse lenken und dokumentieren, ermöglichen Sie Ihren Schaffenskräften quasi, sich zu vervielfältigen.

5. Ideen in Werte transformieren

Fünftens müssen Sie eine klare Wertschöpfung vor Augen haben. Wenn Sie bereits eine Führungskraft sind, ist das für Sie keine Neuigkeit. Haben Sie jedoch noch keine Führungserfahrung, fühlt es sich vielleicht für Sie ungewohnt an, dass Sie Leistung oder gar schöpferische Produktivität bewerten sollen oder gar können. Wie gesagt können Sie die Leistung eines schöpferischen Menschen nicht so messen wie die eines Fabrikarbeiters. Sie können sie allerdings beurteilen – und als Führungskraft müssen Sie das sogar, und zwar weitgehend außerhalb jeglicher Messbarkeit. Der Gemeinplatz des Managements, »What gets measured, gets managed«, wird nicht nur gerne falsch übersetzt als »Nur was gemessen werden kann, kann gemanagt werden«, sondern ist gerade für Sie völlig unbrauchbar. Viel eher werden Ihnen bei Ihrer Leistungsbeurteilung die vier Kriterien für die Stimmigkeit eines Werks helfen, die ich im zweiten Kapitel im zweiten Abschnitt »Staunen ist das Ausdrücken erstaunlicher Stimmigkeit« angeführt habe: Bedeutsamkeit, Überlegenheit, Einfachheit und Nachhaltigkeit. Wenn Sie diese Kriterien einsetzen, wird erstens transparent, wonach Sie schöpferische Leistung beurteilen, und zweitens machen Sie Ihren Schaffenskräften auch klar, dass Leistung bedeutet, Ideen in Werte zu transformieren.

6. Die vier Deals aushandeln

Zuletzt müssen Sie sicherstellen, dass in Ihrem Projekt, Ihrem Team oder Ihrem Unternehmen das ausgehandelt und eingehalten wird, was ich die »Vier Deals schöpferischer Zusammenarbeit« nenne. Durch diese vier Deals stellen Sie sicher, dass Ihre Leute so selbstorganisiert wie möglich schaffen, gleichzeitig aber auf Ihr gemeinsames Ziel hinarbeiten – Sie ermöglichen gleichsam eine stimmige Balance zwischen der Arbeit im Elfenbeinturm und auf dem Fußballplatz. Zudem erhöhen Sie die Wahrscheinlichkeit, dass Ihnen Ihre Schaffenskräfte erhalten bleiben, weil Sie nämlich dazu beitragen, dass ihre Bedürfnisse erfüllt werden.

Die vier Deals schöpferischer Zusammenarbeit

Schöpferische Menschen haben große und zugleich gegensätzliche Bedürfnisse nach Sinnfindung, nach Unabhängigkeit, nach Befriedigung ihres Wissensdrangs und letztlich nach Perfektionierung ihrer Fertigkeiten. Daher muss jede Form schöpferischer Zusammenarbeit diese Grundbedürfnisse so weit wie möglich befriedigen. Nur dann werden Sie sich auf eine tiefere Zusammenarbeit mit anderen einlassen. Ansonsten werden Sie das gemeinsame Schaffen bestenfalls als notweniges Übel betrachten und nach Möglichkeit versuchen, allein weiterzuwerken. Mit anderen Worten gehen Sie vier Deals ein, wenn Sie sich auf eine schöpferische Zusammenarbeit einlassen, egal aus welchen Gründen Sie sie suchen. Diese Deals handeln Sie zumeist nicht explizit aus, sondern indem Sie die

Rahmenbedingungen Ihrer Zusammenarbeit – wie zum Beispiel Ihre Ziele, Ihre Arbeitsweise, Ihre Kommunikation oder Ihre unterschiedlichen Rollen – besprechen. Die vier Deals, mit denen Sie Ihre vier schöpferischen Grundbedürfnisse zufriedenstellen wollen, laufen quasi unter der Oberfläche ab. Sie können sich allerdings viel Zeit und einiges an leeren Kilometern sparen, wenn Sie sich diese Deals vor und während Ihrer Zusammenarbeit bewusst machen. Sie sind wie gesagt keine einmalige Angelegenheit, sondern ein andauernder Prozess, der Ihr gemeinsames Schaffen begleitet.

Im *ersten Deal* verhandeln Sie den Sinn und Zweck, den Rahmen und Umfang sowie die Grundwerte Ihres gemeinsamen Schaffens. Dieser erste Deal bildet das Fundament Ihrer Zusammenarbeit und er ist daher allen anderen übergeordnet. Grundsätzlich suchen Sie ja die Zusammenarbeit, weil sie Ihnen sinnvoller zu sein scheint, als allein zu schaffen. Dabei bringt jeder von Ihnen ergänzende Fähigkeiten ein, um als größeres Ganzes interessantere Möglichkeiten und vielleicht auch mehr Erfolg zu haben. Oft werden Sie zu Beginn einfach auf Ihr Gefühl vertrauen, dass Ihre geplante Zusammenarbeit Sinn ergibt. Ziele haben Sie dabei vielleicht noch gar nicht formuliert, weil sie zum Teil gar nicht formulierbar sind – kaum jemand kann zu Beginn einer Zusammenarbeit sagen, wie sie sich wirklich entwickeln wird. Darum sind Businesspläne auch so eine zweischneidige Sache. Vielleicht teilen Sie auch eine »Vision«, doch auch damit sollten Sie sehr vorsichtig sein. Als Ausdruck ehrgeiziger Ziele ist gegen ein gemeinsames Zukunftsbild nichts zu sagen. Sie dürfen dabei jedoch nicht den Boden der Realität unter Ihren Füßen verlieren.

Worauf Sie sich jedoch zu Beginn einer schöpferischen Zusammenarbeit immer in möglichst großer Offenheit einigen sollten, ist das Wofür, der Zweck Ihres gemeinsamen Schaffens. Da spielen Ihre eigenen Werte ebenso mit hinein wie Ihre unterschiedlichen Stärken. Vor allem müssen Sie sich jedoch darauf einigen, was denn letztlich das Stimmige sein soll, mit dem Sie die Welt bereichern wollen. Dabei ist es nebensächlich, ob Sie etwas vollkommen Neuartiges erschaffen, ob Sie nur eine günstige Gelegenheit nützen oder ob Sie etwas Fehlerhaftes besser machen wollen, wie zum Beispiel das DOS-Betriebssystem, das ein Ex-Apple-Mitarbeiter »ein Verbrechen gegen die Menschlichkeit« nannte. Dieser Zweck Ihrer Zusammenarbeit darf und wird sich im Laufe der Zeit auch entwickeln. Letztlich bildet er jedoch das am wenigsten veränderliche Element Ihrer Zusammenarbeit, quasi die Identität oder die Verfassung Ihres Teams.

Im *zweite Deal* verhandeln Sie, wie viel Sie von Ihrer Autonomie für die gemeinsame Sache aufgeben. Dieser Prozess gestaltet sich manchmal ein wenig wie bei den Stachelschweinen, wenn sie kältebedingt zusammenrücken. Kommen sie einander zu nahe, pieksen sie einander mit ihren Stacheln. Rücken sie daraufhin zu weit auseinander, wird ihnen wieder kalt. Als schöpferischer Mensch brauchen Sie wahrscheinlich ein besonders hohes Maß an Autonomie. Ich erlebe jedoch immer wieder, dass schöpferische Menschen glauben, weit mehr Autonomie zu brauchen, als sie tatsächlich benötigen – und dann überrascht sind, wie leicht es ihnen fällt, etwas davon aufzugeben. In jedem Fall werden Sie natürlich umso mehr von Ihrer Unabhängigkeit aufzugeben bereit sein, je größer Ihre gemeinsame Wertebasis und je sinngebender die gemeinsame Sache für alle Beteiligten ist. Dabei muss natürlich die Balance zwischen Geben und Nehmen der Einzelnen passen. Viele Netzwerke scheitern ja bereits daran, dass einige wenige weit mehr an Wissen, Kontakten oder Ressourcen beisteuern als andere.

Wenn Sie diesen Deal aushandeln, müssen Sie vor allem auch die Funktionen und das Zusammenspiel aller Mitschaffenden klären. Denn die Tatsache, dass Sie bei größtmöglicher Autonomie der Einzelnen gemeinsame Ressourcen nützen und gemeinsame Adressaten bedienen, kann unweigerlich zu Konflikten führen – oder, positiv ausgedrückt, zu Koordinationsbedarf. Zur Koordination des Zusammenspiels dienen Regeln und Abgrenzungen zu anderen Kooperationen ebenso wie Standards und gemeinsame Begrifflichkeiten, aber auch ganz profane Meetings und Pläne. Achten Sie bei der Aufteilung der Funktionen auch besonders darauf, dass möglichst viele Stärken zum Tragen kommen. Verteilen Sie daher die Aufgaben nicht nach Befindlichkeiten oder Machtgelüsten – hierzu braucht es oft ein gutes Maß an Selbstkritik und Selbstdisziplin.

Im *dritten Deal* verhandeln Sie die Weiterentwicklung Ihres gemeinsamen Wissens und Könnens im Rahmen Ihrer schöpferischen Zusammenarbeit. Neben Ihrem gemeinsamen Schaffen tauschen Sie sich ja auch weiterhin mit all dem anderen aus, was Sie fachlich beeinflusst und begeistert. In der Regel wollen Sie das auch mit Ihren Kollegen teilen und idealerweise auch in irgendeiner Form einfließen lassen. Doch häufig fallen die Reaktionen Ihrer werten Mitstreitenden unterschiedlich aus: Manche Ihrer Ideen werden positiv aufgenommen und verstärkt, andere wiederum werden als irrelevant abgetan und verworfen. Diese laufende Verhandlung um das Morgen kann recht anstrengend sein. Nimmt sie Züge eines Richtungsstreits an, kann sie sehr rasch das Ende Ihrer Zusammenarbeit bedeuten. Je klarer und zufriedenstellender die beiden vorangegangenen Deals für alle Beteiligten verlaufen sind, desto besser gelingt Ihnen auch dieser dritte. Mit anderen Worten: Je eindeutiger Sie sich auf den Zweck Ihrer Zusammenarbeit und auf die Verteilung der Aufgaben geeinigt haben, desto einfacher fällt Ihnen die Entscheidung über mögliche Entwicklungsrichtungen.

Im *vierten Deal* verhandeln Sie die Aufteilung des Kuchens und die laufenden Verbesserungen in der Zusammenarbeit. Sie entscheiden also, wer von Ihnen wie viel von den vorhandenen Ressourcen erhält und wie Sie die bestehenden Ressourcen noch besser im Sinne des Ganzen nutzen können. Ressourcen sind dabei alle Zutaten, die das gemeinsame Schaffen ermöglichen: Ihr Können, Wissen und Ihre Erfahrung, Ihre bestehenden Kontakte und vorhandenen Geldmittel, die Räumlichkeiten und Ausstattung und dergleichen. In der Regel bringen Sie und Ihre Mit-Schaffenden von Beginn an unterschiedliche Ressourcen ein. Gleichzeitig baut jeder von Ihnen laufend Ressourcen auf und aus, die von allen genützt werden. Hier verhandeln Sie, wie Sie das am besten tun. Naturgemäß stehen immer wieder die Interessen der Einzelnen in Konflikt mit dem, was für das große Ganze am besten ist. Dabei wird Ihnen wiederum umso leichter eine Lösung gelingen, je klarer die anderen Deals geklärt sind. Für die andauernde Verbesserung Ihrer Zusammenarbeit ist es natürlich auch essenziell, dass Sie das Ergebnis Ihres gemeinsamen Schaffens immer wieder selbstkritisch überprüfen und daraus die nötigen Schlüsse ziehen. Rückmeldungen von den Adressaten Ihres Schaffens sind für diese Kontrolle des gemeinsamen Schaffens ebenso wichtig wie Ihre eigenen Beobachtungen.

Wie gesagt sind diese vier Deals keine einmalige Angelegenheit, sondern vielmehr vier laufend aufs Neue zu klärende Interessenkonflikte, die entstehen, sobald Sie eine schöpferische Zusammenarbeit eingehen. Sie lassen sich auch nicht vermeiden. Denn sobald Sie eine Zusammenarbeit begründen, begeben Sie sich in gegenseitige Abhängigkeit. Und das führt bei Interessenunterschieden naturgemäß zu Konflikten, die geklärt werden wollen. Sie tun gut daran, Konflikte als integralen und produktiven Bestandteil Ihrer schöpferischen Zusammenarbeit zu betrachten. Die soeben beschriebenen vier Deals helfen Ihnen dabei, diese Auseinandersetzungen klarer zu erkennen, zu benennen und konstruktiv aufzulösen.

Die schöpferische Organisation

Im Normalfall werden Sie sich nicht viel mehr Gedanken über das Management schöpferischer Menschen und Prozesse machen müssen als die, die ich Ihnen gerade vorgestellt habe. Denn die meisten schöpferischen Teams im Kreativbereich oder auch innerhalb größerer Organisationen sind von ihrer Größe her überschaubar. Über eine komplexere Organisationsform müssen Sie sich erst ab einer Größe Gedanken machen, bei der mehrere Teams parallel und überschneidend an unterschiedlichen Projekten arbeiten. Das kann zwar bei zehn Leuten schon der Fall sein, ab zwanzig wird es jedoch in den meisten Fällen zur Notwendigkeit. Als Start-up geraten Sie wahrscheinlich in eine Strukturkrise, wenn Sie nicht wissen, wie sie mit der zunehmenden Komplexität umgehen sollen. Wenn Sie in einer etablierten Organisation arbeiten und die Innovationskraft und Changeability stärken wollen, werden Sie wiederum nicht wissen, wo und wie Sie damit anfangen sollen, weil es dort oft an grundlegendem Verständnis für schöpferische Prozesse fehlt.

In beiden Fällen, im kleinen Kreativbetrieb wie auch im etablierten Großunternehmen, müssen Sie sich an diesem Punkt Gedanken machen, wie Sie eine schöpferische Organisation gestalten. Im ersten Fall liegt dabei Ihr Schwerpunkt naturgemäß bei organisatorischen, im zweiten Fall bei schöpferischen Fragen. In beiden Fällen gilt jedoch, dass Sie zu allererst Ihre Hausaufgaben machen und die oben genannten sechs Aufgaben zur Organisation des Schaffens beherzigen müssen. Auf dieser Basis sollten Sie bereits Ihre Arbeit zumindest in einem Teilbereich strukturiert haben, denn diese Führungsprinzipien bleiben in der nächsten Größendimension dieselben. Die wesentliche Frage ist letztlich nur, wie Sie das Zusammenspiel der einzelnen Einheiten oder Teams so gestalten, dass es schöpferisches Tun in einer größeren Dimension fördert und nicht behindert. Schließlich ist nach Peter Drucker ja »eine Organisation wie eine Melodie, sie setzt sich nicht aus einzelnen Klängen zusammen, sondern aus den Beziehungen zwischen ihnen«. Und er meinte, dass »Organisationen heute eher Jazzbands als Orchestern ähneln müssten«.

Wenn es jedoch die »kreative Organisation« nicht gibt und wenn weder die starre Hierarchie noch die reine Netzwerkstruktur die passende Organisationsform für die schöpferische Zusammenarbeit von Wissensarbeitern ist, wie sieht diese dann aus? Wie müssen Sie Ihre Organisation gestalten, wenn Sie schöpferisches Tun oberhalb der Größe eines Teams ermöglichen oder fördern wollen? Neben den genannten sechs Aufgaben muss Ihre Organisation, unabhängig von ihrer Branche dazu zwei Grundvoraussetzungen erfüllen: Ihre unterschiedlichen Ebenen müssen fraktal aufgebaut sein und sie müssen subsidiär zusammenspielen. Das klingt vielleicht etwas kompliziert, ist aber letztlich einfach zu verstehen. Ein fraktaler Aufbau bedeutet nichts anderes, als dass die unterschiedlichen Ebenen der Organisation selbstähnlich gestaltet sein müssen. Das bedeutet nicht, dass sie identisch oder gar gleichgeschaltet sind, sondern dass sie einander wesensgleich sind, wie etwa die russischen Puppen oder die Verästelungen eines Baumes. Eine subsidiäre Organisation ist ebenfalls nichts Außergewöhnliches. Das Subsidiaritätsprinzip bedeutet schlicht, dass jede untergeordnete, einer gemeinsamen Sache verpflichtete Einheit so viel Verantwortung wahrnehmen und so viele Entscheidungen treffen sollte wie möglich. Das jeweils übergeordnete Ganze wird nur dann auf untergeordneter Ebene aktiv, wenn entweder die untergeordnete Einheit Unterstützung benötigt oder wenn die Interessen des gemeinsamen Ganzen in Gefahr sind. Jeder föderalistische Staat ist – zumindest in der Theorie – nach diesen beiden Prinzipien aufgebaut. Allerdings sind fast alle Staaten, die ich kenne, Beispiele dafür, dass es nicht funktioniert, wenn die Prinzipien nur auf dem Papier stehen.

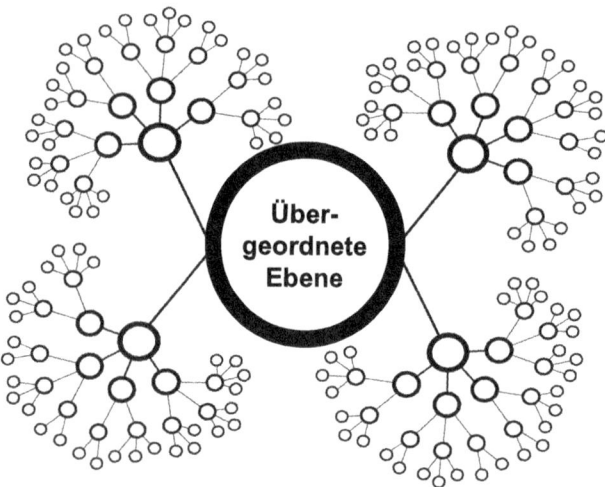

Fraktale Struktur

Jazzbands sind wirklich gute Beispiele für schöpferische Organisationen, weil ihr Zusammenspiel die sechs Aufgaben erfüllt und auf den beiden Prinzipien basiert. Lassen Sie mich das kurz illustrieren: Stellen Sie sich vor, Sie spielen in einem solchen Ensemble. Sie haben grundsätzlich zwei Hierarchieebenen, den Bandleader und die Mitspieler. Nehmen wir an, Sie sind der Leader dieser Formation. Gemeinsam mit Ihren Kollegen spielen Sie Stücke, die zum Teil in Noten ausgeschrieben sind, zum größten Teil jedoch improvisiert. Wenn Ihr Ensemble fraktal, also selbstähnlich aufgebaut ist, bedeutet das, dass jeder von Ihnen im Prinzip auch allein ein derartiges Stück spielen kann. Mit anderen Worten: Wenn alle Ihre Mitspieler die Bühne verlassen, sind Sie noch immer spielfähig. So etwas passiert regelmäßig im Jazz, wenn auch nicht immer gleich alle die Bühne verlassen, aber ein Solo eines Einzelmusikers ganz ohne Begleitung ist nichts Außergewöhnliches. Versuchen Sie dasselbe einmal bei einem klassischen Orchester – der arme Tubaspieler wird es Ihnen danken, wenn Sie ihn auf der Bühne allein zurücklassen. Nun ist Ihre Jazzband aber gleichzeitig auch noch subsidiär organisiert. Das bedeutet, dass Sie als verantwortlicher Bandleader nur dann als solcher in Erscheinung treten und Entscheidungen treffen, wenn Ihre einzelnen Mitmusiker oder Ihr gemeinsamer Auftritt dies benötigen. In der Regel wird das ziemlich selten der Fall sein, weil das meiste durch formelle und informelle Regeln geklärt ist: Ihr Schlagzeuger zählt ein, Sie spielen die Melodie des Stücks in der Regel zweimal, danach improvisieren Sie und Ihre Kollegen der Reihe nach, dann wieder zweimal die Melodie und das Stück ist aus. Während der Soli unterstützt jeder den anderen und fällt ihm quasi nicht ins Wort. Sie haben also gar nicht so viel zu tun, es sei denn, Ihr Kollege an der Trompete hält sich nicht an diese Regeln und hört beispielsweise einfach nicht mehr auf zu solieren. Dann müssen Sie irgendwann einmal intervenieren. Und das ist dann Subsidiarität.

Aber auch die sechs Aufgaben werden Sie in einer Jazzband erfüllen, indem Sie dafür Sorge tragen, dass:

1. Erhaltung und Entfaltung ausbalanciert sind, weil sich etwa künstlerisch und wirtschaftlich interessante Auftritte die Waage halten;

2. Auseinandersetzungen ein selbstverständlicher Teil Ihrer Arbeit sind und je nach Naturell der Mitspieler sachlicher oder emotionaler geführt werden dürfen;

3. die Logik des Schaffens die Grundlage für Ihren Schaffensprozess im engeren Sinn ist, weil Sie sich laufend die Grundfragen stellen, die Werkzeuge einsetzen und sich durch die vier Modi des Schaffens hindurchbewegen;

4. Sie Ihre Mitspieler produktiver machen, weil sie sich auf ihr Instrument und ihre Funktion konzentrieren können;

5. Ideen in Werte transformiert werden, weil Ihre Anhänger Konzertkarten oder CDs kaufen;

6. die vier Deals laufend ausgehandelt werden: Sie entwickeln gemeinsam Ihren Stil; Sie vereinbaren, wie viel jeder für dieses Projekt aufwendet und aufgibt; Sie koordinieren, wer auf und abseits der Bühne welchen Part übernimmt; Sie entscheiden, wie Sie sich die Einnahmen aufteilen; und schließlich besprechen Sie Ihre Auftritte und die Kritiken.

Wenn Sie jetzt größere schöpferische Organisationen auf diese Weise gestalten möchten, müssen Sie praktisch das Zusammenspiel nicht nur innerhalb einer, sondern zwischen mehreren Jazzbands strukturieren. Das geht am besten, wenn Sie nicht damit beginnen, ein Organigramm aufzuzeichnen, sondern bei den kleinsten Schaffenseinheiten beginnen und von dort bottom-up gehen. Die kleinste Schaffenseinheit wird in der Regel ein einzelner Schaffender sein. In manchen Fällen sind es auch mehrere, wenn sie nämlich so eng in einem Projekt zusammenarbeiten, dass eine gedankliche Teilung keinen Sinn ergibt. Diese kleinste Schaffenseinheit überprüfen Sie daraufhin, inwieweit die sechs Aufgaben erfüllt werden. Dann gehen Sie zur nächstgrößeren, also übergeordneten Schaffenseinheit über, normalerweise dem Team, in dem die einzelnen Schaffenden arbeiten. Wenn Sie gleichzeitig in permanent wechselnden Teams an verschiedenen Projekten arbeiten, kann es sinnvoll sein, das einzelne Projekt – und nicht den einzelnen Schaffenden – als kleinste Schaffenseinheit herzunehmen. In jedem Fall überprüfen Sie wiederum, inwieweit die sechs Aufgaben in diesem Team erfüllt werden. Jetzt müssen Sie allerdings auch noch vergleichen, wie deckungsgleich die einzelnen Teammitglieder und das

Gesamtteam in der Erfüllung der sechs Aufgaben sind. Schließlich wollen Sie ja eine selbstähnliche, eine fraktale Struktur schaffen. Dieses Spiel aus Überprüfung und Vergleich der Aufgabenerfüllung können Sie nun schrittweise auf der nächsthöheren und auf allen weiteren übergeordneten Schaffensebenen wiederholen. In der Praxis kommen die meisten Organisationen mit drei bis vier solcher Ebenen aus. Zuletzt müssen Sie klären, wie das subsidiäre Zusammenspiel zwischen den einzelnen Ebenen am besten funktionieren kann: wann und in welchem Umfang also die Unterstützung oder aber Intervention der übergeordneten Einheit nötig ist.

Es ist sicherlich klar, dass dieser Prozess nicht so sauber und glatt wie auf dem Papier abläuft. Außerdem werden Sie mit einer einmaligen Diagnose keine Organisation umkrempeln. Diese sechs Aufgaben sind eher gedacht als wirksame Empfehlungen für die Gestaltung einer schöpferischen Organisation frei von Klischees, die über Kreativität kursieren. Wenn Sie nur die Hälfte der Aufgaben umsetzen, sollte sich schon ihre Kraft entfalten. Genau genommen genügen dazu bereits zwanzig Prozent – wenn Sie die *richtigen* zwanzig Prozent umsetzen.

Danksagung

Ein Buchprojekt ist im Normalfall eine Entfaltungstätigkeit. Das bedeutet, dass während der Entstehung des Buches jemand anders einen größeren Beitrag zur Aufrechterhaltung des Alltäglichen leisten muss. In meinem Fall waren das in erster Linie meine Frau Marieluise und unsere jeweiligen Eltern. Ohne sie wäre dieses Buch – wie auch sonst vieles – nicht realisierbar gewesen. Dafür danke ich ihnen von ganzem Herzen.

Von allen bisherigen Tätigkeiten abseits der Musik hat mich wahrscheinlich kaum eine so stark geprägt wie die am Malik Management Zentrum St. Gallen. Als bereits erfahrener Berater kam ich hier nochmals in Kontakt mit einem Wissensschatz, der nicht nur meinen Kunden, sondern auch mir selbst von unermesslichem Nutzen war und ist. Zudem habe ich – ebenfalls abseits meiner musikalischen Projekte – nie zuvor ein Arbeitsklima erlebt, das gleichermaßen von derartig produktiver Kooperation und Kompetition getragen ist. Dafür möchte ich neben Professor Malik allen meinen Kolleginnen und Kollegen danken, insbesondere dem Wiener Büro unter der Leitung von Oliver Wichtl.

Es fiele mir schwer, überhaupt etwas über Kreativität zu schreiben, hätte ich nicht in zahlreichen schöpferischen Projekten diese Art zu arbeiten kennengelernt. Allen meinen Projektpartnern, Kollegen und vor allem Kunden der letzten Jahre und Jahrzehnte möchte ich an dieser Stelle ebenfalls ganz herzlich danken, allen voran natürlich Alex, Klaus, Georg, Christoph C. und Kurt.

Und schließlich sende ich noch einen besonderen Dank quasi in die Vergangenheit, nämlich an meine erste Geigenlehrerin, Frau Professor Randacher. Bei ihr habe ich früh gelernt, konzentriert, systematisch und diszipliniert zu arbeiten – und das ist schließlich das Fundament für jedes schöpferische Tun.

Über den Autor

Wolfgang A. Erharter wurde 1965 in Wien geboren und begann mit zehn Jahren, klassische Violine zu studieren. Kurz nach dem Abitur wechselte er mangels Interesse an einer lebenslangen Orchesterstelle die Stilrichtung – und das Instrument gleich mit: Die nächsten Jahre leitete er als Bassist verschiedenste Ensembles und spielte unter anderem Jazz, Rock und Theatermusik. Daneben gab er Instrumentalunterricht und erkannte dabei, dass er mindestens ebenso gerne mit Menschen wie mit Tonfolgen arbeitete; so begann seine Karriere als Trainer.

Mitte der 1990er-Jahre zog es den Autor für drei Jahre nach Kroatien. Dort arbeitete er als Auslandskorrespondent und baute sein erstes Beratungsunternehmen auf, mit dem er Firmen half, ihre durch den Balkankrieg zerstörten Geschäftskontakte wieder zu etablieren. In den Jahren nach seiner Rückkehr absolvierte Erharter verschiedene Beratungsausbildungen in England, Deutschland und Österreich und etablierte sich weiter als Managementtrainer und Berater. Anfangs hauptsächlich für angelsächsische Beratungsunternehmen tätig, arbeitet er seit 2007 für das Wiener Büro des renommierten Malik Management Zentrum St. Gallen. Seine Liebe zur Geige entdeckte er erst vor wenigen Jahren wieder. Seither nimmt er sie bei seinen Vorträgen regelmäßig zur Hand, um Managementthemen auf unterhaltsame Weise zu illustrieren.

Wolfgang A. Erharter lebt mit seiner Familie in Wien.

Stichwortverzeichnis

A

Alexander der Große 48
Allen, Woody 79
Analogien 109
Anerkennung 95
Angestellten-Gesellschaft 188
Auseinandersetzungen 186
Autonomie 192

B

Bach 44, 158
Bäckerschlaf 37
Balance Erhaltung/Entfaltung
184
Banyan-Feige 183
Bedeutsamkeit 53
Beer, Stafford 73
Beethoven 75
Brainwriting 36
Brauer, Arik 121

C

Change Management 185
Creative Commons Licence 40
Csikszentmihalyi, Mihaly 14

D

Disney-Methode 36
Dissonanz, kognitive 41

Divenkrieg 92
Drucker, Peter F. 12, 195

E

Eastwood, Clint 161
Ebner-Eschenbach, Marie von
127
Einfachheit 53
Einstein 74
Erfolgsempfinden, persönli-
ches 95

F

Feynman, Richard 115
Frankl, Viktor 67

G

Geben und Nehmen 192
Gehirnsturm 15
Gesellschaft, agrarische 188
Gesellschaft, industrielle 188
Goethe 33, 69
Gordischer Knoten 48
Gray, Nigel 96

H

Henne-Ei-Problem 179
Herumspielen 107

Hierarchie als Organisations-
form 181
Honda, Soichiro 43
Hugo, Victor 46

I
Ideen in Werte transformieren
189
Ideen klauen 108
Ideenfindung 35
Innovationsmanagement 185

J
Jagen und Sammeln 110
Jazzband 197
Jazzmusik 187
Jobs, Steve 114

K
Kandinsky 121
Kolumbus 45
Konflikte 99, 194
Kreativ-Coaching 32
Kreativität als Branchenmerk-
mal 23
Kreativität als Fähigkeit 18
Kreativität als Gestaltung 23
Kreativität als kindliche Fanta-
sie 21
Kreativität als Notlösung 22
Kreativität als Originalität 20
Kreativität als Persönlichkeits-
merkmal 17
Kreativität als Problemlösungs-
technik 20

Kreativität als ungewohntes
Verhalten 19
Kreativität als Voraussetzung
für Innovation 25
Kreativität, böse 54
Kujau, Konrad 109
Kundennutzen 96

L
Laotse 127
Leonardo da Vinci 37
Logik des Schaffens 32, 186
Loos, Adolf 157
Loslassen 112

M
Marktorientierung 96
Michelangelo 159
Mona Lisa 52

N
Nachhaltigkeit 54
Napoleon 120
Netzwerken als Organisations-
form 180
Neugier 42

O
Organisation, subsidiäre 196
Organisationen, rigide 182
Osborn, Alex 14
Ostwald, Wilhelm 13
Out of the box 47

P
Panini 111
Pareto-Prinzip 158
Perelman, Grigori 38
Pindar 66
Platon 41
Plaut, Paul 13
Popper, Karl 39, 137
Produktion, schöpferische 103
Produktivität, schöpferische
  188

R
Recht auf Entfaltung 99
Rechte und Pflichten 100
Reduzieren von Saucen 156
Reproduktion 103
Rogers, Carl 73
Rollenwechsel 100
Rowling, J. K. 114

S
Scheitern 113
Schumpeter, Joseph 76
Sich ohrfeigen lassen 113
Sinnfindung 58
Sokrates 60
Sputnik-Schock 16
Start-ups, kreative 179
Struktur, fraktale 196
Strukturen, hierarchische 182
Subsidiaritätsprinzip 196

T
Tanzbärensyndrom 180
Tauschen 111

The Creative Habit 99
Twain, Mark 133

U
Überlegenheit 53
Überzeugungen 72
Up In The Air 89

V
Verantwortung 100
Verdi 77
Verkanntes-Genie-Syndrom
  152
Vernetzung als Selbstzweck 181
Vier Modi des Schaffens 140
Vokabeln lernen 106
Vorbilder 87

W
Werte 72
Wissens-/Unternehmergesell-
  schaft 188

Z
Zappa, Frank 187